Hamburg

Eva Gerberding · Annette Maria Rupprecht

Reise-Taschenbuch

Inhalt

Reiseinfos, Adressen, Websites

Panorama – Daten, Essays, Hintergründe

Unterwegs in Hamburg

Inhalt

Auf Entdeckungstour

Karten und Pläne

▶ Dieses Symbol im Buch verweist auf die Extra-Reisekarte Hamburg

Schnellüberblick

Jungfernstieg, Binnenalster und Neustadt
In Hamburgs City sind Bummeln, Schlemmen und – am Jungfernstieg wie im Passagenviertel – Shoppen angesagt. In der Neustadt entdeckt man Reste des alten Gängeviertels. S. 102

Schanzen- und Karolinenviertel
U 40 ist hier angesagt. Nicht, dass alle unter 40 Jahre alt wären. Aber das Lebensgefühl der Bewohner hier ist so: jung, kreativ und politisch gern alternativ angehaucht. S. 180

Harvestehude, Rotherbaum, Grindel
Noble Gründerzeitvillen, großzügige Alleen, viel Wasser und Grün – diese Viertel an der westlichen Außenalster zählen zu den schönsten Hamburgs. Das Grindelviertel wird von der

Von Övelgönne nach Blankenese
Vom ehemaligen Fischerdorf Övelgönne und dem Museumshafen in Neumühlen geht es immer an der Elbe entlang bis zum Nobelvorort Blankenese. Der Blick auf den Fluss ist gratis. S. 266

Altona und Ottensen
Ein pulsierender Stadtteil, weltoffen und gemütlich, großbürgerlich und proletarisch: die Gegensätze sind hier immer gegenwärtig. Zwischen den verwinkelten Straßen wurden alte Fabriken in neue Kulturzentren verwandelt. S. 250

St. Pauli, Reeperbahn, Elbufer
Im weltweit bekannnten Rotlichtviertel sind die Nächte noch immer lang und lustig. Rund um Landungsbrücken, Hafenstraße und Fischmarkt entdeckt man Hamburgs maritime Seite. S. 156

Universität und den Studenten geprägt, die Tennisprofis treffen sich am Rothenbaum und in Harvestehuder Bestlage residieren zahlreiche Konsulate. An der westlichen Außenalster fühlen sich Flaneure wohl. S. 196

Hoheluft und Eppendorf
Weiße Jugendstilhäuser und gepflegte Wohnstraßen: In Eppendorf ist die A-Klasse unterwegs, leben die besser Verdienenden. Passend dazu gibt es nette Cafés und edle Läden. S. 216

St. Georg
Der kleine Stadtteil beim Hauptbahnhof ist von der Problemzone zum angesagten Viertel mutiert. Multikulti-Feeling und Schwulenszene prägen das Revier. Die Außenalster ist Treffpunkt der Segler. S. 234

Speicherstadt, HafenCity und Neustadt Süd
Hamburgs historische Speicherstadt mit einer ganzen Reihe an spannenden Museen und die hypermoderne neue HafenCity, die gleich daneben entsteht, zählen zu den Highlights der Metropole. Von den

historischen Gassen an den Fleeten bis zum so genannten Portugiesenviertel südlich des Michel, Hamburgs Wahrzeichen, ist das Angebot an Erlebnisgastronomie besonders groß. Zwei Museumsschiffe geben Einblick in die alten Zeiten der Seefahrt. S. 136

Mönckebergstraße und Altstadt
Die Spurensuche nach Hamburgs Ursprüngen führt zu den ältesten Kirchen der Stadt, in das Kontorhausviertel mit dem berühmten Chilehaus und zu Alt-Hamburger Kaufmannshäusern. S. 120

Die Autorinnen

**Mit Eva Gerberding und
Annette Maria Rupprecht unterwegs**
Die Journalistinnen Eva Gerberding und
Annette Maria Rupprecht leben in Hamburg. Eva Gerberding arbeitet für Radio
und Fernsehen, u. a. für Arte. Im DuMont
Reiseverlag sind von ihr die Reise-Taschen-
bücher »Moskau« und »St. Petersburg«
sowie DuMont Direkt »Sylt« und »St. Petersburg« erschienen.
Annette Maria Rupprecht war u. a. TAZ-
Kulturessortleiterin, stellvertretende Chef-
redakteurin des Hamburger Abendblatts
und ist STERN-Autorin sowie Filmprodu-
zentin.

Das Hoch im Norden

Würde man Nicht-Hanseaten befra-
gen, was sie zuallererst mit Hamburg
assoziieren, dann würde das Stichwort
›Reeperbahn‹ das Rennen machen. Es
ist diese Idee einer Vergnügungs-, Lie-
bes- und Sündenmeile, wie sie nur zu
einer weltoffenen Hafenstadt passen
kann – à la Shanghai etwa. Zumindest
was die Hafenaktivitäten betrifft, ist
der Vergleich mit Shanghai gar nicht so
falsch. Jedenfalls stehen beide Städte
ganz hoch oben auf der Rangliste der
international bedeutendsten Häfen ...

Es gibt sie, die schrill glitzernden
Nächte von St. Pauli, aber sie sind nur
eine – und mit Verlaub eine nebenge-
ordnete – Facette der Hansestadt. Zumal die Seeleute aus aller Welt, die in
Hamburg eintreffen, heute kaum noch
die Zeit finden, sich sündigen Vergnü-
gungen hinzugeben: Die in Hochge-
schwindigkeit entladenen Schiffe steu-
ern schnellstmöglich wieder die offenen Weltmeere an. Zeit ist Geld. Und
das gilt auch für die Wirtschaft der
Hansestadt.

Hamburg ist grün und blau
Zumindest am Tag ist es nicht die rote
Neonreklame der Reeperbahn, die
Hamburg Farbe verleiht. Das Wasser
und der für eine Millionenmetropole
überraschend hohe Grünfaktor, der in
Parks und Baumalleen seine Existenz
behauptet, geben den Ton an. Oasen
allerorten, keine Enge, sondern Weite.
Und trotzdem weht ein Hauch von Venedig durch die Fleete in der Altstadt
und die vielen Kanäle in der gesamten
Metropole, die – um diesen Vergleich
anzutreten – mehr Brücken als ihre italienische Konkurrentin besitzt. Die Natur hat also die Stadt geprägt und
diese hat es verstanden, sich mit ihr auf
eine Symbiose einzulassen, statt sie
von der Bildfläche zu verbannen. Und
genau das macht Hamburg so besonders und so lebenswert.

Das Wasser vor der Tür
... setzt auch den Kopf in Bewegung.
Der Hamburger ist zwar tradtitionsbe-
wusst, aber vor allem weltoffen. Nicht

nur, weil vom Hafen aus die hanseatischen Reeder ihre Riesenpötte seit Jahrhunderten in die weite Welt schicken, die Welt ist hier auch jeden Tag zu Besuch. Vielleicht fällt es der Stadt deswegen so leicht, sich von Traditionen und von Altem zu trennen. Es mag kein Zufall sein, dass sich kaum noch Spuren aus den Anfängen der Stadt oder aus der großen Zeit der Hanse finden. Man beugte sich schon immer dem Diktat der Ökonomie und den aus Übersee mitgebrachten neuen Moden.

Allerdings ohne das menschliche Maß zu überfordern. Es gibt kaum Hochhäuser in der City. Alles ist überschaubar, bietet freie Sicht für freie Bürger! So haben sich die großen Reeder- und Kaufmannsfamilien Hamburgs schon immer verstanden. Und so versteht sich auch die spannende maritime Architektur, die Hamburg hafenseitig gerade ein neues Gesicht verpasst: Gebäude wie Schiffe oder wie Container, gläsern und durchsichtig, abgestimmt auf das Wasser und das weite offene Meer. Hamburg definiert sich eher aus dem Heute und aus der Zukunft als aus seiner Historie.

Hamburg entdecken

Dazu muss man sich auf etwas weitere Wege einstellen und mobil sein – die Stadt ist großgflächig angelegt und – ähnlich wie Berlin – aus Dörfern zusammengewachsen. Doch U- und S-Bahn helfen bei der schnellen Beförderung. Von den Kontorhäusern der Hamburger Kaufleute in der Altstadt zur Großbaustelle HafenCity, wo ein neues maritimes Viertel entsteht. Von den Shoppingmeilen in der City rund um die Binnenalster in die gründerzeitlichen Edelwohnbezirke von Eppendorf, Eimsbüttel oder ins Grindelviertel. Oder mitten in die Szene von St. Pauli, Altona, Ottensen, das Karo- und Schanzenviertel oder St. Georg beim Hauptbahnhof. Das spannende Hafengebiet und das schöne, noble Elbufer erkundet man am Besten zu Fuß: von der historischen Speicherstadt über die Landungsbrücken St. Pauli zur neuen Architektur von Neumühlen, den Kapitänshäuschen von Övelgönne, den wunderbaren Parks und Villen entlang der Elbchaussee bis zum Vorort Blankenese, der bis heute für schöneres Wohnen und den besten Elbblick steht ...

9

Café Paris – neuer Stil in einer
ehemaligen Fleischerei, S. 130

Das Fleetschlösschen in der historischen
Speicherstadt, S. 142

Lieblingsorte!

Isemarkt – Hamburgs bekanntester
Wochenmarkt, S. 222

Kajüte – beim Bootsanleger an der
Außenalster mit Cityblick, S. 240

**Montblanc-Hof – Oase in einer
ehemaligen Füllfederhalterfabrik, S. 186**

**Blick von der Krugkoppelbrücke über die
Außenalster, S. 202**

Hamburg ist unsere Heimat, und wie allen Hamburgern hat es auch uns das
Wasser angetan. Einfach einmalig sind die Panoramen mit Blick über Elbe und
Alster. Ob man nun in Övelgönne in der Strandperle sitzt oder vom Altonaer
Balkon den Fluss und die Schiffe anguckt. Oder ob man von Krugkoppelbrücke
und Kajüte über die weite Außenalster schaut. Oasen im Getriebe der Stadt sind
für uns auch das stilvolle Café Paris, das winzige Einraum-Café-Restaurant
Fleetschlösschen in der Speicherstadt und der Montblanc-Hof im szenigen
Schanzenviertel. Immer einen kleinen netten Schwatz gibt es beim Einkauf auf
dem Isemarkt.

**Altonaer Balkon – ein weiter Blick auf
Elbe und Köhlbrandbrücke, S. 260**

**Strandperle – mit Hamburgs beliebtem
Stadtstrand an der Elbe, S. 272**

Reiseinfos, Adressen, Websites

Ein magischer Ort – der Elbstrand mit Blick auf die Hafenaktivitäten

Informationsquellen

Infos im Internet

www.hamburg.de

Die offizielle Website der Stadt mit vielfältigen Infos. Hier informieren sich die Besucher, aber auch die Hamburger selbst. Man findet sowohl praktische Hinweise (Theaterkarten, Busverbindungen) als auch Angebote für Alster- und Elbrundfahrten sowie eine Hotelübersicht mit Buchungsmöglichkeit und zahlreiche Hinweise auf Fleetfahrten, Ausflüge ins Umland und kulturelle Highlights.

www.hamburg-magazin.de

Sehr gut strukturiertes Internetportal, das vom Verkehr (Blitzampel und Parkhäuser in der City) über Parks und Grünanlagen bis zu Hamburger Persönlichkeiten alles bietet. Alle Museen mit Öffnungszeiten und Wegbeschreibung. Und das HanseWiki erklärt typische hamburgische Begriffe.

www.hamburg-web.de

Pfiffiger Hamburgführer mit vielen Links zu Stadtführern, Nightlife, Veranstaltungen und einer Bildergalerie zur Hansestadt. Außerdem ausführliche Infos über die Stadtteile.

www.hamburg-panorama.de

Auf dieser Homepage findet man einen virtuellen Rundgang durch die Hamburger Innenstadt sowie Informationen zum Wetter und einen Kleinanzeigenteil.

www.hafen-hamburg.de und www.hamburg-hafenrand.de

Zwei Websites mit Fokus auf den Hamburger Hafen: von Wasserstandsvorhersagen über Hafenrundfahrten, Statistiken, News bis zu einer Webcam vom Museumsschiff Cap San Diego aus. Schöne Bilder aus dem ganzen Hafen.

www.hafencity.com

Infos zur Entstehungsgeschichte der Hafencity sowie relevante Daten, Zahlen und Fakten zu Europas größtem innerstädtischem Stadtentwicklungsprojekt an der Elbe. Besonders empfehlenswert auch die Webcam mit Blick auf die Baustelle Hafencity.

www.airport.de

Alles über den Flughafen Hamburg: Ankünfte und Abflüge, interaktive Terminalübersicht, aber auch Infos über Parkmöglichkeiten und Verkehrsanbindungen.

www.hamburg-messe.de

Alles über die im Herzen der Stadt Hamburg liegende Neue Messe Hamburg. Hier finden Kongresse, Tagungen und Ausstellungen statt. Von der berühmten Bootsmesse bis zum Europe-Africa Business Summit.

Informationsstellen

Tourismus-Zentrale Hamburg: Steinstr. 7, Tel. 040 30 05 13 00, www.hamburg-tourism.de.

Tourist-Information: im Hauptbahnhof, Tel. 040 30 05 12 01/02, Mo–Sa 8–21, So u. Fei 10–18 Uhr.

Landungsbrücken: zw. Brücke 4 und 5, Tel. 040 30 05 12 03, Okt.–März tgl. 10–17.30, April–Sept. tgl. 8–19 Uhr.

Hotline: Tel. 040 30 05 13 00, tägl. 8–20 Uhr, Fax 30 05 13 33 (Hotelbuchung und Ticketbestellung).

Lesetipps

Stefan Beuse: Gebrauchsanweisung für Hamburg, München 2001.

Anna Brenken, Egbert Kossak: Spaziergänge Hamburg, Hamburg 2000.

Ralph Giordano: Die Bertinis, Frankfurt 1985. Die Familien-Saga einer jüdisch-italienischen Familie in Hamburg während der Nazi-Herrschaft.

Frank Göhre: St. Pauli Nacht, Reinbek bei Hamburg 1994. Eine Nacht auf St. Pauli wie jede andere: Zufälle und Schicksale, Gewalt und Tod – ein Krimi!

Michael Jürgs: Eine berührbare Frau – das atemlose Leben der Künstlerin Eva Hesse, München 2007. Das Porträt der jüdischen Künstlerin Eva Hesse, deren Leben in Hamburg begann.

Eckart Kleßmann (Hrsg.): Hamburg, Ein Städte-Lesebuch, Frankfurt 1991.

Brigitte Kronauer: Teufelsbrück, München 2003. Neoromantischer Liebesroman mit Schauplätzen in Hamburg.

Siegfried Lenz: Der Mann im Strom, Hamburg 2002. Das Leben eines alternden Tauchers im Hamburger Hafen.

Ders.: Leute von Hamburg, Hamburg 1986. Lenz porträtiert in zwei Erzählungen Hamburger um ihn herum.

Peter Rühmkorf: Tabu I, Tagebücher 1989–91, Reinbek bei Hamburg 1997. Tagebücher des Hamburger Dichters.

Werner Skrentny: Zu Fuß durch Hamburg, Hamburg 2001. Ausführliche, historisch fundierte Spaziergänge durch die Stadtteile Hamburgs.

Uwe Timm: Die Entdeckung der Currywurst, München 2003. Auf der Suche nach der Entdeckung der Currywurst erzählt Uwe Timm ein Hamburger Frauenleben vom Zweiten Weltkrieg bis heute.

Matthias Wegner: Hanseaten – Von stolzen Bürgern und schönen Legenden, Hamburg 1999.

Matthias Wegner: Ja, in Hamburg bin ich gewesen – Dichter in Hamburg, Hamburg 2000.

Airport Hamburg – ein moderner Flughafen

Wann verreisen?

Das Wetter scheint im Norden unberechenbar. Gegen Wind und Regen, also ›Schietwetter‹, wie der Hamburger sagt, sollte man sich wappnen. Weil es Wasser von oben gibt – das kennt man – und aber irgendwie auch von unten. Das Wasser ist eben ein beherrschendes Element in der Stadt. Der gelassene Hamburger nimmt es von der positiven Seite: Das eine macht die Haut schön, das andere beruhigt die Seele.

Doch so schlecht, wie die Bayern gern behaupten, ist das Klima im Norden nicht. Aufgrund der maritimen Einflüsse ist es z. B. milder als in Berlin. Wärmster Monat ist der Juli mit 17,4 °C, der kälteste der Januar mit 1,3 °C im Durchschnitt. Temperaturen um die 28 °C sind im Hochsommer keine Seltenheit. Seit den 1990er-Jahren wurden vermehrt Spitzenwerte von bis zu 38,5 °C (Juli 2006) gemessen. Besonders schön, das meinen jedenfalls viele Hamburger, ist der Mai.

Allerdings ist es nun einmal ganzjährig eher feucht. Im Laufe eines Jahres fallen durchschnittlich 774 mm Niederschlag, und an 52 von 365 Tagen senken sich Nebelbänke über die Stadt. Im Winterhalbjahr kann es sehr stürmisch werden. Trotzdem scheint in der Hansestadt bundesweit gesehen überdurchschnittlich oft die Sonne, auch wenn das nicht unbedingt gleich Bikini-Wetter bedeutet.

Erstaunlich ist, dass selbst auf einem so kleinen Raum wie dem des Stadtstaats recht unterschiedliche Witterungsbedingungen herrschen. Häufig scheint etwa in den ›Höhenlagen‹, d.h. in den Harburger Bergen, schon die Sonne, während sich 2–3 km weiter in der Elbniederung noch dicke Nebelsuppe breitmacht. Die bei den Wetterdaten meist herangezogenen Stationen für Hamburg sind der Flughafen und die Deutsche Seewarte Hamburg St. Pauli. Beide liegen im nördlichen Hamburg in recht offenen Lagen. Kleinklimatische Vorteile wie die den Wind brechende Bebauung und Wälder oder auch die Wärmeabstrahlung der Siedlungen kommen in den Wetterprognosen weniger zum Tragen. So schlecht ist es gar nicht – das Wetter!

Was ist los …

… im Frühling

Der Hamburger Frühling beginnt so richtig mit dem **Frühlingsdom,** einem kirmesartigen Spektakel mit Riesenrad und Achterbahn. Am letzten Sonntag im April gibt es beim **Hanse-Marathon** zwei Alternativen: mitlaufen oder zugucken. Ein touristischer Höhepunkt ist der **Hafengeburtstag** im Mai, der mit über einer Million Besuchern an

Klimadiagramm Hamburg

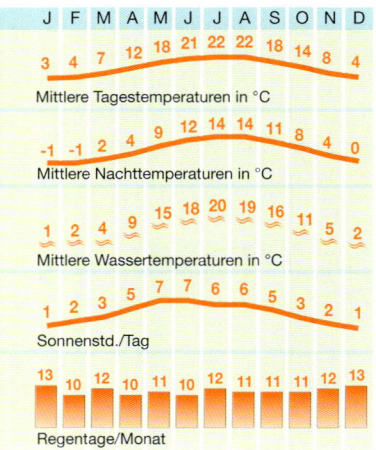

Einen Schirm braucht man seltener, als man glaubt – aber er sollte ins Gepäck ...

den Landungsbrücken gefeiert wird. Ebenfalls im Mai findet an und auf der Außenalster das **Kirschblütenfest** statt.

... im Sommer

Alles trifft sich am Wasser, bei Bobby Reich und Bodos Bootssteg an der Alster, oder in der Strandperle am Elbstrand, wo Banker und Punker barfuß zusammensitzen, ausnahmsweise, versteht sich. Das **Alstervergnügen** im August, das rund um die Binnenalster stattfindet, ist die größte Veranstaltung, die ebenfalls rund eine Million feierfreudiger Menschen anzieht.

Sommer-Events sind im Juni/Juli Europas größter **Motorradgottesdienst** mit rund 40 000 Teilnehmern, **Schlagermove** und der **WeltAstraTag,** der im Juni an den St. Pauli-Landungsbrücken gefeiert wird. Auf der Fleetinsel begleiten viel Musik und Kunst das **Ducksteinfestival** und die **Altonale** im Juli ist ein grandioses 14-tägiges Stadtteilfest für alle. Alle zwei Jahre findet ein großes internationales **Sommer-Theater- und Tanzfestival** auf dem Gelände der Kampnagel-Fabrik Winterhude/Barmbek statt, ein Fest für Theaterfans.

... im Herbst

Ende September freuen sich die Filmfreunde auf das **Filmfest Hamburg**, auf nationale und internationale Film- und Fernsehpremieren. Das bringt Glamour in die Weltstadt!

... im Winter

Im November/Dezember verbreitet der **Winterdom** Weihnachtsstimmung. Obgleich die Karussells die gleichen sind wie im Frühling oder Sommer, der Winterdom riecht anders – nach Mandeln und Glühwein. Das Jahr endet schließlich mit einem gigantischen Feuerwerksspektakel an den Landungsbrücken. Die Schiffe tuten und alle fallen sich in die Arme! Selbst die Hamburger.

Hamburger Wetter im Internet

www.stadtklima.de: Infos zu den Jahresmittelwerten des Stadtklimas.
www.wetterspiegel.de: Wetterprognosen für die Hamburger Viertel anhand der Postleitzahlen.
www.donnerwetter.de: die regionalen Wetterlagen im Norden.

Tipps für Kurztrips und längere Aufenthalte

Hamburg für Wasserfans

Wie in kaum einer anderen Stadt prägt das Wasser das Leben in Hamburg. Ein dichtes Netz von Wasserwegen durchzieht die Stadt. Man glaubt es kaum, aber Hamburg hat mehr Brücken als Venedig! Die Alster als Herzstück der Metropole lockt die Menschen zu jeder Jahreszeit an, ob Fitnessfreak oder Müßiggänger. Eine ideale Art, um Hamburg kennenzulernen, ist also eine Bootsfahrt auf der Alster – die man auch paddelnd oder rudernd durchführen kann.

Schick zeigt sich auch die ›Waterkant‹ an der Elbe. Von den Landungsbrücken bis nach Övelgönne wird das Ufer bebaut, es entstehen neue Luxuswohnungen und Büros. Der Fischmarkt – am Sonntagmorgen beliebt bei Frühaufstehern und Nachtschwärmern – ist schon lange nicht mehr die einzige At-

traktion am Fluss, die neue Architektur entlang der Elbe macht ihm Konkurrenz.

Zeit sollte man sich auch für Blankenese nehmen, das ehemalige Fischer- und Lotsendorf in Hamburgs Westen. Treppen, Terrassen, Serpentinen und dazwischen kleine und große Häuser mit atemberaubenden Ausblicken auf den großen Strom. Hier erlauben sich selbst Hamburger romantische Gefühle. An heißen Sommertagen verwandelt sich das Elbufer zum Badestrand der Stadt.

Und noch ein Muss: eine Hafenrundfahrt – ohne sie hat man Hamburg nicht wirklich gesehen (s. S. 20).

Ins Vergnügungsviertel

Hamburgs weltberühmtes Vergnügungsviertel St. Pauli ist längst dem

Startklar zur Alsterrundfahrt

Image der Schmuddelecke entwachsen. Der Kiez hat sich verwandelt und zieht Nacht für Nacht mehr als 40 000 Besucher an – auch Hamburger. Neben Peep-Shows, Erotik-Bars und Sexshops hat sich die Theater- und Kulturszene wieder etabliert und Partyveranstalter und junge Clubbesitzer locken mit ihren innovativen Ideen die Szene an. St. Pauli ist mehr als die Reeperbahn, über die man einmal schlendern sollte.

Tipps für Kunstliebhaber

Die Kunstmeile um den Hauptbahnhof ist gut zu Fuß zu bewältigen. Von der Galerie der Gegenwart über die Kunsthalle geht es zum Museum für Kunst und Gewerbe, dem Kunstverein und schließlich zu den Deichtorhallen. Der Museumsdienst Hamburg hat für alle, die in Hamburgs Museen etwas mehr entdecken wollen, spezielle Touren von einer Stunde bis zu einem Tag Dauer konzipiert: Tel. 040 42 82 43 25, www.hamburg.de/behoerden/museen.

Jeweils im Mai und November machen sich Tausende von Hamburgern auf, um in der ›Langen Nacht der Museen‹ die Kunstschätze der Stadt zu genießen. Dazu wird ein umfangreiches Musik- und Performance-Programm geboten. Shuttlebusse verkehren dann zwischen den insgesamt rund 40 Museen. Ticket-Hotline: Tel. 040 30 05 12 34, www.langenachtdermuseen.hamburg.de.

Stadtrundfahrten

Abfahrtspunkte

An den St. Pauli-Landungsbrücken beginnen die meisten Hafen- und Stadtrundfahrten, bei denen es um das Thema Hamburger Hafen geht (s. S. 20). Startpunkt der ›normalen‹ Stadtrund-

Unser Tipp

Stadt- und Hafenrundfahrten für kleines Geld

Wer für eine Hafenrundfahrt nicht so viel Geld ausgeben möchte, kauft eine HVV-Karte. Sie gilt auch auf den Elbfähren. Etwa eine halbe Stunde dauert die Fahrt von den Landungsbrücken zur gegenüberliegenden Elbseite (Brücke 3, Fähre €2). Oder man steigt in die U 3, die auf der Fahrt von der Kellinghusenstraße bis zum Rathaus einen bequemen Überblick über verschiedene Stadtteile verschafft. Über Eppendorf geht es durch die Isestraße überirdisch nach Eimsbüttel. Nach einer kurzen Untergrundfahrt bis St. Pauli taucht man an den Landungsbrücken wieder auf und genießt über mehrere Stationen das Hafenpanorama.

fahrten ist der Hauptbahnhof, Ausgang Kirchenallee. Das gilt auch für die Stadtrundfahrten der etwas anderen Art – witzig, locker, kompetent – in den gelben Doppeldeckerbussen (Tel. 041 02 443 39, www.stadtrundfahrthamburg.de) und für die Fahrt mit der Hummelbahn, einer Bahn auf Rädern im Look der 1920er-Jahre (Anfang April bis Ende Oktober, Infos: Tel. 040 792 89 79).

Alternative Stadtrundfahrten und Sondertouren

Schwerpunkt Geschichte: Führungen zu den Denkmälern der Alltagswelt empfehlen sich für alle, die sich für die geschichtliche und sozialpolitische Entwicklung der Stadt Hamburg interessieren. Informationen beim Museum der Arbeit, Tel. 040 428 13 30.

Infos zu Stadtrundfahrten

Auskünfte über Stadtrundfahrten oder kombinierte Stadt- und Hafenrundfahrten erteilt die Tourismus-Zentrale Hamburg. Ein innenstädtischer Startpunkt für Busrundfahrten befindet sich am Hauptbahnhof, Ausgang Kirchenallee. Unter www.hamburg-magazin.de, Stichwort ›Hamburg per Pedal‹, findet sich eine Übersicht über das Angebot an Fahrrad- oder Rikscha-Rundfahrten.

Touren durch die Innenstadt zum Thema ›Hamburg im Nationalsozialismus‹ und Touren zum Konzentrationslager Neuengamme bietet der Landesjugendring an. Kartenbestellung: Tel. 040 31 79 61 14.
Schwerpunkt Architektur: Die Baubehörde stellt unter dem Motto »Sieh Dir an, wie Hamburg baut« die Neubauten der Stadt auf einer Tour vor: Tel. 040 428 40 26 62, Mo–Fr 9–15 Uhr.
Themenorientierte Stadtrundgänge und Radtouren: Rundgänge zu den Schwerpunkten Geschichte, Wirtschaft oder Kultur sowie Fahrradtouren durch das Hafengebiet oder von Finkenwerder zum Harburger Hafen organisiert Stattreisen Hamburg, Bartelsstr. 12, Tel. 040 430 34 81, www.stattreisen-hamburg.de.

Alster- und Fleetfahrten

Im Unterschied zur Alsterrundfahrt kann man bei der **Alster-Kreuzfahrt** ein- und aussteigen und sogar ein Fahrrad mitnehmen, wenn genügend Platz vorhanden ist. Folgende Haltestellen werden angelaufen: Atlantic/Meridien, Rabenstraße, Uhlenhorster Fährhaus, Fährdamm, Mühlenkamp, Krugkoppelbrücke, Streekbrücke.

Abfahrten täglich von April bis September, stdl. 10.15–17.15 Uhr ab Alsteranleger Jungfernstieg, Fahrpreis je Anleger 1,30 €, ab dem 5. Anleger 6,50 €, Hin- und Rückfahrt 8,50 €. Kinder zahlen die Hälfte. Eine ›Alster-Familie‹ mit 2 Erwachsenen und 4 Kindern bis 16 Jahren zahlt für die Hin- und Rückfahrt 20 €, die Fahrradmitnahme kostet 1,60 €.
Vom Jungfernstieg aus bietet die Alster-Touristik folgende Touren an:
Alsterrundfahrten: April–Sept. tgl. 10–18, Okt. bis 17 Uhr.
Kanalfahrten: April–Okt. tgl. 9.45, 12.45 und 15.45 Uhr, Ende April–Ende Sept. öfter.
Dämmertörns: Ende April–Ende Sept. tgl. 20 Uhr.
Fleetfahrten: April–Okt. tgl. 10.45, 13.45 und 16.45 Uhr.
Punschfahrten: Ende Okt.–Ende März 10.30, 12, 13.30 und 15 Uhr.
Infos: ATG, Anleger Jungfernstieg, Tel. 040 357 42 40, www.alstertouristik.de.

Hafenrundfahrten

Barkassen-Zentrale Ehlers: Vorsetzen/Ponton, Tel. 040 37 31 68, Mo–Fr 12 und 14 Uhr, ab Mitte März stdl., ab Ostern alle 45 Min. Am Wochenende alle 30 Min. bis 18 Uhr. Abfahrt ab Baumwall/Vorsetzen.
Bünau Erlebnistörns: Bei den St. Pauli-Landungsbrücken, Brücke 3, Tel. 040 219 46 27. Mit der MS Max Brauer kann man sich auf Störtebekers Seefahrergelage begeben, um bei Tanz und ›mittelalterlicher Tafeley‹ dem umstrittenen Seehelden nachzuspüren; auf Anfrage, meist Fr/Sa, 19.30–23.30 Uhr. Oder man legt mit Bünau Erlebnistörns am Samstagabend ab zur Riverboat-Party mit Musik und rustikalem Buffet.
Classic Hafen- und Elbefahrten: Barkassen-Meyer GmbH, Landungsbrü-

cken, Tel. 040 317 73 70, www.classic-schiffstouren.de. Hafenrundfahrten, Seniorenausflüge und Bordpartys.

Elbe- und Hafentouristik Harald Glitscher: Landungsbrücken, Brücke 6–7, Tel. 040 737 43 43. Barkassen für maximal 100 Passagiere starten stdl. 9–16 Uhr zu den Docks, Containern und Werften des Hafens.

Gregors GmbH: Landungsbrücken 3, Tel. 040 31 22 88, auch Schiffsvermietung und Charter von Partyschiffen.

HADAG-Schiffe: Landungsbrücken, HADAG-Brücke 2, Tel. 31 17 07-0, www.hadag.de, auch Schiffsvermietung und Charter.

Reederei Kapitän Prüsse: St. Pauli Landungsbrücke 3, Tel. 040 31 31 30. Beheizte Barkassen, starten fast täglich zu Sonderfahrten durch die beleuchtete Speicherstadt, Abfahrt bei Sonnenuntergang, Fahrzeit 1,5 Std., Preis 12 €. Dasselbe Unternehmen bietet Hafenrundfahrten mit dem Schaufelraddampfer.

Alternative Rundfahrten, bei denen viel Hintergründiges und Wissenswertes über den Hamburger Hafen zu erfahren ist, starten von April bis Oktober am Hafentor beim Anker. Informationen dazu bei der DGB-Jugend, Tel. 040 285 82 25.

Tagestouren ins Umland

Vierlandefahrten mit dem Alsterdampfer: Vom Jungfernstieg nach Bergedorf fährt die Alster-Touristik, Tel. 040 357 42 40, Ende April–Ende Sept. tgl. außer Di 10.15 Uhr, Rückfahrt 14 Uhr.

Tagesausflüge auf Ober- und Niederelbe: HADAG-Schiffe nach Glückstadt und ins Alte Land starten an den St. Pauli-Landungsbrücken. Auskunft unter Tel. 040 311 70 70.

Busausflüge: Tagestouren in das nahe und entfernte Umland offeriert u. a. Jasper Rund- und Gesellschaftsfahrten, Mühlendamm 86, Tel. 040 227 10 60, www.jasper-hamburg.de.

Rundflüge

Infos zu Rundflügen mit dem Ballon, Wasserflugzeug, Zeppelin oder Hubschrauber unter www.my-skyworld.de, Tel. 04195 997 70, sowie www.ballonsueber-hamburg.de, Tel. 040 48 46 77. Rundflüge mit der guten alten ›Tante Ju‹: Deutsche Lufthansa Berlin-Stiftung, Tel. 040 50 70 17 17, www.dlbs.de, Mo, Mi, Fr 10–12, 14–16 Uhr.

Unser Tipp

Auge in Auge mit den Giganten – die etwas andere Hafenrundfahrt
Eine Hafenrundfahrt zu Lande, im Bus! Es geht direkt auf die Kais, wo die Riesenpötte aus aller Herren Länder entladen werden, und in die Containerterminals. Die Rundfahrt ist eine atemberaubende Lehrstunde in Sachen moderner Hafenlogistik. Hautnah sieht man die futuristischen Containerbrücken, die fahrerlos gesteuerten Transportplattformen und die immensen Containerberge. So lernt man den Hamburger Hafen, seine Funktionsweise und seine Wirtschaftskraft von innen kennen.
Jasper Reisen: Buchung unter Tel. 040 22 71 06-10, www.jasper.de.

Anreise und Verkehrsmittel

Anreise

... mit dem Flugzeug

Hamburgs neuer Flughafen in Fuhls-
büttel (Flughafenstr. 1–3) wurde von
den Architekten Gerkan, Marg und
Partner als geschwungenes Glas- und
Stahlgebäude entworfen. Inzwischen
wird die weltstädtische Anmutung
auch nicht mehr durch das Fehlen eines
S-Bahnanschlusses gemindert, denn
das S-Bahn-Terminal Airport ist fertiggestellt (s. u.).

Inlandsflüge verbinden Hamburg
mit allen deutschen Großstädten außer Hannover. Außerdem bestehen
zahlreiche internationale Verbindungen, darunter nach Wien, Zürich, Ba-
sel, Mailand, Moskau und Genf.
Flughafen-Information: Tel. 040 507
50, www.flughafen-hamburg.de.)
Vom Flughafen in die Stadt: S-Bahn-
linie S 1 fährt in 25 Min. vom Airport
zum Hauptbahnhof. Der S-Bahnhof
›Hamburg Airport‹ liegt direkt vor den
Terminals und ist über Aufzüge, Roll-
treppen und Treppen bequem erreichbar. Ein Taxi in die Hamburger City kostet etwa 20–30 €. Mit dem Auto muss
man ca. 20–25 Min. Fahrzeit rechnen.

Hamburg-Card

Der Erwerb der Hamburg-Card kann
sich lohnen: Sie schließt die freie Fahrt
in öffentlichen Verkehrsmitteln, den
Eintritt für viele Museen sowie Ermä-
ßigungen für einige Stadtrundfahrten
und Schiffstouren ein. Die Einzelkarte
für einen Tag kostet 8 €, für drei Tage
18 €. Erhältlich ist sie in den Büros der
Tourismus-Zentrale, in Hotels, an Theaterkassen oder in den HVV-Kundenbü-
ros (z. B. im Hauptbahnhof).

... mit der Bahn

Züge aus dem Osten, Süden und Süd-
westen kommen am Hauptbahnhof
(Kirchenallee, Stadtzentrum) an und
fahren meist weiter zum Dammtor
(Nähe Gänsemarkt, Rotherbaum) und
auch nach Altona (Zentrum Altona,
Nähe St. Pauli) Züge aus dem Norden
fahren meist zuerst Altona oder
Dammtor an. DB-Auskunft: Tel. 118 61,
www.bahn.de.

Bequem ist die An- und Abreise mit
der CityNightLine ›Komet‹. Ab Zürich
geht es über Südwestdeutschland direkt nach Hamburg. Informationen,
Buchungen und Reservierungen bei
der CityNightLine-Hotline unter 01805
21 34 21, in allen DB-Reisezentren, Rei-
sebüros mit DB-Lizenz oder im Internet
unter www.citynightline.ch. Von München gelangt man mit dem DB-Nacht-
zug nach Hamburg. Info-Tel. 01805 14
15 14, www.nachtzugreise.de.

... mit dem Bus

Der Bahnhof für Überlandbusse liegt
direkt am Hauptbahnhof. Die meisten
Verbindungen gibt es nach Osten.
Zentraler Omnibusbahnhof (ZOB):
Adenauerallee 78, Tel. 040 24 75 76,
www.zob-hamburg.de

... mit dem Auto

Die A1 führt von Westdeutschland
über Münster und Bremen nach Hamburg und weiter nach Lübeck, die A7
von der dänischen Grenze über Flens-
burg nach Hamburg und über Hannover und Kassel weiter nach Süden, die
A24 von Berlin nach Hamburg.

Staugefahr besteht vor dem Elbtunnel (A7), in geringerem Maße auch auf
den Elbbrücken (A1). Informationen
über Staus und Baustellen: www.ver
kehrsinfo.hamburg.de.

Mit dem Rad ist man auch in der Hansestadt gelegentlich schneller unterwegs

Öffentliche Verkehrsmittel

Unterwegs mit S-Bahn, U-Bahn und Bussen

Das dichte Netz der Busse und U-Bahnen des HVV verbindet alle wichtigen Sehenswürdigkeiten und Verkehrsknotenpunkte. Die Fahrkarten werden in den S- und U-Bahnhöfen an Automaten gezogen bzw. beim Busfahrer gekauft und gestempelt. Es gibt 21 U-, S- und Regional-Bahnlinien, an die 200 Stadt- und Regionalbuslinien, dazu 9 Schnellbuslinien, 22 Metrobuslinien (Direktverbindung in die City 1–14, Querverbindungen 20–27), 7 Hafenlinien, 30 Nachtbuslinien sowie Fährdienste auf Alster und Elbe (s. Reisekarte Hamburg, Rückseite).

Info: Hamburger Verkehrsverbund (HVV), Steinstr. 27, Tel. 040 194 49, www.hvv.de, tgl. 7–20 Uhr.

Tarife für U-Bahn, S-Bahn und HVV-Busse: Einzelkarte ab 1,30 €, Ganztageskarte ab 6 €.

Taxis

Taxiruf: Tel. 040 211 211, 040 311 311 und 040 666 566 (auch für klappbare Rollstühle)

Leihwagen und Leihräder

Autoverleih

Die internationalen Leihwagenfirmen haben Schalter im Flughafen und am Hauptbahnhof.

Fahrradverleih

Deutsche Bahn: im Hauptbahnhof, Wandelhalle, Tel. 040 391 85 04 75, 7–22 Uhr.

Fahrradladen St. Georg: in Fußnähe des Hauptbahnhofs (s. S. 51).

Fahrräder dürfen in U- und S-Bahnen Mo–Fr 9–16 und von 18 Uhr bis Betriebsschluss, Sa, So ganztägig transportiert werden, ebenso ganztägig auf Hafenschiffen.

Übernachten

Das Hotelangebot hat in Hamburg inzwischen Metropolenniveau. Vor allem im hochpreisigen Segment gibt es eine gute Auswahl. Neben den alten Grand Hotels haben sich auch jüngere Designerhotels überall in der Stadt etabliert. Was das Übernachtungsangebot für jüngere Leute betrifft, hat sich ebenfalls in den letzten Jahren einiges getan. Und natürlich gibt es auch in Hamburg Bed & Breakfast.

Hotels online buchen
Eine Übersicht über die Hamburger Hotels findet sich auf der Website www.hamburg.de. Unter www.hrs.de findet man auch kurzfristig die passende Unterkunft zum passenden Preis.

Edel und teuer

Hip – **Le Royal Méridien** **1** : ▶ Q 6, An der Alster 52–56, Tel. 040 210 00, www.hamburg.lemeridien.com, U-/S-Bahn Hauptbahnhof, DZ ab 285 €. 284 hochwertig mit modernstem Design und Technik ausgestattete Zimmer im Szeneviertel St. Georg mit Alsterblick. Im 9. Stock bieten Restaurant und Bar einen fantastischen Blick. Dauerausstellung von 50 Exponaten Hamburger Künstler. Luxuriöser Wellnessbereich.

High Society – **Vier Jahreszeiten** **2** : ▶ Karte 3, G 2, Neuer Jungfernstieg 9–14, Tel. 040 349 40, www.fairmont-hvj.de, U-/S-Bahn Jungfernstieg, DZ ab 255 €. Toplage an der Binnenalster. Luxus von der Teetasse bis zu den Suiten mit ausgesuchten Antiquitäten. Der große Salon im Erdgeschoss mit Alsterausblick, Eichentäfelung, Gobelins und offenem

Kamin heißt schlicht – das ist Hamburger Understatement – Wohnhalle (s. S. 109).

Legendär – **Louis C. Jacob** **3** : ▶ E 7, Elbchaussee 401–404, Tel. 040 82 25 50, www.hotel-jacob.de, Schnellbus Nr. 36 Richtung Blankenese bis Sieberlingstraße, DZ ab 220 €. Fast 200-jährige Tradition am Elbhang in Nienstedten mit Panoramablick. Der Maler Max Liebermann verewigte 1902 die berühmte Lindenterrasse mit dem einmaligen Elbblick. Das Restaurant ist standesgemäß mit Michelin-Stern ausgezeichnet. Die Zimmer sind elegant und individuel gestaltet.

Für Designfreaks – **Side** **4** : ▶ Karte 3, F 2, Drehbahn 49, Tel. 040 30 99 90, www.side-hamburg.de, U 2 Gänsemarkt, S-Bahn Dammtor, DZ ab 190 €. Das Interieur von Stardesigner Matteo Thun wird mit einer Lichtinszenierung von Robert Wilson effektvoll in Szene gesetzt. Alles cool und edel. Restaurant mit euro-asiatischer Küche und gestylter Fusionbar in der Lobby. Fußnähe zur Staatsoper und City.

Markante Lage – **Park Hyatt** **5** : ▶ Karte 3, H 3, Bugenhagenstr. 8–10, Tel. 040 33 32 12 34, www.hamburg.hyatt.com, U-/S-Bahn Hauptbahnhof, DZ ab 180 €. Im renovierten Levantehaus direkt an der Mönckebergstraße, mit großem Pool und Wellness-Bereich.

Weiße Pracht am Wasser – **Atlantic** **6** : ▶ Karte 3, J 2, An der Alster 72, Tel. 040 288 80, www.kempinski.atlantic.de, U-/S-Bahn Hauptbahnhof, DZ (ohne Frühstück) ab 180 €. Ein Grandhotel der schönsten Art im Herzen der Stadt an der Außenalster gelegen (s. S. 239).

Für Himmelsstürmer – **Empire Riverside**
7: ▶ Karte 3, C 4, Bernhard-Nocht-Str. 97, Tel. 040 31 11 37 07 50, www.em pire-ri verside.de, S-Bahn Reeperbahn, DZ ab 140 €. Zwischen Reeperbahn und Hafen erhebt sich der 20 Stockwerke hohe Hotelturm. Der britische Architekt David Chipperfield verband moderne Architektur mit hanseatischem Ambiente. Die Zimmer sind raumhoch verglast und bieten einen beeindruckenden Blick über den Hafen.

Komfortabel und stilvoll

Für Kiezgänger – **East** **8**: ▶ Karte 3, D 3, Simon-von-Utrecht-Str. 31, Tel. 040 30 99 30, www.east-hamburg.de, U 3 St. Pauli, DZ ab 175 €. Trendiges Design-Hotel mit großem Lounge- und Barbereich gleich neben der Reeperbahn. In der ehemaligen Eisengießerei sind die Zimmer alles andere als histo-

risch. In modern gestalteten Räumen trifft sich eine junge Klientel, die in erster Linie zum Feiern hierherkommt.

Intimer Luxus – **Abtei** **9**: ▶ P 3, Abteistr. 14, Tel. 040 44 29 05, www.abtei-hotel.de, U 1 Klosterstern, DZ ab 160 €. Familiäre Intimität: 9 Zimmer und zwei Suiten in einer Villa von 1875, zum Teil mit englischen Antiquitäten und exquisiten Bädern ausgestattet. Kleines Restaurant mit französisch-mediterraner Küche.

Für Geschäftige – **Steigenberger** **10**: ▶ Karte 3, F 4, Heiligengeistbrücke 4, Tel. 040 36 80 60, www.hamburg.steigen berger.de, U 3 Rödingsmarkt, S-Bahn-Stadthausbrücke, DZ ab 160 €. Von Wasser umgeben, direkt am Fleet zwischen Hafen und City gelegen, strahlt das Hotel eine angenehme Weltläufigkeit aus. Fußläufig zu den Galerien der Admiralitätsstraße.

Hotellegende am Alsterufer – das Atlantic

Übernachten

Britisches Understatement – **The George Hotel: 11:** ▶ O 5, Barcastr. 3, Tel. 040 280 03 00, www.thegeorge-hotel.de, U/S-Bahn Hauptbahnhof, DZ ab 145 €. Nur einen Steinwurf von der Alster entfernt trifft im quirligen St. Georg hanseatische Noblesse auf britisches Understatement. Die 125 Zimmer und Suiten sind individuell und intim. Von der Lounge der Dachterrasse hat man Alsterblick.

Für Trendsetter – **Mövenpick 12:** ▶ R 5, Sternschanze 6, Tel. 040 334 41 10, www.moevenpick-hotels.com, U-/S-Bahn Sternschanze, DZ ab 145 €. Im Szeneviertel Schanze wurde der alte Wasserturm zu einem Hotel ausgebaut. Im 60 m hohen Turm in norddeutscher Backsteinarchitektur wurden viele historische Details erhalten. Die Zimmer im stilvollen Design bieten einen weiten Blick über Hamburgs Dächer. Beste Lage für Nachteulen.

Stylish – **Gastwerk 13:** ▶ K 5, Beim Alten Gaswerk 3, Tel. 040 89 06 20, www.gastwerk-hotel.de, S 1, 11 Bahrenfeld, DZ ab 131 €. 141 helle Zimmer mit Designermöbeln in Rot, Weiß und Dunkelbraun-Schwarz in der Kohlenlagerhalle eines ehemaligen Gaswerkes. Backsteinambiente. Relaxingzone im marokkanischen Stil mit Sauna. Kostenloses WLAN im Haus, gute italienische und bürgerliche Küche im Mangold.

Elbe vor der Zimmertür – **Strandhotel Blankenese 14:** ▶ Karte 2, B 6, Strandweg 13, Tel. 040 866 23 00, www.strand-hotel.de, S 1, 11 Blankenese, Bus 48, DZ ab 125 €. Jugendstilvilla mit romantischem Flair. Das Turmzimmer wird von Pärchen gern als Liebesnest genutzt. Ideal für Elbwanderungen und Schiffstouren. Ideal für eine Auszeit von der Stadt am Strand oder in den Gassen von Blankenese.

Für Bücherwürmer – **Wedina 15:** ▶ Q 6, Gurlittstr. 23, Tel. 040 280 89 00, www.wedina.de, U-/S-Bahn Hauptbahnhof, DZ ab 108 €. Schriftsteller, die im Literaturhaus lesen, wohnen im Wedina im Stadtteil St. Georg gratis. Die Zimmer sind individuell gestaltet und Dichtern gewidmet. Das Hotel besteht aus vier Häusern, die in vier Stilrichtungen gestaltet sind. Hinter dem Haupthaus liegt ein idyllischer Garten, in dem man im Sommer frühstückt.

Winde wehen, Schiffe gehen – **Hafen Hamburg 16:** ▶ Karte 3, D 4, Seewartenstr. 9, Tel. 040 31 11 30, www.hotel-hamburg.de, U-/S-Bahn Landungsbrücken, DZ ab 100 €. Im ehemaligen Seemannsheim oberhalb der Landungsbrücken braucht man unbedingt ein Zimmer mit Blick zum Hafen! Von hier aus sind es nur ein paar Schritte bis ins Nachtleben von St. Pauli.

Bohème – **York 17:** ▶ R 4, Hofweg 19, Tel. 040 227 14 20, www.hotel-york.de, U 2 Mundsburg, DZ ab 95 €. Über drei Etagen verteilen sich die Zimmer und Appartements des kleinen Hotels in einem Jugendstilhaus. Die Zimmer sind individuell eingerichtet, die Appartements haben kleine Küchen, WLAN und im Sommer steht den Gästen der Garten zur Verfügung. Beliebt bei Sängern und Schauspielern.

Einfach und günstig

Plüsch und Pomp – **Village 18:** ▶ R 6, Steindamm 4, Tel. 480 64 90, www.hotel-village.de, U/S-Bahn Hauptbahnhof, DZ ab 85 € In ferneren Zeiten war das Haus ein nobles Bordell. Plüsch und Pomp haben sich in den 20 Zimmern bis heute erhalten: Samttapeten, Baldachine und drehbare Spiegel erwarten die Gäste.

Futuristisch – **25 Hours** 19 : ▶ K 5, Paul-Dessau-Str. 2, Tel. 040 85 50 70, www.25hours-hotel.de, S 1, 11 Bahrenfeld, DZ ab 105 €, Young-Rate für unter 25-Jährige: 25% Rabatt. Hamburgs erstes Low-Budget Design-Hotel mit Meditationsraum, Gemeinschaftswohnzimmer, Sushi-Bar, Lounge und Dachterrasse. Retro-Design-Mix mit Stilelementen der 1960er- und 1970er-Jahre. Untergebracht in einem ehemaligen Kontorhaus in der Nähe vom Partnerhotel Gastwerk. Szenetipps gibt's gratis.

Familienfreundlich – **Junges Hotel** 20 : ▶ R 6, Kurt-Schumacher-Allee 14, Tel. 040 41 92 30, www.junges-hotel.de, U-/S-Bahn Hauptbahnhof, DZ ab 103 €. Moderne ansprechende Fassade und auch das Innendesign ist stylish und freundlich. Für Familien gibt es auch Zimmer mit bis zu 6 Betten und Kinderspielräume. Die Lage ist zentral. WLAN in den öffentlichen Räumen.

Wasserabenteuer – **Feuerschiff** 21 : ▶ O 7, Im City Sporthafen, Vorsetzen, Tel. 040 36 25 53, www.das-feuerschiff.de, U 3 Baumwall/Landungsbrücken, DZ ab 100 €. Übernachten im feuerroten Schiff: Zwei Einzel-, drei Doppelkajüten sowie die frühere Kapitänskajüte warten auf wasserfeste Gäste. Direkt gegenüber dem Gruner+Jahr-Verlag.

Familienbetrieb – **Hotel-Pension Schwanenwik** 22 : ▶ R 5, Schwanenwik 29, Tel. 040 220 09 18, www.hotel-schwanenwik.de, Metrobus 6 Mundsburger Brücke, DZ ab 98 €. Weißes Bürgerhaus mit Blick auf die Außenalster oder – wer es gern ruhiger hat – zum Innenhofgarten. 18 moderne Zimmer. WLAN im Hotel. Das Literaturhaus liegt nur ein paar Schritte entfernt.

Szenig – **Fritzhotel** 23 : ▶ N 5, Schanzenstr. 101–103, Tel. 040 82 22 28 30, www.fritzhotel.com, U-/S-Bahn Sternschanze, DZ ab 90 €. Kleines ungewöhnliches Hotel mit nur 17 Zimmern mitten im Schanzenviertel. Bars, Cafés und viele Shops gleich um die Ecke. Minimalistisches Design und individueller Service. Bei einem Aufenthalt von mehr als drei Nächten, reduziert sich der Preis!

Sozial engagiert – **Fresena** 24 : ▶ Karte 3, F 5, Moorweidenstr. 34, Tel. 040 410 48 92, www.hotelfresena.de, S-Bahn: Dammtor, DZ ab 88 €. Charmantes Interieur, sehr persönlich geführt, im 3. Stock des Dammtorpalais. Die 23 Zimmer sind individuell gestaltet, sehr beliebt ist der Dienstbotentrakt. Das Hotel steht auch für soziales und kulturelles Engagement: Man beschäftigt Behinderte und macht Ausstellungen.

Mitwohnzentralen

Folgende Internetseiten informieren zum Thema »Wohnen auf Zeit«:
www.hamburg.homecompany.de
www.ihremitwohnzentrale.de
www.city-wohnen.de
www.wg-gesucht.de
www.studenten-wg.de

Für Frauen – **Hanseatin** 25 : ▶ Karte 3, E 2, Dragonerstall 11, Tel. 040 34 13 45, www.hotel-hanseatin.de, U 2 Gänsemarkt, DZ ab 34, EZ ab 49 €. Die Atmosphäre ist gut in Hamburgs erstem Frauenhotel mit nur 13 Zimmern (allerdings einige ohne Bad). Café und Gartenterrasse, schön renoviert.

Für Individualisten – **Galeriehotel Sarah Petersen** 26 : ▶ R 6, Lange Reihe 50, Tel. 040 24 98 26, www.galerie-hotel-sarah-petersen.com, U-/S-Bahn Hauptbahnhof, DZ ab 69 €. Das intime Künstlerhotel zwischen Schauspielhaus und

Übernachten

Alster mitten in St. Georg bietet Platz für 14 Gäste. Persönlich geführt und individuell eingerichtet.

Jugendherbergen

Zentral gelegen ist die **Jugendherberge auf dem Stintfang**: ▶ Karte 3, D 4, Alfred-Wegener-Weg 5, Tel. 040 31 34 88, www. djh.de, U-/S-Bahn Landungsbrücken. Ab 27 Jahren zahlt man pro Person ab 20,80 €. Das **Jugendgästehaus Horner Rennbahn** liegt weit vom Zentrum entfernt: Rennbahnstr. 100, Tel. 040 65 11 671, jgh-hamburg@t-online. de, U 3: Horner Rennbahn, pro Person 18,10 €.

Jugendhotels

Für junge Citytouristen – **Yoho** 27: ▶ N 4, Moorkamp 5, Tel. 040 284 19 10, www.yoho-hamburg.de, U 2 und U 3 Schlump, DZ 95 €, 30 € Rabatt für unter 27-Jährige. In einem Gründerzeithaus mit viel Weiß, Glas und Stahl befinden sich puristische Zimmer mit Internetanschluss. Das Restaurant Mazza serviert orientalische Speisen und ist ein guter Ort zum Kontakteknüpfen.

Für Youngsters – **Schanzenstern Altona** 28: ▶ L 6, Kleine Rainstr. 24–26, Tel. 040 39 91 91, www.schanzenstern-altona.de, S-Bahn Altona, DZ 68 €. Unterkunft im Mehrbettzimmer gibt es schon ab 20 € pro Person. Buntes Übernachtungshaus mit 31 Zimmern mitten im Szeneviertel Ottensen. Barrierefrei!

Mittendrin – **Backpackers St. Pauli** 29: ▶ N 6, Bernstorffstr. 98, Tel. 23 51 70 43, www.backpackers-stpauli.de, U 3 Feldstraße, DZ 60 €. Strategisch beste Ausgangslage für einen Hamburg-Besuch zwischen Schanzen-, Karoviertel und St. Pauli. Und gleich noch das Kino Bernstorffstraße und ein Tibetisches Zentrum nebenan. 55 Betten verteilt auf Acht-, Sechs-, Drei- und Zweibettzimmer. Freundliche Räume mit eigenem Badezimmer. Internationale kommunikative Gäste.

Das Leben ist jung – **Superbude** 30: ▶ R 6, Spaldingstr. 152, Tel. 380 87 80, www.superbude.de, U/S-Bahn Berliner Tor, DZ ab 59 €. Kräftige Farben an den Wänden, Bierkästen als Hocker, Boxsäcke, Kicker und aus dem Doppelbett kann man eine Viererbude machen – ideales Hotel für junge Leute!

Noch mal für Youngsters – **Schanzenstern** 31: ▶ N 5, Bartelsstr. 12, Tel. 040 439 84 41, www.schanzenstern.de, U-/ S-Bahn Sternschanze, DZ ab 53 €. In der alten Fabrik von Montblanc liegt mitten im Schanzenviertel dieses kleine, lebendige und preiswerte Hotel. Es gibt auch Mehrbettzimmer und im Hof befindet sich ein Garten fürs Frühstück.

Total verrückt – **Rock'n'Roll-Hotel Kogge** 32: ▶ Karte 3, B 4, Bernhard-Nocht-Str. 59, Tel. 040 31 28 72, www.kogge-hamburg.com, U 3 St. Pauli, DZ ab 48 €, im Mehrbettzimmer pro Person ab 18,50 €. Beliebt bei Musikern und solchen, die es werden wollen. Das Hotel liegt zwischen Reeperbahn und Hafen, hat eine Bar und teilweise Elbblick. 12 kleine Zimmer, die sehr individuell und kreativ eingerichtet sind.

Spartanisch – **Instant Sleep** 33: ▶ N 5, Max-Brauer-Allee 277, Tel. 040 43 18 23 10, www.instantsleep.de, Bus 115 Schulterblatt, DZ ab 23 €. Über der Bar Rossi, direkt im Schanzenviertel, können Reisende mit kleinem Budget übernachten. Es gibt Mehrbettzimmer und Doppelzimmer. Getränke holt man sich aus dem Automaten, und zu jedem Bett gehört ein kleiner Spind.

Essen und Trinken

Hamburg kulinarisch

Deutschlands Gourmet-Hauptstadt: im Michelin-Restaurantführer steht die Hansestadt mit elf Ein-Sterne-Küchen an der Spitze, darunter Seven Seas auf dem Süllberg, Louis C. Jacob, Tafelhaus, Landhaus Scherrer, Piment, Sgroi und das Haerlin im Hotel Vier Jahreszeiten. In diesen Restaurants wird man vor allem mit internationaler Küche beglückt. Unter den Küchen der Welt hat die italienische eine besonders lange Tradition in Hamburg, die Auswahl ist entsprechend groß und gut.

Da der Hamburger andererseits Traditionalist ist, gibt es darüber hinaus aber auch hanseatische Hausmannskost: Ob Aalsuppe (›Alles-Drin-Suppe‹), Labskaus (Kartoffelbrei mit Corned Beef, Salzgurken, Spiegelei und Rote Bete) oder Birnen, Bohnen und Speck – wie überall auf der Welt ist auch hier das ursprüngliche ›Kleine-Leute-Essen‹ zur landestypischen Küche avanciert.

Spitzengastronomie

Ausgezeichnet! – **Atlantic Restaurant:** ▶ Karte 3, J 2, St. Georg, An der Alster 72, Tel. 040 238 88 66 40, www.kempinski.at lantic.de, Mo–Sa 12–15, 17.30–23.30, So 17.30–23.30 Uhr, U-/S-Bahn Hauptbahnhof. Hauptgerichte ab 22 €. Von den Logenplätzen mit Blick auf die Alster genießt man die Küche im edlen Ambiente und bei her-

Die Gastronomie in Hamburg

Binnenalster und Neustadt:
– Stadtviertelkarte S. 106
– Restaurantbeschreibungen S. 118

Mönckebergstraße und Altstadt:
– Stadtviertelkarte S. 124
– Restaurantbeschreibungen S. 134

Speicherstadt, HafenCity und Neustadt Süd:
– Stadtviertelkarte S. 140
– Restaurantbeschreibungen S. 151

St. Pauli, Reeperbahn, Elbufer:
– Stadtviertelkarte S. 160 und 174
– Restaurantbeschreibungen S. 176

Schanzen- und Karolinenviertel:
– Stadtviertelkarte S. 184
– Restaurantbeschreibungen S. 193

Harvestehude, Rotherbaum, Grindel:
– Stadtviertelkarte S. 200
– Restaurantbeschreibungen S. 210

Hoheluft und Eppendorf:
– Stadtviertelkarte S. 220
– Restaurantbeschreibungen S. 228

St. Georg:
– Stadtviertelkarte S. 238
– Restaurantbeschreibung S. 245

Altona und Ottensen:
– Stadtviertelkarte S. 254
– Restaurantbeschreibung S. 262

Von Övelgönne nach Blankenese:
– Stadtviertelkarte S. 270
– Restaurantbeschreibung S. 283

vorragendem Service: ob Seezungen-
filet oder Wiener Tafelspitz, Traditionelles kombiniert mit ungewöhnlichen
Kreationen.

Variatio delectat – **Sgroi:** ▶ Q/R 6, St.
Georg, Lange Reihe 40, Tel. 040 28 00
39 30, www.sgroi.de, U-/S-Bahn Hauptbahnhof, Di–Fr 12–14.30, 19–22.30, Sa
19–22.30 Uhr, 4-Gänge-Menü 60 €.
Anna Sgroi bereitet italienische Küche
vom Feinsten zu und hat sich dafür
auch einen Stern erkocht. Piemontesi-
sche Ravioli, Loup de Mer oder Kobe-
Rind – alles ist von bester Qualität. Le-
bensmittel und Weine nebenan im
hauseigenen Alimentari.

Alles über Niveau – **Poletto:** ▶ P 1, Eppendorf, Eppendorfer Landstr. 145, Tel.
480 21 59, www.poletto.de, Di–Fr 12–
14 & 19–22, Sa 19–22 Uhr, Bus 20, 22,
25, 34, 39 Eppendorfer Markt, Hauptgerichte ab 29 €. Das gelbe Haus strahlt
schon von außen Understatement aus
und so ist auch die Einrichtung in Cor-
nelia Polettos Restaurant. Dafür ist die
Küche umso überraschender: Das ›De-
gustazione-Menü‹ offeriert leichte Küche mit mediterranem Akzent, feinste
Aromen und köstliche Saucen. Alles
ohne viel Schnickschnack.

Dinner am Wasser – **Tafelhaus:** ▶ K 7,
Altona, Neumühlen 17, Tel. 040 89 27
60, Di–Fr 12–16, 19–24, Sa 19–24 Uhr,
Bus 112, Hauptgerichte ab 28 €. Christian Rach begeistert seine Gäste mit
ambitionierter Küche, hat aber auch
eine Neigung zu bodenständigen Klas-
sikern: Kaviar, Steinpilzen, Kalbsbäck-
chen und Bauernterrinen.

Herrlich – **Piment:** ▶ O 3, Eppendorf,
Lehmweg 29, Tel. 040 42 93 77 88, U 3
Hoheluftbrücke, Mo–Sa 18.30–22.30
Uhr, Hauptgerichte um 25 €. Hier kocht
Witzigmann-Schüler Wahabi Nouri,

der für seine französisch inspirierte Küche schon den ersten Michelin-Stern
einheimste. Ob Hirschrücken oder
Couscous – immer gelingt ihm eine
überraschende Kreation. Klein und
edel, unbedingt vorbestellen.

Überirdisch – **Süllberg:** ▶ Karte 2, B 5,
Blankenese, Süllbergterrasse 12, Tel.
040 86 62 52 77, www.suellberg-ham-
burg.de, S 1 Blankenese, Bus 48, Restaurant Mi–So 18.30–23, Bistro tgl.
11.30–23 Uhr, Terrassen (bei schönem
Wetter wie Bistro). 4-Gänge-Menü im
Seven Seas 72 €. Gourmetrestaurant
Seven Seas, Bistro und Biergarten – für
jeden Geschmack und jeden Geldbeutel etwas bietet der mehrfach ausge-

zeichnete Küchenchef Karlheinz Hauser. Wer nach dem guten Essen gar nicht mehr nach Hause will, kann in einem der elf Zimmer nächtigen.

Szenebistros

Kontrastreich, köstlich – **Küchenwerkstatt:** ▶ R 3, Winterhude, Hans-Henny-Jahn-Weg 1, Tel. 040 22 92 75 88, Di–Sa 12–14.30 und 19–22 Uhr, Metrobus 6, 3-Gänge-Menü 36 €. Kleine Karte mit abwechslungsreicher Küche: neu-deutsch-mediterran-asiatisch. Spezialitäten: Aalfilets und Grünkohlravioli. Junges Kochteam mit hoher Ambition. Im Sommer auch kleine Terrasse.

Gesellig – **Abendmahl:** ▶ Karte 3, B 4, St. Pauli, Hein-Köllisch-Platz 6, Tel. 040 31 27 58, www.restaurantabenmahl.de, S-Bahn Reeperbahn, Mo–So 8–23 Uhr (Küche), Ear 8 bis ca. 2 Uhr. Hauptgerichte 12–18 €. Internationale Küche mit saisonal variierender Speisekarte, gute Weine und auch dank der familiären Atmosphäre auf dem Hein-Köllisch-Platz ein äußerst beliebter Ort für ein rundum schönes Abendessen.

Hochgenuss am Wasser – **Rive:** ▶ M 7, Altona, Van-der-Smissen-Str. 1, Tel. 040 380 59 19, Bus 383, Mo–So 12–24 Uhr, Hauptgerichte um 20 €. Es ist toll den Elbdampfern hinterherzuträumen, wenn man nachmittags im ange-

Speisen mit Hafenblick – im Restaurant Rive an der Elbe

Nicht nur bei Werbeleuten angesagt – das Restaurant Nil in St. Pauli

nehm leeren Restaurant sitzt. Abends geht es hier eher laut zu. Selbst in nicht so lauen hanseatischen Sommernächten sitzt man auf der beheizten Terrasse am Wasser. Unbedingt Fisch essen! Internationales Publikum.

Oberklasse – **Bank:** ▶ Karte 3, F 3, Hohe Bleichen 17, Tel. 040 238 00 30, www.diebank-brasserie.de, Mo–Sa 11.30–23.30 Uhr, U 2 Gänsemarkt, Hauptgerichte ab 18 €. Metropolenfeeling in einer ehemaligen Bank. Kreative Küche und viele Gäste aus der Medien- und Kulturszene.

Gute Kost – **Luxor:** ▶ N 5, Schanzenviertel, Max-Brauer-Allee 251, Tel. 040 430 01 24, www.restaurant-luxor.de, Bus 115, Di–Sa ab 19 Uhr, open end.

Am Rand des Schanzenviertels versammelt sich die hippe Szene, um sich in Knoblauchöl gegrillte Riesengambas mit Süßkartoffel-Püree (17,50 €) reinzuziehen. Gute Küche und entspannte Atmosphäre. Im Sommer sitzt man vor der Tür auf der Außenterrasse.

Coole Kreationen – **Nil:** ▶ N 6, St. Pauli, Neuer Pferdemarkt 5, Tel. 040 439 78 23, U 3 Feldstraße, www.restaurant-nil.de, Mi–Mo 18–24 Uhr, Hauptgerichte um 17 €. Täglich wechselnde Karte mit neudeutschen Gerichten im ehemaligen Schuhgeschäft auf drei Ebenen – für Werbeleute und andere schwarze Pullover, die sich erst spät ins Herz von St. Pauli vorwagen. Auf der Weinkarte stehen 80 internationale Tropfen. Sonntags zum Abendbrot wird gegessen, was auf den Tisch kommt (18 €).

Bestes Wohnzimmer – **Brücke:** ▶ O 3, Eppendorf, Innocentiastr. 82, Tel. 040 422 55 25, U 3 Hoheluftbrücke, Mo–Sa 12–14 und 19–23, So 18–24 Uhr, Hauptgerichte ab 12 €. Besonders Werbeleute und Journalisten bevorzugen das Restaurant in Harvestehude mit kleiner Karte und hohem Niveau.

Lieblingslokal – **Vienna:** ▶ N 5, Fettstr. 2, Tel. 040 439 91 82, www.vienna-hamburg.de, U 2 Christuskirche, S-Bahn Sternschanze, Di–So 14–2 Uhr (warme Küche 19–23 Uhr), Hauptgerichte ca. 15 €. Schon beim Eintreten merkt man, dass die Atmosphäre stimmt. In der kleinen kommunikativen Kaffeebar und dahinter in der an die Küche grenzenden Essstube geht's recht eng zu. Egal ob die Küche ›Himmel un Äad‹ (rheinisch: Erde), Blutwurst mit Kartoffelstampf und Apfelpüree oder Boeuf Bourguignon serviert, frisch und köstlich ist's immer. Wer einmal dort war, kommt wieder!

Cooles Bistro – **Gloria:** ▶ N 4, Bellealliancestr. 31–33, Tel. 43 29 04 64, www.gloriabar.de, Mo–Fr ab 10, Sa, So ab 11, Küche bis 23 Uhr, U-Bahn Christuskirche, Hauptgerichte ab 7 €. Drei Räume (in einem ab 18 Uhr Raucherbar), in denen sich die Eimsbüttler Szene trifft: zum Wienerschnitzel, Brunch, Fußball gucken oder zum Café Latte.

Originelles Ambiente – **Rexrodt:** ▶ R 5, Uhlenhorst, Papenhuder Str. 35, Tel. 040 229 71 98, Metrobus 6, Mo–Fr 12–15, Mo–So 18.30–23 Uhr, Hauptgerichte ab 14 €. Schon allein wegen der Jugendstilkacheln in der ehemaligen Metzgerei lohnt sich der Besuch. Internationale Küche auf traditionelle Art. Gute Weinkarte!

Traditionelles und Typisches

Klassisch gut – **Landhaus Scherrer:** ▶ K 7, Othmarschen, Elbchaussee 130, Tel. 040 880 13 25, www.landhausscherrer.de, Bus 36, Mo–Sa 12–14.30, 18.30–23.30 Uhr. Hauptgericht 22–39 €. Mittags von den Chefetagen der Verlagshäuser zum Businesslunch (35 €) frequentiert. Abends gönnt man sich Klassiker wie Vierländer Ente in bürgerlichem Ambiente (ein Michelin-Stern).

Für Gourmets – **Haerlin:** ▶ Karte 3, G 2, Neuer Jungfernstieg 9–14, Tel. 040 34 94 33 10, U-/S-Bahn Jungfernstieg, Di–Sa 18.30–22.30 Uhr, Hauptgerichte um 30 €. Distinguiertes Traditionshaus im Hotel Vier Jahreszeiten. Kein Mann kommt hier ohne Sakko rein. 40 Champagner auf der Karte, damit ist alles gesagt. Zu empfehlen: Schaumsuppe von roten Linsen mit gegrillten Jakobsmuscheln oder Rinderlende in Olivenkruste. Inklusive Piano-Untermalung und eloquentem Kellner.

Für Fischköppe – **Alt Hamburger Aalspeicher:** ▶ Karte 3, F 4, Deichstr. 43, Tel. 040 36 29 90, www.aalspeicher.de, U 3 Rödingsmarkt, tgl. 12–24 Uhr, Hauptgerichte ab 13 €. Richtig gemütlich geht es in diesem Hamburger Traditionsrestaurant in der Deichstraße zu. Zu feinsten Bratkartoffeln gibt es Fisch in allen Variationen. Natürlich auch Aal, der ebenfalls sehr originell zubereitet wird.

Hausmannskost – **Schlachterbörse:** ▶ N/O 5, Schanzenviertel, Kampstr. 42, Tel. 040 43 65 43, www.schlachterboerse.de, U-/S-Bahn Sternschanze, U 3 Feldstraße, Mo–Sa 16–24 Uhr. Karbonade mit Kartoffelsalat 15 €. Fleisch und Bier – das gibt es hier, auf Wunsch

Unser Tipp

Ein Biergarten in Hamburg ▶ R 1/2
An heißen Sommerabenden sind die fast 100 Tische unter den alten Linden im Stadtpark heiß begehrt. Typisch norddeutsches Essen, Fleisch vom Grill, aber auch Salate gibt es.
Landhaus Walter: Barmbek, Hindenburgstr. 2, Tel. 040 27 50 54, www.landhauswalter.de, U 3 Borgweg, Mo–Sa 11–24, So 10–22 Uhr. Hauptgerichte ab 10 €.

auch Scampi oder Austern, Ochsenschwanzsuppe oder Hummer. Beste traditionelle Küche im rustikal-gemütlichen Ambiente.

Aus aller Welt

Hip – **Henssler+Henssler:** ▶ M 7, Altona, Große Elbstr. 160, Tel. 040 38 69 90 00, www.h2dine.de, Bus 383, Mo–Sa 12–15, 18–23.30 Uhr, Tagesmenü um 35 €. Ehemalige Markthalle gegenüber dem England-Terminal. Am langen Sushi-Tresen wird von den Brüdern Henssler japanische Fischküche vom Feinsten serviert. Unbedingt das hausgemachte Eis probieren!

Orient pur – **Saliba:** ▶ L 5, Altona, Leverkusenstr. 54, Tel. 040 85 80 71, www.saliba.de, S-Bahn Diebsteich, Di–Sa 18–24 Uhr, Hauptgerichte um 20 €. In dem Backsteingemäuer des alten Kraftwerks sitzt man auf Diwanen. Die Vorspeisen, mit Walnuss gefüllte Datteln, arabische Minipizzen, aber auch die Hauptgerichte der syrisch-libanesischen Küche sind verlockend.

Prima Italiener – **La Scala:** ▶ O 3, Eppendorf, Falkenried 54, Tel. 040 420 62 95, U 3 Eppendorfer Baum, Di–So 19–24 Uhr, Hauptgerichte um 20 €. Mario Zini ist Hamburgs bester Italiener, obwohl das Lokal von außen gar nichts her macht. Wahrhaft zum Niederknien: Risotto mit schwarzen Trüffeln oder zarte Jacobsmuscheln. Zu alledem noch herzliche Gastgeber. Gute Auswahl verschiedener Grappasorten.

Fusion-Küche – **Maral:** ▶ P 3, Eppendorf, Eppendorfer Baum 22, Tel. 040 46 16 99, www.restaurant-maral.de, Mo–Sa 12–1 Uhr, So 18–24 Uhr, U 3 Eppendorfer Baum. Mix aus asiatischer und mediterraner Küche direkt am Isebekkanal in einem Glaspavillon. Mittagsmenü für 11 €, wahlweise Sushi oder internationale Küche. Lockere Atmosphäre, im Sommer zwei Außenterrassen.

Chi-Chi – **Chilli Club:** ▶ Karte 3, G 5, Hafencity, Am Sandtorkai 54, Tel. 040 35 70 35 80, U 3 Meßberg, tgl. 12–23 Uhr, Hauptgerichte 9–18 €. Kulinarische Trends in der Hafencity: moderne asiatische Küche in chilliger Atmosphäre. Auch leckere Take-away-Gerichte.

Draußen

Entspannend – **Goldfisch:** ▶ P 2, Isekai 1, Tel. 040 57 00 96 90, www.goldfisch.de, U 3 Eppendorfer Baum, Mo–Fr 12–23 Uhr, Sa, So ab 10 Uhr, Hauptgerichte ab 13 €. Deckchairs auf der Sonnenterrasse mit Blick auf den Isebekkanal, wo er am schönsten ist. Die Fischvariationen ›Goldfisch‹ eignen sich auch als leichte Kost für einen Mittagstisch. Oder man lässt sich einen Picknickkorb zusammenstellen und steigt unten am Steg in einen Kajak. Gute Desserts.

Kreative Küche – **Schauermann:** ▶
Karte 3, B 4, St. Pauli, Hafenstr. 136–138,
Tel. 040 31 79 46 60, www.restaurant-
schauer mann.de, Mo–Sa ab 18.30 Uhr,
S-Bahn Reeperbahn, Hauptgerichte ab
16 €. Beste mediterrane Küche, Außenterrasse. Schönster Hafenblick!

Gut & Günstig

Einfach gut – **Kochsalon:** ▶ Karte 3, C 4,
St. Pauli, Bernhard-Nocht-Str. 95, Tel.
040 31 79 60 70, www.kochsalon.de, S-
Bahn Reeperbahn, Mi–Fr 12–24 Uhr,
Sa/So 15 bis *open end*, Gerichte für 7–
15 €. Den unverstellten Blick in den
Mülleimer muss man abkönnen. Aber
Spaghetti mit Thunfisch, Kapern und
Tomaten oder Zanderfilet mit Möh-
rengemüse sind meistens gut, je nachdem, wer im Küchenkombinat gerade
die Schürze anhat. Hier sitzen die Po-
litkämpfer von der Schanze wie auch
die Mediaszene. Die Getränke holen
sich die Gäste aus dem Kühlschrank.

Angesagt – **Lütt'n Grill:** ▶ N 5, Schanzenviertel, Max-Brauer-Allee 277, Tel.
040 439 60 17, S-Bahn Sternschanze,
Mi–Fr 11–23 Uhr, So 15–22 Uhr. Der
beste Grill in Hamburg, super Hähnchen!

Schnelle Küche – **Arkadasch:** ▶ O/P 4,
Rotherbaum, Grindelhof 17, Tel. 040
44 84 71, Metrobus 5, Mo–So 10–2 Uhr.
Studenten gönnen sich, wenn sie die
Mensa satt haben, Linsensuppe (3 €)
oder Austernpilzsalat (8 €). Auch Professoren essen hier gern zum Spartarif.

Cafés

Beste Aussicht – **Bodo's Bootssteg:** ▶
Q 4/5, Harvestehude, Bootssteg Alte
Rabenstr., S-Bahn Dammtor, im Som-

mer tgl. ab 11 Uhr, im Winter nur Sa,
So. Ab in den Liegestuhl, Cappuccino
daneben und den Seglern auf der Alster zusehen. Ab der Mittagspause trudelt die Szene ein. Vorzugsweise jung
und nicht ganz unvermögend, jedenfalls tut man hier so!

Für alle Lebenslagen – **Caffètteria:** ▶
O 2/3, Eppendorf, Abendrothsweg 54,
www.la-caffetteria.de, U 3 Eppendorfer Baum, Mo–Fr 10–23 Uhr, Sa, So
10–19 Uhr. Drinnen wie draußen ist
Platz für alle, trotzdem ist es samstag-
mittags meist voll. Reiches Zeitungsangebot, leichte warme Küche ab mittags.

Gestern ist heute – **Saal II:** ▶ N 5, Schulterblatt 83, 040 439 28 28, S-/U-Bahn
Sternschanze, Mo–Fr 11 bis *open end*,
Sa/So 12–18 Uhr. Wer sich ein bisschen
unter die alternative Szene mischen
will, kann im abgewetzten, aber doch
gemütlichen Saal II frühstücken.

Scharf – **Curry Queen:** ▶ P 1, Erikastr. 50,
Tel. 52 67 77 84, www.curryqueen.eu,
Mo–Fr 11.30–22, Sa 11.30–20 Uhr, Bus
20, 22, 25, 34, 39 Eppendorfer Markt.
Die etwas andere Currywurst, die hier
auf den Tisch kommt, hat sogar den
Eintrag in den Gault Millau geschafft.
Die Wurst wird ohne Fritten, dafür mit
leckeren Salaten und interessanten
Saucen serviert!

Zauberhaft – **Café Paris:** ▶ Karte 3, G 3,
Rathausstraße 4, Tel. 040 32 52 77 77,
Mo–Sa 9–24 Uhr, So ab 10 Uhr, U 3 Rat-
haus, s. S. 130.

Altehrwürdig – **Literaturhaus:** ▶ R 4,
Schwanenwik 38, Tel. 040 220 13 09,
www.literaturhaus-hamburg.de, tgl.
10–24 Uhr. Ein echter Klassiker und
besonders schön zugleich, s. S. 46 u.
S. 244.

Einkaufen

Das Mekka für die schöne Warenwelt konzentriert sich zwischen Gänsemarkt und Rathaus. Neben Flagship-Stores der großen Designer und Designerinnen residiert hier qualitätsbewusster hanseatischer Geschmack. Flanieren, frei von allen Wettereinflüssen, ist hier angesagt, denn kaum eine Stadt hat so viele Passagen. Das Passagenviertel um den Jungfernstieg (s. S. 112) verführt zum Geldausgeben. Hinterher kann man die ›Beute‹ in Cafés an den Fleeten oder im Alsterpavillon betrachten. Für anspruchsvolles Shoppen sind auch Pöseldorf rund um die Milchstraße und Eppendorf rund um Eppendorfer Baum und Eppendorfer Landstraße empfehlenswert (s. S. 200, 224). Avantgardistisches und Flippiges findet man bei den jungen Designern im Karoviertel (s. S. 190).

Öffnungszeiten, Infos
So gut wie alle der aufgeführten Geschäfte öffnen Mo–Fr 10–20 und Sa 10–18 Uhr.
www.marktkultur-hamburg.de: Diese Website informiert aktuell über Flohmärkte u. Ä., die an Wochenenden stattfinden.

Accessoires

Very British – **Crabtree & Evelyn:** ▶ P 6, Große Bleichen 31, S-Bahn Stadthausbrücke. Wohnaccessoires aus England, Marmeladen, Kekse, Tees, Räucherstäbchen und Kosmetikprodukte, alles schön präsentiert.

Schicke Schuhe – **GO:** ▶ P 3, Eppendorfer Baum 20, U 3 Eppendorfer Baum. Klein,

aber sehr speziell ist der Schuh-Shop: vom Stiefel bis zur Sandale, extreme Modelle, die es sonst nirgendwo gibt.

Shop in Shop – **Kaufrausch:** ▶ P 3, Isestr. 74, U 3 Eppendorfer Baum. Ein Kleinkaufhaus für die Eppendorfer Szene: Schmuck, Schuhe, Strümpfe, Taschen und Haarspangen im neuesten Look. Und ein kleines Café.

Hoher Standard – **Manufactum:** ▶ Karte 3, H 4, im Chilehaus, Fischertwiete 2/ Burchardplatz, U 1 Meßberg. Dependance des Versandhauses für die guten Dinge des Lebens.

Alle Muster – **Vossberg:** ▶ P 3, Isestr. 87, U 3 Eppendorfer Baum. Kissenhüllen, Bettdecken, Vorhänge, Bettwäsche. Schöne Stoffe, auch zum Bestellen: www.vossbergversand.de.

Schreibkultur – **Waltraud Bethge-Papiere:** ▶ Karte 3, F 2, ABC-Str. 9, U 2 Gänsemarkt. Exquisites Geschäft mit besonderen Papeterieewaren und sehr feinem Büromaterial.

Antiquitäten

Alt, aber gut – **Antik-Center:** ▶ Q 7, Klosterwall 9–21, U-/S-Bahn Hauptbahnhof. Eine Antiquitäten-Passage mit vielen Geschäften im Kellergeschoss einer ehemaligen Markthalle, zwischen Hauptbahnhof und Deichtorhallen gelegen.

Hanseatisch – **Maritim Antik:** ▶ O 7, Johannisbollwerk 6, U-/S-Bahn Landungsbrücken. Erlesene Schiffsantiquitäten vom kupfernen Taucherhelm bis zum maritimen Ölgemälde.

Hier kauft die Szene ein – im Karoviertel

Bücher und Musik

Traditionsreich – **Bücherstube Felix Jud & Co:** ▶ P 6, Neuer Wall 13, www.felix-jud.de, U-/S-Bahn Jungfernstieg, Mo–Fr 10–18.30, Sa 10–15 Uhr. In dieser Buchhandlung kann man stundenlang stöbern (auch bibliophiles Antiquariat) und am Abend häufig Lesungen lauschen. Eine weitere Filiale gibt es im Museum für Kunst und Gewerbe.

Kunstbücher – **Sautter & Lackmann:** ▶ P 7, Admiralitätsstr. 71–72, www.saut-ter-lackmann.de, S-Bahn Stadthausbrücke, Mo–Fr 10–19, Sa 11–17 Uhr. Eine der bestsortierten Kunstbuchhandlungen der Stadt mit einer großen Auswahl an Titeln zu Malerei, Architektur, Fotografie und Design.

Rap – **Groove City:** ▶ O 6, Marktstr. 114, www.groove-city.com, U 3 Feldstr. 1998 vom New Yorker Magazin Trace zu einem der zwölf weltbesten Rap-Läden gekürt. Außerdem: Jazz, Soul, Drum 'n' Bass, Hip-Hop, alles in Vinyl. Nützlicher Link zu 25 weiteren Plattenläden.

Delikatessen

Köstlich – **FrischeParadies Goedeken:** ▶ L 7, Große Elbstr. 210, www.frische paradies.de, Bus 383. Eines der besten oder vielleicht das beste Feinkost-Sortiment Hamburgs: Geflügel- und Wildspezialitäten, große Auswahl an Fischen und Krustentieren (auch tiefgefroren), gute Weine und andere Leckereien.

37

Lecker – **Leysieffer:** ▶ P 6, Hanse-Viertel, Große Bleichen 36, U-/S-Bahn Jungfernstieg. Torten zum Niederknien, Baumkuchen, Schokoladensortiment und Sylter Rote Grütze. Viele Geschenkideen.

Alles für die Küche – **Viola's Gewürze und Delikatessen:** ▶ O 2, Eppendorfer Baum 43, www.violas.de, U 3 Eppendorfer Baum. Ob belgische Schokolade, italienische Spaghetti, Gewürze, Olivenöl oder auch asiatische Spezialitäten – hier wird alles schön präsentiert und auch nach Hause geliefert.

Einrichtungsgegenstände und Haushaltswaren

Für Küchenfans – **Gebrüder Jürgens:** ▶ P 4, Mittelweg 125, www.gebruederjuergens.de, U 1 Hallerstraße. Traditionsladen mit seit mehr als 100 Jahren unveränderter Inneneinrichtung. Die Waren – Töpfe, Pfannen, Gläser, Porzellan und Körbe – werden in nostalgischen Vitrinen und Schränken dargeboten. Auch nur zum Messerschleifen kann man hierherkommen!

Ungewöhnliches – **Octopus:** ▶ O 3, Lehmweg 10 b, www.octopus-versand.de, U 3 Hoheluftbrücke. Alles kann bequem bestellt werden. Oder man besichtigt den Showroom und holt selbst ab. Schöne Möbel aus dem Mittelmeerraum, Asien, Marokko und Skandinavien. Alles ist handgemacht und nur bei Octopus zu kaufen!

Design-Hochburg – **stilwerk:** ▶ M 7, Große Elbstraße 68, Tel. 040 30 62 11 00, S-Bahn Reeperbahn, Mo–Fr 10–19, Sa 10–18, So 14–18 Uhr (kein Verkauf).

Das Einrichtungszentrum stilwerk begeistert mit moderner Architektur

Design-Kaufhaus für Möbel und Einrichtungsgegenstände nach dem Shop-in-Shop-Prinzip. Im Haus befinden sich außerdem e ne Bar, ein Café, ein Restaurant und ganz oben eine Galerie, ein Konferenzraum und eine Lounge.

Flohmärkte

Trödel – **Flohcampus:** ▶ P 5, Auf dem Campus der Uni, Von-Melle-Park, S-Bahn Dammtor, Sa 8–16 Uhr.

Gut fürs Wochenende – **Flohschanze:** ▶ N/O 6, Schanzenviertel in der alten Rinderschlachthalle, U-/S-Bahn Sternschanze, Sa 8–16 Uhr. Ob Sonne oder Regen, jeden Samstag tummeln sich hier die Flohmarktschnäppchenjäger.

Mode, neu und Second Hand

Kanzlerlook – **Bettina Schoenbach:** ▶ Karte 3, F 2, Showroom Elbberg 1, www.bettinaschoenbach.com, Bus 383, Shop Neue-ABC-Str. 1, U 2 Gänsemarkt. Diskreter Luxus für etablierte Businessfrauen, Moderatorinnen oder die Bundeskanzlerin Neben Couture verkauft Bettina Schoenbach auch Prêt-à-Porter und Sportswear. Kaschmir, Samt und Seide sind ihre bevorzugten Materialien. Klassisches Schwarz findet sich genauso wie die zurzeit angesagten Retro-Muster.

Gutgeschnittenes – **Modehaus Unger:** ▶ P 6, Neuer Wall 35 , U-/S-Bahn Jungfernstieg. Traditionelles Modehaus der Hamburgerinnen: Aktuelle Kollektionen namhafter internationaler Designer, präsentiert auf 1000 m^2.

Streetwear – **Thomas-i-Punkt:** ▶ P 6, Gänsemarkt 24, U 2 Gänsemarkt, und

Einkaufen

Mönckebergstr. 21, U 2 Mönckebergstraße, Mo–Sa 10–20 Uhr. Mode von Avantgarde-Designern wie Yamamoto und dem Haus-Label ›Omen‹ mit den schönsten Oberhemden für Männer! In der Mönckebergstraße auch Skater-Outfits.

*Understatement – * **Uli Schneider:** ▶ Karte 3, F2, ABC_Str. 1, www.uli-schneider.de, Bus 109. Seit 1997 präsentiert Uli Schneider ihre Mode: gekonnt avantgardistisches Understatement.

*Billig – * **Kleidermarkt:** ▶ M 5/6, Max-Brauer-Allee 174, S-Bahn Holstenstraße, Bus 115. Ein großes Angebot vom Bayern-Look bis zum Hippie-Outfit – auf einer Fläche von 1500 m^2 ist für jeden etwas dabei. Man muss nur genügend Zeit zum Wühlen mitbringen.

*Geschmackvoll – * **Reindl:** ▶ O 3, Hegestr. 15, U 3 Eppendorfer Baum. Klein

ist der Laden, doch groß die Auswahl, viele Schnäppchen-Angebote!

*Designerware – * **Secondella:** ▶ P 6, Hohe Bleichen 5, www.secondella.de, S-Bahn Stadthausbrücke. Edle Designermode von Business-Outfit bis zum Abendkleid. Auch Männermode und Accessoires. Großes Sortiment!

Wochenmärkte

*Legendär – * **Fischmarkt:** ▶ N 7 St. Pauli Fischmarkt, Bus 383, 15. März–15. Nov. So 5–9.30 Uhr, Rest des Jahres So 7–9.30 Uhr. *Der* Hamburger Markt für Frühaufsteher oder Nachtschwärmer.

*Wunderbar – * **Isemarkt:** ▶ O/P 3, Isestraße unter dem Hochbahnviadukt, Di und Fr vormittags, U 3 Eppendorfer Baum oder Hoheluftbrücke. Der schönste Wochenmarkt der Stadt, hier trifft man sich und findet man alles.

Unser Tipp

Maritimes und Kurioses

Maritime Gebrauchsgegenstände und Souvenirs sind eine Hamburger Spezialität. Wie wär's mit einem Buddelschiff? Die gibt es in großer Auswahl bei **Binikowski** im Lokstedter Weg 68 (Metrobus 22, ▶ G 12). Alles, was Seemänner und Seebären gern haben, findet man bei **Steinmetz & Hehl** (Seemannsausrüstung von der Uniform bis zur Prinz-Heinrich-Mütze) oder bei **Yachtausrüstung Hamburg** (Kleidung, Accessoires, Bootsausrüstung). Beide Geschäfte liegen am Rödingsmarkt (Nr. 20 bzw. 25, U 3 Rödingsmarkt, ▶ G 12). Das **Avenida Paulista** im Portugiesenviertel importiert ausschließlich hübsche Dinge aus Brasilien – Accessoires, Kunst und Design. Karpfangerstr. 18 (U-/S-Bahn Landungsbrücken ▶ Karte 3, E 4). Ein ausgewiesener Reiseausrüstungsspezialist ist **Ernst Brendler** schon seit 1879. Er versorgt alle Vielreisenden mit Tropenhelmen und -anzügen, Elbseglern, Matrosenblusen und Troyern (Große Johannisstr. 15, U 3 Rathaus, ▶ G 12). Last but not least ist **Harry's Hamburger Hafenbasar** ein Unikum. Bei einem Besuch der Reeperbahn sollte man den Abstecher in diesen Laden nicht auslassen (Balduinstr. 18, S-Bahn Reeperbahn, ▶ G 12, s. S. 178).

Ausgehen, Abends und Nachts

Traditionell ist das Hamburger Nacht-leben durch die Reeperbahn und St. Pauli bestimmt. Da treffen sich alle. Amüsierwillige Touristen mischen sich mit der jungen Hamburger Szene. Un-abhängig vom Geldbeutel, Aussehen oder Alter. Die junge Szene zieht im-mer weiter, das Schanzen- und Karo-viertel sind derzeit angesagte Orte. Im Sommer feiert man entlang der Elbe von den Magellanterrassen in der Ha-fenCity bis zur Strandperle. In der Schwulenszene ist St. Georg hip.

Bars & Szenetreffs

Stilvoll – **Angie's Nightclub:** ▶ N 7, Spielbudenplatz 27–28, www.tivoli.de, S-Bahn Reeperbahn, Mi–Sa ab 22 Uhr bis *open end*. High Speed, High Flirt und trotzdem entspannt. Im Nightclub des Schmidts Tivoli, der im 1950er-Jahre-Stil glänzt, mischt sich die Kul-turszene mit den Nachteulen.

Subkultur – **ASTRA Stube:** ▶ N 5, Max-Brauer-Allee 200, Tel. 43 25 06 26 www.astra-stube.de, Mo–Sa 21.30 bis open end. Hier trifft sich die Szene nachts auf ein Bier oder mehr. Für Schanzen-liebhaber und Kenner von Fatih Akins Filmen ein Must.

Sporty – **Bar Centrale:** ▶ N 6, Clemens-Schultz-Str. 66, www.bar-centrale-hamburg.sportkneipe.de, U 3 St. Pauli, tgl. ab 17 Uhr. So Ruhetag. Stamm-kneipe für die Anwohner. Sports-freund sollte man sein, wenigstens im Geiste, denn hier gibt es regelmäßig Sport (nicht nur Fußball) auf Großlein-wand zu sehen. Spät in der Nacht trudelt auch der Kiez zum Biertrinken ein.

Guter Mix – **Christiansen's Fine Drinks & Cocktails:** ▶ N 7, Pinnasberg 60, www.christiansens.de, Bus 112, Mo–Sa ab 20 Uhr bis *open end*. Um die Ecke vom Fischmarkt. Vom »Playboy« zur besten Cocktail-Bar Deutschlands ge-kürt. Mit verführerischer Rum- und Whisky-Auswahl. Montags gibt es auf Anfrage auch eine Kopf- und Nacken-massage. Wer noch etwas tiefer in die Welt der Cocktails vordringen will, kann hier einen Mix-Kurs besuchen (75 €).

Business People – **Ciu':** ▶ Q 6, Ballin-damm 15, U-/S-Bahn Jungfernstieg, Mo–Sa ab 15, So ab 20 Uhr bis *open end*. Viel schickes Business-Publikum, luxusverliebt. Hauseigene Zigarren.

Kult – **Golden Pudel:** ▶ N 7, St. Pauli Fischmarkt 27, www.pudel.com, tgl. ab 22 Uhr, U-/S-Bahn Landungsbrücken. Wohl der Kultclub in Hamburg. Der von den Szenehelden Rocko Schamoni und Schorsch Kamerun geführte Club ist auch nach vorsichtiger Renovierung das geblieben, was er war: hip und staubig. Hier wird gefeiert zu allem, was groovt, Elektro, Punk oder was sonst so anliegt. Im Sommer drängelt sich das bunt gemischte Volk verschärft auf der Terrasse. Hier kann man schön Sterne oder Schiffe gucken!

Zauberhaft – **Rosi's Bar:** ▶ Karte 3, C 3, Hamburger Berg 7. Eine der charman-testen Kneipen auf dem Kiez. Klein, mit einem Interieur, das sich seit fünfzig Jahren kaum verändert zu haben scheint, selbst die Getränkepreise erin-nern an alte Zeiten. Und mit ein biss-chen Glück erwischt man in Rosi's Bar eine DJane, die französische Cover-Versionen von 60er-Jahre-Hits auflegt. Und alle tanzen. Wunderbares St. Pauli!

Ausgehen – Abends und Nachts

Kubanisch – **Havanna Bar:** ▶ M/N 7, St. Pauli Fischmarkt 4–6, Bus 383, tgl. ab 20 Uhr bis open end. Im Kubatrend mit echten Palmen und Korbstühlen. 100 Rumsorten und erstklassige Caribbean-Cocktails. Fr, Sa finden Salsapartys statt.

After work – **Hefner:** ▶ O 4, Beim Schlump 15, Bus 115, tgl. So–Do 20–3, Fr, Sa 20–4 Uhr. Etwas versteckt, weil schwach beleuchtet. Innen ebenfalls schummrig. Das Lokal ist eine Hommage an Playboy Hugh Hefner, aber das Publikum ist nicht danach. Etwas für Studenten höherer Semester, aber auch eine After Work Location. Umfangreiche Cocktailkarte.

Szene – **China Lounge:** ▶ N 7, Nobistor 14, S-Bahn Reeperbahn, www.china-lounge.de, Do, Fr, Sa ab 23 Uhr. Tanzen oder Chillen – im ehemaligen China-restaurant kommen alle auf ihre Kosten, die die Nacht nicht allein verbringen wollen. Im Main Floor gibt's House/Electro, im Basement Hip-Hop, R'n'B, im Garden wird gechillt, und oben im schicken Penthouse treffen sich die über Dreißigjährigen. Viel nächtlich aufgehübschtes Szenevolk um Mitte zwanzig. Donnerstags treffen sich vor allem Studenten und Oberschüler auf der Tanzfläche. Bis zu 650 Leute amüsieren sich auf den diversen Etagen.

Zum Tanzen – **»MS Hedi«:** ▶ Karte 3, C 4, Clubschiff mit Landstation, Bei den St. Pauli Landungsbrücken, Brücke 10 (Innenkante), Tel. 42 10 28 23 oder 0176 83 06 10 71, U/S Landungsbrücken, www.frauhedi.de. Im Sommer verwandelt sich die Barkasse »Hedi« in einen schwimmenden Club auf der Elbe. Während man meist ab 17 Uhr zwischen großen Pötten schippert, spielen DJs Latin, Swing, Soul oder finnischen Tango, und feine Bands geben kleine Konzerte. Schon bald wird getanzt.

Stündlich legt ›Frau Hedis Tanzcafé‹ an der Landungsbrücke 10 an, um Gäste ein- und aussteigen zu lassen. Letztes Konzert ist Ende September. Bei schlechtem Wetter geht's zu »Hedis Landgang« am Neuen Pferdemarkt 3.

Live – **Logo:** ▶ P 5, Grindelallee 5, Tel. 410 56 58, www.logohamburg.de, Metrobus 5 Staatsbibliothek. Altbewährte, populäre Live-Musik-Location im Uni-Viertel. Oasis und Rammstein haben hier einst angefangen. Gute Bands gibt's ja immer wieder und die Schlangen vor dem Logo eine Stunde vor Konzertbeginn (meist gegen 21 Uhr) sind daher ein vertrautes Bild.

Gute DJs – **Mandalay:** ▶ N 5/6, Neuer Pferdemarkt 13/Ecke Schanzenstr., www.mandalay-hamburg.de, Di–Sa ab 20 Uhr, Metrobus 3 Neuer Pferdemarkt. Lange Theke, hohe Decken, großer Menschenandrang. House und Elektro, aufgelegt von wechselnden DJs. Schöner Garten! Eine stilvolle Location.

Alles Musik – **Markthalle:** ▶ Q 7, Klosterwall 11, www.markthalle-hamburg.de, U 1 Steinstraße. Wer es gerne dunkel und laut mag, ist in der alten Blumenmarkthalle richtig. Das Programm wechselt hier zwischen Elektronik, Hip-Hop und Rock – sehr gern auch Heavy Metal. In die Halle unweit des Hauptbahnhofs passen über 1000 Leute, sie wird auch für Groß-Events vermietet.

Tanzbar – **Molotow:** ▶ N 7, Spielbudenplatz 5, www.molotowclub.com, U 3 St. Pauli, Fr, Sa ab 23 Uhr, Konzerte ab 20 Uhr, Meanie Bar: Mo–So 21–4 Uhr. Kellerclub für die Freunde der Live-Music. Viele Themenpartys, z. B. Sa Motorbooty-Partys, mit Independent und Rock Musik, angerichtet von Super DJs, die wissen, wie sie das Volk zum Tanzen bringen können. Wer lie-

Livesession in Angie's Nightclub

ber erst mal was trinken will, geht oben in die kleine Meanie Bar.

Retrochic – **Hörsaal:** ▶ Karte 3, C 4, Spielbudenplatz 7, www.hoersaal-hamburg.de, Di–Sa 19 Uhr bis open end. Retrotapeten und Ledersofas aus den 60ern verleihen diesem Laden ein einzigartiges Flair. Auch die Musik stammt manchmal aus den Sixties. Und sollte es auf der Tanzfläche bei Soul und Funk zu eng werden, wird das Mobiliar zur Seite gerollt. Bei guter Livemusik von Profis und Nachwuchsbands muss man Schlange stehen.

Legendär – **Knust/Schlachthof:** ▶ N 6, Neuer Kamp 30/Sternstraße, www.knusthamburg.de, www.schlachthof-hh.de, U 3 Feldstraße. Livekonzerte von Soul über Reggae bis House und Techno. Hier ist nach diversen anderen Standorten das mehr als 30 Jahre alte legendäre Knust, ein Konzertclub mit Bar, beheimatet. Bernd Begemann spielt hier und alle St. Pauli-Spiele werden live übertragen. Bernd Begemann & die Befreiung legen hier los oder The Mother, The Son and The Holy Ghost. Bier ist immer im Spiel.

Jazz

Alles Jazz – **Birdland:** ▶ N 3, Gärtnerstr. 122, Tel. 40 52 77, www.jazzclubhamburg.de, Metrobus 20, 25 Goebenstraße, tgl. 20.30–1.30 Uhr, Do, Fr, Sa Jazz live, Konzertbeginn um 21.15 Uhr. Hamburgs einziger Club, der aktuelle Jazzgrößen präsentiert, Jam-Sessions sind kostenlos. Swing, Mainstream, Bebop, Latin, Modern – für Jazzkenner ist der holzgetäfelte Keller die Adresse!

Gay Guide

Einige der oben genannten Clubs haben einen Gay-Tag in der Woche oder im Monat, siehe Hamburger Monatsmagazine. Weitere Infos unter www.hamburg.gay-web.de.

Traditionell gay – **Café Gnosa:** ▶ R 5/6, Lange Reihe 93, Metrobus 6 Gurlittstraße, Mo 18–1, Di–Do, So 11–1 Uhr, Fr, Sa 11–2 Uhr. Kaffeetanten, vor allem männlichen Geschlechts, treffen sich hier im 50er-Jahre-Ambiente. Ein Mekka der Schwulenszene!

Ältere Herrschaften – **GayHouse/P.I.T. &Male:** ▶ R 6, Pulverteich 17, U-/S-Bahn Hauptbahnhof, tgl. ab 23 Uhr. Seit 30 Jahren feiern hier die Gays: Ältere Herren, aber auch junge Versace-Kerle treffen sich. Der Klassiker unter den Clubs.

Gut so! – **G-Bar:** ▶ R 6, Lange Reihe 81, Mo–So ab 19 Uhr, Metrobus 6 Gurlittstraße. Noch eine neue Location für schwules und sonstiges Klientel. Was für Menschen, die neben Menschen auch noch cooles Design und Neonbeleuchtung lieben. Ab 21 Uhr füllt sich die Bar, gegen Mitternacht wird's dann richtig heiß. Hipster Gast bislang: Gutso-Wowi aus der Hauptstadt.

Hübsche Kerle – **Wunderbar:** ▶ N 6/7, Talstr. 14, www.wunderbar-hamburg. de, S-Bahn Reeperbahn. Außen etwas finster, innen heimelig. Die Wunderbar ist eine beliebte Kontaktbörse für Schwule. Witzige DJs, hübsche Jungs – auch im Service. Mitinhaber FC St. Pauli-Präsident Corny Littmann lässt sich hier öfter blicken, er hat's ja nicht weit von seinem Tivoli Theater auf der Reeperbahn. Unter der Woche eine nette, fast gemütliche Bar, am Wochenende geht hier die Luzie ab.

Frauen unterwegs

Für Lesben ist das Hamburger Magazin www.escape-hamburg.de nützlich für Tipps und aktuelle Veranstaltungen.

Nur für Mädels – **JungLesbenZentrum:** ▶ O 6, Glashüttenstr. 2, Tel. 040 430 46 24, U 3 Feldstraße. Treffpunkt, Rat und Tat für junge Mädchen und Frauen.

Weiterdenken – **Frauenbildungszentrum denk(t)räume:** ▶ Karte 3, E 3, Grindelallee 43, Tel. 040 450 06 44, Metrobus 5 Grindelhof, Mo 15–21, Di–Do 15–19 Uhr, Mitte Juli–Mitte Sept. nur Mo 15–21 und Do 15–19 Uhr. Weiterbildungsangebote und Kulturveranstaltungen für und von Frauen.

Abrocken – **Gay-Factory:** ▶ L 6, Fabrik, Barnerstr. 36, Tel. 040 39 10 70, S-Bahn Altona. Jeden zweiten Samstag im Monat gibt es eine Party für Lesben und Schwule.

Feminin – **Frauencafé Endlich:** ▶ Karte 3, E 2, Dragonerstall 11, Tel. 040 35 16 16, www.frauenhotel.de, U 2 Gänsemarkt, Mo–Fr 16–24, Sa 14–24, So 9–24 Uhr. Ob Frühstück im Restaurant oder Cocktail an der Bar, ›frau‹ kann hier ganz ungestört sein. Im Sommer lockt der schöne Garten. Café mit Tanz, literarischen und musikalischen Veranstaltungen. Im Haus des Frauenhotels Hanseatin, s. S. 27.

Kinos

Vom alternativen politischen Kleinst-Kino über bestes Programmkino bis hin zu Multiplex-Palästen mit Dolby Surround, den neuesten Blockbustern und Popcorn ohne Ende – in Hamburg bekommt wirklich jeder Cineast sein ganz persönliches Kinoerlebnis.

Film ab im Hinterhof – 3001: ▶ N 5, Schanzenstr. 75–77, Tel. 040 43 76 79, www.3001-kino.de, U-/S-Bahn: Sternschanze. Kleines Kultkino in einem hübschen Hinterhof (Montblanc-Hof, S. 186) mitten im Schanzenviertel, 96 Sitzplätze. Hier werden politische Dokumentarfilme, Themenreihen, ambitionierter Trash und Filme, die man schon immer mal sehen wollte, gezeigt.

Kultkino – Abaton: ▶ O/P 4/5, Allende-Platz 1, Tel. 040 41 32 03 20, Filminfo: Tel. 41 32 03 21, www.abaton.de, Metrobus 5 Grindelhof. Das erste und älteste Programmkino Deutschlands wurde 1970 im Herzen des Univiertels von Regisseur Werner Grassmann und Anwalt Winfried Fedder gegründet. 19 Mal wurde das Abaton mit dem Bundesfilmpreis ausgezeichnet und stand Modell für viele neue Programmkinos in Deutschland. Das Kino hat inzwischen drei Säle und ist sich, was die Qualität des Programms angeht, treu geblieben: europäische Filmkunst, Retrospektiven, Themenreihen, Previews und Erstaufführungen mit prominenten Gästen und Gesprächen.

Abgedreht – B-Movie: ▶ N 6, Brigittenstr. 5, Tel. 040 43 59 40, www.b-movie.de, S-Bahn Reeperbahn. Ein winziges Kiez-Kino im Hinterhof. Überraschende, experimentelle und/oder selbst gedrehte Filme.

Riesig – Cinemaxx: ▶ P 5/6, Dammtordamm 1, Tel. 01805 24 63 62 99, www.cinemaxx.de, U 1 Stephansplatz, S-Bahn Dammtor, Riesige Leinwände, acht Säle für Blockbuster-Filme und glanzvolle Premieren. Zentrale Lage.

Tradition – Holi: ▶ O 3, Schlankreye 69, Tel. 040 422 30 40, www.cinemaxx.de, U 3 Hoheluftbrücke. Traditionskino mit 1950er-Jahre-Foyer und dem toll-

Colorline-Arena
Hamburgs Multifunktionsarena für Shows, Konzerte und Sportevents ist für 17 000 Besucher gebaut, kann aber auch in ein Amphitheater mit 3000 Plätzen umgewandelt werden: Sylvesterallee 10 (Nähe AOL-Arena), Tel. 040 88 16 30, www.colorline-arena.de.

sten Kino-Vorhang der Stadt. Aktuelle europäische Filme und Hollywood. Populäres Arthouse-Kino.

City-Kino – Passage: ▶ Q 6, Mönckebergstr. 17, Tel. 040 32 41 39, www.cinemaxx.de, U 3 Mönckebergstr., Metrobus 5 Gerhard-Hauptmann-Platz. Großzügiges altmodisches Foyer. Gute Filme, die darüber hinaus auch noch gut laufen, werden hier publikumsgerecht manchmal monatelang präsentiert.

Premierenkino – Streit's: ▶ P 6, Jungfernstieg 38, Tel. 040 34 60 51, www.streits-lounge.de, U-/S-Bahn: Jungfernstieg. Großer stilvoller Saal für 460 Menschen, Bar-Bereich. Ideal für Uraufführungen mit entsprechendem Star-Aufgebot.

Special – Zeise: ▶ L 6, Friedensallee 7–9, www.zeise.de, U-/S Altona. Neben einem vielseitigen Kinoprogramm viele Premieren und Specials wie Poetry Slam und Musikveranstaltungen.

Klassische und Kirchenmusik

Klassisch – Musikhalle (Laeiszhalle): ▶ O 6, Johannes-Brahms-Platz, Tel. 040 357 66 60, www.laeiszhalle.de, U 2 Gänsemarkt. In der großen und kleinen Musikhalle spielen u. a. das Philharmonische Staatsorchester, das NDR-

Infos zum Kulturprogramm

Über das aktuelle Veranstaltungsprogramm informieren die lokale Presse, die Tourismus-Zentrale und die Website http://termine.hamburgmagain.de. **Kirchenmusik:** Infos über Konzerte gibt das Amt für Kirchenmusik, Schillerstr. 7, Tel. 040 30 62 31 70, www.landesmusikrat-hamburg.de. Sehr empfehlenswert: Orgelkonzerte in St. Michaelis.
Theaterkassen: Theaterkasse Central, Landesbankgalerie, Gerhart-Hauptmann-Platz 48, Tel. 040 33 71 24; Alsterhaus, Jungfernstieg 16, Tel. 040 35 35 55; Konzertkasse Gerdes, Rothenbaumchaussee 77, Tel. 040 45 03 50 60.

Sinfonieorchester oder die Hamburger Symphoniker. Aber auch die großen internationalen Orchester, Chöre und Sänger machen hier Station und den Hamburgern ihre Aufwartung. Und sogar Rock- und Pop-Konzerte finden gelegentlich in diesem imposanten Prunkstück statt.

NDR-klassisch – **Rolf-Liebermann-Studio:** ▶ P 3, Oberstr. 120, Info-Tel. 040 415 60 oder telefonischer Kartenvorverkauf 01801 78 79 80 (Ortstarif), ticketshop@ndr.de, U 1 Hallerstraße. Moderne E-Musik vor allem vom Chor und vom Sinfonieorchester des NDR. Außerdem verschiedene Kammermusikreihen und diverse populäre Hausveranstaltungen wie Sonn-Takte (immer sonntags), bei denen manchmal das Publikum mitsingen darf.

Meisterlich – **Forum der Hochschule für Musik und Theater:** ▶ Q 4, Harvestehuder Weg 12, Tel. 040 44 02 98 (Konzertkasse Gerdes), www.musikhochschule-hamburg.de, U 1 Hallerstraße. Musiktheater und Kammer-

musik, meist finden dort Aufführungen der Musikhochschuldiplomanden und Meisterkursonzerte statt.

Literatur

Ambitioniert – **Literaturhaus Hamburg:** ▶ R 4, Schwanenwik 38, Tel. 040 220 00 07, www.literaturhaus-hamburg.de, Metrobus 6 Averhoffstraße. Direkt an der Außenalster gelegenes spätklassizistisches Gebäude mit Café, Restaurantbetrieb und einer Buchhandlung (s. S. 244). Täglich Lesungen, Autorengespräche mit prominenten Dichtern wie Sten Nadolny oder Toni Morrison. Außerdem werden Reihen wie die ›Philosophischen Gespräche‹ mit wechselnden Gästen, Ausstellungen oder Werkstattgespräche mit Theaterleuten geboten.

Spannung – **Speicherstadtmuseum:** ▶ Karte 3, H 5, St. Annenufer 2, Tel. 040 32 11 91, www.speicherstadtmuseum.de, U 1 Meßberg. Einmal im Monat treffen sich im reizvollen Ambiente des Speicherstadtmuseums (s. S. 145) die Krimifreunde und lassen sich von Hamburger Autoren eine Gänsehaut verschaffen.

Oper, Musical, Ballett

Spitze – **Ballettcompagnie John Neumeier:** ▶ P 6, Hamburgische Staatsoper, Dammtorstr. 28, Tel. 040 35 68 68, www.hamburgballett.de, U 1 Stephansplatz, U 2 Gänsemarkt. International bekanntes Ballett, s. S. 90.
Unterhaltsam – **Delphi Showpalast:** ▶ N 5, Eimsbütteler Chaussee 5, Tel. 040 431 86 00, www.delphi-showpalast.de, U 2 Christuskirche, Bus 115 Schulterblatt. Mit der Spielzeit wechselnde, selbst produzierte Musicalvorführungen mit Gastronomie und Partys.

Königlich – **Theater im Hafen:** ▶ O 8, Norderelbstr. 6, gegenüber den Landungsbrücken (Schiffsshuttle), Tel. 018 05 11 41 13, oder über die Tourismus-Zentrale, Tel. 040 30 05 13 00. Bereits seit 2001 wird das immer noch begeistert aufgenommene Musical »Der König der Löwen« gespielt. Hervorragende Darsteller, traumhafte Kostüme, schöne Anfahrt per Schiff von den Landungsbrücken.

Ohrenschmaus – **Hamburgische Staatsoper:** ▶ P 6, Dammtorstr. 28, Große Theaterstr. 34/35 (Kasse), Kartenvorbestellung: Tel. 040 35 68 68, www.hamburgische-staatsoper.de, U 1 Stephansplatz, U 2 Gänsemarkt. Die künstlerischen Leiter haben sich immer auch besonders den zeitgenössischen Kompositionen zugewandt. Das Haus, das seit 2005 erstemalig von einer Frau, der Dirigentin Simone Young, geleitet wird, bietet mehr als 1650 Sitzplätze (s. a. S. 89).

Schräge – **Imperial Theater:** ▶ N/O 6/7, Reeperbahn 5, Tel. 040 31 31 14, www.imperial-theater.de, U 3 St. Pauli. Krimis, kleinere Pop-Musicals und schräge Shows, gelegentlich gibt's auch Comedy in dem eher kleinen Haus auf der Reeperbahn.

Pompös – **Neue Flora:** ▶ M 5, Stresemannstr. 163, Kartenreservierung: Tel. 01805 44 44 oder 040 30 05 13 00. S-Bahn Holstenstraße. Musical-Theater mit 2000 Plätzen. Das Haus eröffnete mit Andrew Lloyd Webbers »Phantom der Oper«, im Moment steht das Musical »Dirty Dancing« auf dem Spielplan.

Musicals – **Operettenhaus:** ▶ N 7, Spielbudenplatz 1, Tel. 01805 44 44 oder 040 30 05 13 50, U 3 St. Pauli. Jahrelang war das Operettenhaus Spielort von »Cats«, dann sorgte einige Jahre lang das erfolgreiche Abba-Musical »Mamma Mia!« für ein volles Haus. Zurzeit lockt »Ich war noch niemals in New York«, eine Musical-Komödie mit Liedern von Udo Jürgens, zahlreiche Zuschauer in das Operettenhaus nach St. Pauli.

Spielcasinos

Edler Gewinn – **Spielbank Hamburg Casino Esplanade:** ▶ Karte 3, G 1/2, Stephansplatz 10, Tel. 040 334 73 30, www.spielbank-hamburg.de, U 1 Stephansplatz, S-Bahn Dammtor. Schönes Ambiente, auch reizvoll, wenn man nicht so viel Geld setzen will. Gepflegte Kleidung ist angesagt, aber kein Krawattenzwang. Personalausweis mitbringen, Mindestalter 18 Jahre.

Schnelles Geld – **Kasino Reeperbahn:** ▶ N 7, Reeperbahn 94–96, Tel. 040 311 70 40, S-Bahn Reeperbahn. Weniger vornehm, eher wie eine riesige moderne glitzernde ›Spielhölle‹.

Theater

Die Hansestadt hat vier Staatstheater – das Deutsche Schauspielhaus, das Thalia Theater, die Kampnagelfabrik und die Staatsoper. Und darüber hinaus auch eine sehr lebendige Privattheater-Landschaft mit rund 40 Bühnen.

Kabarett – **Alma Hoppes Lustspielhaus:** ▶ P 1, Ludolfstr. 53, Tel. 040 39 90 58 70, www.almahoppe.de, U 1/3 Kellinghusenstraße. Nils Loenicker und Jan-Peter Petersen betreiben die Kabarett-Bühne und treten auch selbst als Duo auf. Neben renommierten Kempen wie Hans Scheibner oder Henning Venske kommt auch die junge Comedian-Szene zum Zug.

Kleinkunst – **Das Schiff:** ► Karte 3, G 4, Holzbrücke 2, Tel. 040 69 65 05 60, www.theaterschiff.de, U 3 Rödingsmarkt, S-Bahn Stadthausbrücke. Das Schiff schwimmt malerisch auf dem Nikolaifleet. Gründer Eberhard Möbius hat mit seiner kritisch humorvollen Art fast ganz Hamburg auf sein Theaterschiff gelockt. Geboten wird literarisch-politische Kleinkunst.

Großes Theater – **Deutsches Schauspielhaus:** ► Q 6, Kirchenallee 39, Tel. 040 24 87 13, www.schauspielhaus.de, U-/S-Bahn Hauptbahnhof. Das größte und schönste Theaterhaus der Stadt (s. S. 83, 237).

Studentisch – **English Theatre:** ► S 4, Lerchenfeld 14, Tel. 040 227 70 89, www.englishtheatre.de, U 2 Mundsburg. Ensuite-Produktionen auf Englisch mit britischen oder auch amerikanischen Schauspielern. Konventionell inszenierte zeitgenössische Stücke.

Gegenwartsbezogen – **Ernst-Deutsch-Theater:** ► S 4, Mundsburger Damm 60, Tel. 040 22 70 14 20, www.ernst-deutsch-theater.de, U 2 Mundsburg. Ein bunt gemischter Spielplan von Goethe bis Woody Allen. Das Theater hat sich unter der Leitung von Isabella Vertes-Schütter auch jüngerem Publikum geöffnet, ohne jedoch die große Zahl der treuen Abonnenten zu verprellen.

Revue – **Fliegende Bauten:** ► O 6, Glacischaussee 4, Tel. 040 39 90 72 66, www.fliegende-bauten.de, U3: St. Pauli. Großes Theaterzelt mit wechselndem Varieté-, Revue- und Musikprogramm inklusive Gastronomie.

Mini – **Foolsgarden:** ► N 5, Lerchenstr. 113, Tel. 040 43 65 82, www.foolsgarden-theater.de, U/S-Bahn Sternschan-

ze. Kleinkunst im Minitheater inmitten des Schanzenviertels.

Populär – **Hamburger Kammerspiele:** ► P 4, Hartungstr. 9–11, Tel. 040 41 33 44 44, www.hamburger-kammerspie le.de, U 1 Hallerstraße. Traditionsreiches renommiertes Hamburger Sprechtheater im Univiertel.

Freie Szene – **Kampnagelfabrik:** ► R 3, Jarrestr. 20–24, Tel. 040 27 09 49 49,

www.kampnagel.de, Metrobus 6 Semperstraße, Bus 172, 173 Jarrestr. (Kampnagel). Experimentelles Theater, Tanztheater und viele internationale freie Produktionen werden in verschiedenen Hallen in diesem ehemaligen Fabrikgebäude dargeboten. Unter den Hamburger Theatern ist Kampnagel das internationalste und hat das am wenigsten berechenbare Programm. Wer vor Avantgarde keine Angst hat, ist hier richtig. Im August und September findet ein Sommerfestival (Tanz und Theater) auf dem Gelände statt.

Boulevard – **Komödie Winterhuder Fährhaus:** ▶ P 1, Hudtwalckerstr. 13, Tel. 040 48 06 80 80, www.komoedie-winterhuder-faehrhaus.de, U 1 Hudtwalckerstraße Der Name ist Programm. Komödien und gediegenes Boulevardtheater, in der en meist bekannte Fernsehschauspieler als Protagonisten auf-

Imposant – das deutsche Schauspielhaus

treten. Steht ganz weit oben in der Zuschauergunst der Hamburger.

Plattdeutsch – **Ohnsorg-Theater:** ▶ P 6, Große Bleichen 25, Tel. 040 35 08 03 21, www.ohnsorg.de, U 3 Rathaus, U-/S-Bahn Jungfernstieg. Klassisches Hamburger Volkstheater meist in plattdeutscher Sprache. TV-Beliebtheit erlangte die Bühne einst durch regelmäßige Fernsehaufzeichnungen mit Heidi Kabel & Co. Inzwischen gibt's hier aber auch moderne Stücke (auf Plattdeutsch natürlich) für eine jüngere Zielgruppe.

Scharfsinnig – **Polittbüro:** ▶ R 6, Steindamm 45, Tel. 040 28 05 54 67, www.polittbuero.de, U-/S-Bahn Hauptbahnhof. Kabarett und scharfsinnige Kleinkunst im ehemaligen Neuen Cinema.

Unterhaltsam – **Schmidt Theater und Schmidts Tivoli:** ▶ N 7, Spielbudenplatz 24/5 und 27/28, Tel. 040 31 77 88 99, www.schmidts.de, U 3 St. Pauli, S-Bahn Reeperbahn. Musicals und Mitternachtsshows sowie Musiktheater.

Beliebt – **St. Pauli-Theater:** ▶ N 7, Spielbudenplatz 29, Tel. 040 31 43 44, www.st-pauli-theater.de, U 3 St. Pauli, S-Bahn Reeperbahn. Lange Zeit Spielstätte für Gastspiele, Comedy-Programme, Revuen und Musicals. Mit dem künstlerischen Leiter Ulrich Waller hat Hausherr Thomas Collien einen Mann geholt, der das Haus wieder zu einem eigenständig produzierenden Volkstheater im besten Sinne gemacht hat. Neben eigenen Revuen wie »Reeperbahn« stehen hier Klassiker wie die hochkarätig besetzte »Dreigroschenoper« und außerdem Late-Night-Shows und Matineen auf dem Programm.

Theater heute – **Thalia Theater:** ▶ Q 6, Alstertor 1/Gerhart-Hauptmann-Platz, Tel. 040 32 81 44 44, www.thalia-thea ter.de, U-/S-Bahn Jungfernstieg. Unterhaltsames Theater, verstörendes Theater, kluges Theater. 2000–2009 bot Intendant Uli Khuon den Hamburger Kulturfreunden hochkarätiges Theater. Trotz Schwerpunkt auf zeitgenössischen Stücken liebte nicht nur das Publikum, sondern schätzte auch die Kritik das mehrfach als »Theater des Jahres« ausgezeichnete Haus an der Alster. Seit der Spielzeit 2009/2010 leitet nun Joachim Lux das traditionsreiche Haus. Er brachte als Hausregisseur Luc Perceval und viele erstklassige Schauspieler mit nach Hamburg . Das von ihm ins Leben gerufene Lessingtheaterfestival wird jährlich fortgesetzt.

Junge Regie – **Thalia in der Gaußstraße:** ▶ K/L 5/6, Gaußstr. 190, Tel. 040 32 81 44 44, www.thalia-theater.de, S-Bahn Altona, Metrobus 2 Schützenstr. (Süd). Nebenbühne des Thalia Theaters in Altona, die vor allem junges Publikum anzieht. Zeitgenössisches Theater, kleine Experimente und große Würfe.

Für die Lütten – **Theater für Kinder:** ▶ M 6, Max-Brauer-Allee 76, Tel. 040 38 25 38, www.theater-fuer-kinder.de, S-Bahn Altona. Liebevolles Kindertheater, kindgerechte Opernversionen.

Leicht und locker – **Theater in der Basilika:** ▶ L 6, Borselstr. 14–16, Tel. 040 390 46 11, S-Bahn Altona. Das Ottenser Theater auf einem umgebauten Fabrikhof, vor allem moderne amerikanische Stücke und Beziehungskomödien.

Jedermann – **Theater in der Speicherstadt:** ▶ P 7, Auf dem Sande 1, Tel. 040 369 62 37, www.speicherstadt.net, U 3 Baumwall. Freilichttheater ohne feste Spielstätte zwischen den Fleeten. Jeden Sommer geht hier schon seit über zehn Jahren der »Hamburger Jedermann« über die Bühne.

Feste und Festivals

Hafenstadt Hamburg

Am 7. Mai 1189 wurde den Hamburgern Zollfreiheit für ihre Schiffe auf der Elbe von der Stadt bis an die Nordsee gewährt. Das war der **Geburtstag des Hafens**. Daher wird um den 7. Mai herum alljährlich ein rauschendes Fest im Hafen begangen, das als größtes Hafenfest der Welt gilt. Von Övelgönne bis zur HafenCity wird gefeiert, und das nicht nur an Land, sondern vor allem zu Wasser. Highlights sind das Ein- und Auslaufen der Großsegler, der Kleinsegler und Traditionsschiffe sowie das Schlepperballett und das Drachenbootrennen. An der Hafenmeile gibt es allerlei Essbuden und dazu Kleinkunst, Shows und Musik. In der Luft sind Ballonfahrten, Fallschirmspringer- und Hubschrauber-Aktionen zu sehen. Abends gibt es Feuerwerk.

Sportstadt Hamburg

Hanse-Marathon: Bei diesem inzwischen traditionellen Langstreckenlauf stehen mehr a s 10 000 Läufer am Start, viele tausend Zuschauer säumen die Straßen in der Innenstadt, und der Verkehr steht stil am letzten Sonntag im April (www.marathon-hamburg.de).

Vattenfall-Cyclassics: Beim einzigen Profi-Weltcup Deutschlands mit Jedermann-Radrennen säumen im September Zigtausend Fans die Straßen, gerade so, als ob der Radsport in Hamburg erfunden worden wäre (www.vattenfallcyclassics.de).

Deutsches Spring- und Dressurderby: Eine der schwersten Springprüfungen der Welt findet alljährlich im Mai/Juni auf einer sehr schönen Anlage in Klein-Flottbek statt. Ums Gesehenwerden geht es dabei unter anderem auch.

Der Reitsport wird in Hamburg groß geschrieben ...

Festkalender

Februar
Karneval: Lilabe, großer Maskenball, www.lilabe.de

März/April
Frühlingsdom: Jahrmarkt auf dem Heiligengeistfeld in St. Pauli

Mai
Hafengeburtstag: Wochenende um den 7. Mai. Festaktivitäten an den Landungsbrücken und Segelschiffpa-rade, www.hafengeburtstag.de
Kabarettfestival: www.st-pauli-thea ter.de
Japanisches Kirschblütenfest: Tradi-tionelles Fest an der Außenalster mit geschmückten Booten und Feuerwerk

Juni/Juli
Internationales Kurzfilmfestival: www.festival.shortfilm.com
G-Move: Technoparade zu Pfingsten
Hamburger Ballett-Tage an der Staatsoper: www.hamburgballett.de
Hamburger Sommer: Mai–Sept. Musik-, Theater- und Kinoveranstaltungen
Schlager Move auf St. Pauli: 1. Juli-wochenende, Spielbudenplatz. Drei

Tage wilde Party mit internationalen und nationalen Schlagersängern.
Hamburger Jedermann: Das beliebte Theaterstück, inszeniert von Michael Batz, www.speicherstadt.net

Juli/August
Sommerdom: Heiligengeistfeld
Alstervergnügen: Musik-/Feuerwerk-festival und viele Schlemmerbuden. www.alstervergnuegen.net
Schleswig-Holstein Musikfestival: Klassische Konzerte im Umland und in Hamburg. www.shmf.de

September
Filmfest: www.filmfesthamburg.de
Hamburger Musikfest: Das Festival für Musik des 20./21. Jh. in der Musik-halle. www.hamburger-musikfest.de
Reeperbahnfestival: Ein in Europa ein-zigartiges Club- und Streetart-Festival.

November/Dezember:
Winterdom: Heiligengeistfeld
Weihnachtsmärkte auf dem Rathaus-und dem Gerhart-Hauptmann-Platz
Silvester: Feuerwerkspektakel an den Landungsbrücken

Hutmäßig, da müssen sich die Briten keine Sorgen machen, ist Hamburg al-lerdings noch nicht ganz so weit.
Derby-Woche: Sieben Renntage lang trifft sich die Prominenz auf Tribüne und Bahn zu etwa 70 Rennen.
Internationale Deutsche Tennismeis-terschaften am Rothenbaum: Jährli-cher Höhepunkt der Hamburger Ten-niswelt ist das Turnier, das in der gleichnamigen Anlage des Clubs an der Alster stattfindet (www.dtbten-nis.de/Am Rothenbaum).

Filmstadt Hamburg

Das **Hamburger Filmfest** richtet sich an die Branche wie an das Publikum. Ne-ben nationalen und internationalen Kinouraufführungen präsentiert es auch Highlights aus dem TV-Bereich. Neben dem Filmfest im September fin-det im Juni das Kurzfilmfestival statt.

Den ganzen Juli über werden Filme im Fußballstadion des FC St. Pauli ge-zeigt. Die Zuschauer sitzen auf den Businessseats der neuen Südtribüne.

Aktiv sein, Sport und Wellness

Joggen und Walken

Die schönsten Laufstrecken führen am Wasser entlang. Rund um die Außenalster läuft man eine Strecke von 7,5 km fast nur durch Grünanlagen und kaum direkt an Straßen entlang. Alle 500 m gibt es Markierungen. Entlang der Elbe macht das Laufen ebenfalls Spaß. Mit Blick auf den Fluss geht es immer durch Parks oder am Strand entlang: Vom Altonaer Balkon zum Anleger Teufelsbrück sind es 6 km, bis Blankenese 11 km. Zurück kann man mit dem Schnellbus 36 fahren.

Golf

In Deutschland ist Hamburg die Golfstadt Nummer eins! 23 Golf-Clubs gibt es in Hamburg. Der exklusivste befindet sich am Falkensteiner Ufer, Falkenstein, In de Bargen 59, Tel. 040 81 21 77, www.hamburgergolf-club.de. Wer es nicht ganz so exklusiv möchte, spielt auf dem 9-Loch-Platz Red Golf in Moorfleet (just pay and play), Vorlandring 12, Tel. 040 788 77 20, www. redgolf.de.

Radfahren

Hamburg ist für Radfahrer ideal, nicht nur wegen der wenigen Steigungen, sondern auch weil die Radwege inzwischen stadtweit relativ gut vernetzt sind. Unter www.hamburg.de finden Sie verschiedene Anregungen für Radtouren durch die Stadt und ins Umland. Infos rund ums Rad (auch zu Leihrädern) bei:
Fahrradstation Dammtor: Rotherbaum, Schlüterstr. 11, Tel. 040 41 46 82 77, www.fahrradstation-hh.de, S-Bahn/Metrobus 4/5 Bahnhof Dammtor, Mo–Fr 9–18.30 Uhr. Das Servicespektrum der Fahrradstation reicht von der Auskunft zum öffentlichen Personennahverkehr über die Organisation von Veranstaltungen bis zur Fahrradcodierung. Leihräder (verschiedene Modelle) bekommt man ab 3 € pro Tag. Reparaturen sind in der Selbsthilfewerkstatt möglich. Im Fahrradparkhaus steht Ihr Fahrrad diebstahlsicher und geschützt. Ortsunkundige erhalten Tipps für lohnenswerte Touren sowie einen Fahrrad-Stadtplan.
Fahrradladen St. Georg: Schmilinskystr. 6, Tel. 040 24 39 08, U-/S-Bahn Hauptbahnhof. Hier kann man Fahrräder leihen, z. B. für einen Fahrradausflug entlang der Elbe ins Alte Land (s. S. 248).

Schlittschuhlaufen

Am schönsten auf der Alster, doch wann ist sie schon mal zugefroren? Wenn das aber so ist, dann ist es das wahre Eislauferlebnis! Ansonsten auf der Kunsteisbahn Große Wallanlage, Holstenwall, U 3 St. Pauli. Nur im Winter!

Schwimmen

Eine gute Übersicht über die Hamburger Badelandschaft erhält man unter www.baederland.de.
Naturbad Stadtparksee: Stadtpark, Südring 5b, Tel. 040 78 88 37 71, U 3 Saarlandstraße. Freibad.
Kaifubad mit Freibad (citynah): Bundesstr. 107 (Freibad), Hohe Weide 15 (Halle), Tel. 040 40 58 23, Sa–Do ab 10 Uhr, Fr ab 8.30 Uhr, U 2 Christuskirche.

Alsterschwimmhalle: Ifflandstr. 21, Tel. 040 22 30 12, Mo–Fr ab 6.30, Sa/So 8–22 Uhr, U 1 Lohmühlenstraße. So groß, dass hier auch Hamburgs Nationalschwimmer trainieren.

Holthusenbad: Goernestr. 21, Tel. 040 47 47 54, tgl. 9–22 Uhr, Sa, So bis 23 Uhr, U 1/3 Kellinghusenstraße. Ein sehr schönes Jugendstil-Hallenbad mit verschiedenen Becken, auch Freibecken im Winter! Vielfältiges Wellness-Programm.

Segeln und Rudern

Das Wichtigste in Hamburg – der Wassersport. Segeln auf der Alster oder wenigstens eine Kanufahrt durch die Kanäle sind im Sommer wunderschön! Empfehlenswerte Bootsverleihe:

Bobby Reich: Fernsicht 2, Tel. 040 48 78 24, Ruderboote, H-Jollen und Kanus, U 1 Klosterstern (s. Entdeckungstour S. 204).

Bodo's Bootssteg: Harvestehuder Weg 1b, Tel. 040 44 06 54, Tret-/Ruderboote, H-Jollen, S-Bahn Dammtor, Bus 109 Böttgerstraße.

Hans Pieper: An der Alster/Atlantik-Steg, Tel. 040 24 75 78, Tret-, Ruder-, Segelboote, U-/S-Bahn Hauptbahnhof.

Skaten

Skater treffen sich im Skateland, einer 1500 m^2 großen Halle und Freianlage. Eintritt frei! Spaldingstr. 131, Tel. 040 23 44 58, Mo–Fr 15–20, Sa/So ab 13 Uhr, U-Bahn Berliner Tor.

Wellness und Fitness

Wellness-Angebote gibt es in allen Luxushotels. Besonders schön für Fitness und Wellness sind die Meridian Spas. Filialen gibt es im Alstertal, in Eppendorf, Hafennähe und in Wandsbek, www.meridianspa.de. Weitere Infos: www.hamburg-magazin.de, Rubrik Freizeit.

Wassersportler finden viel Abwechslung in Hamburg

Museen, Gedenkstätten und Galerien

Hamburg ist reich an Kunst und Kultur. Bedeutende Malerei findet sich in den sieben staatlichen Museen genauso wie norddeutsche Alltagskultur, archäologische und völkerkundliche Raritäten bis hin zu bedeutenden zeitgenössischen Sammlungen. Die rund 40 Privatmuseen zeigen darüber hinaus, dass die Hanseaten große Stifter und Sammler sind.

Die Kunstmeile um den Hauptbahnhof mit mehr als 11 000 m² Ausstellungsfläche ist gut zu Fuß zu bewältigen. Von der Galerie der Gegenwart über die Kunsthalle geht es zum Museum für Kunst und Gewerbe, dem Kunstverein und schließlich zu den Deichtorhallen.

Museen

Trends – **Deichtorhallen:** ▶ Karte 3, J 4, Deichtorstr. 1–2, Tel. 040 32 10 30, www.deichtorhallen.de, U 1 Steinstraße. Di–So 11–18 Uhr, je Halle 7 €. Trends in der zeitgenössischen Kunst und moderne Klassiker – ob Andy Warhol, Ilya Kabakov oder Roy Lichtenstein – werden in einer Halle ausgestellt, die ideal für Präsentationen ist und den Exponaten viel Raum lässt. In der anderen Halle ist das Haus der Photographie untergebracht. Die bedeutende Fotosammlung von F. C. Gundlach hat hier ihren ständigen Ort gefunden (s. S. 138).

Vielseitig – **Museum der Arbeit:** s. Karte S. 207, Wiesendamm 3 Tel. 428 13 30, www.museum-der-arbeit.de, U 3 Barmbek, Mo 13–21, Di–Sa 10–17, So 10–18 Uhr. Das Museum hat seinen Sitz in der ehemaligen New York-Hamburger Gummiwarenfabrik und beschäftigt sich anschaulich mit der Geschichte der Arbeit, Technik und Industrialisierung der Hansestadt (s. S. 206).

Tradition und Avantgarde – **Hamburger Kunsthalle mit Galerie der Gegenwart:** ▶ Q 6, Glockengießerwall, Tel. 040 28 13 12 00, www.hamburgerkunsthalle.de, U-/S-Bahn Hauptbahnhof, Di–So 10–18, Do bis 21 Uhr, 6 € (ohne Sonderausstellungen). Vom Mittelalter bis zur Gegenwart – hervorragende Sammlungen von großer Bandbreite unter einem Dach: Holländische und flämische Malerei des 17. Jh., deutsche und französische Malerei des 19. Jh., Plastiken der Klassischen Moderne. Kunst ab 1960 wird im Neubau der Kunsthalle (Galerie der Gegenwart) präsentiert (s. S. 109, 110).

Zeitgenössisches – **Kunstverein in Hamburg:** ▶ Q 7, Klosterwall 23, Hauptbahnhof, Tel. 040 33 83 44, www.kunstverein.de, U 1 Steinstraße, Di–So 11–18, Do bis 21 Uhr Eintritt 5 €. Zeitgenössische Kunst, wechselnde Ausstellungen.

Stilvoll – **Museum für Kunst und Gewerbe:** ▶ Q 6 Steintorplatz 1, Hauptbahnhof, Tel. 040 42 81 34 27 32, www.mkg-hamburg.de, U-/S-Bahn Hauptbahnhof, Di–So 10–18, Do bis 21 Uhr, Eintritt 8 €. Das Haus besitzt die weltweit größte Jugendstilsammlung mit Skulpturen, Grafiken, Fayencen, Porzellan; außerdem eine Ostasien- und Fotosammlung sowie eine Sammlung historischer Tasteninstrumente im neuen Anbau. Und seit 2008 gibt es das ›Hubertus Wald Kinderreich‹. Auf einer

Museen, Gedenkstätten und Galerien

Fläche von 250 m² können dort Kinder zwischen 5 und 12 Jahren eine Fantasiewelt entdecken.

Weltklasse – **Museum für Völkerkunde Hamburg:** ▶ P 4, Rothenbaumchaussee 64, Tel. 01805 30 88 88, www.voelkerkundemuseum-hamburg.de, U 1 Hallerstraße, S-Bahn Dammtor, Di–So 10–18, Do bis 21 Uhr, Eintritt 5 € (s. S. 208).

Sinnlich – **Speicherstadtmuseum:** ▶ Q 7, Tel. 040 32 11 91, www.speicherstadtmuseum.de, U1: Meßberg, Di–So 10–17 Uhr, 3 €. Ein authentisches Lagerhaus. Das Museum veranstaltet diverse Führungen durch die Speicherstadt und gelegentlich Wechselausstellungen (s. Entdeckungstour S. 145).

Lehrreich – **Deutsches Zollmuseum:** ▶ Q 7, Alter Wandrahm 16, Tel. 040 30 08 76 11, www.museum.zoll.de, Di–So 10–17 Uhr, Eintritt frei. Interessanter Überblick über die Zollgeschichte (s. Entdeckungstour S. 145).

Provokant – **Phoenix Art:** Phoenix-Fabrikhalle Tor 2, Wilstorferstr. 71, Tel. 040 32 50 67 62, S 3 Harburg (südl. gelegen), Führungen Sa, So 15 Uhr und nach Vereinbarung, Eintritt 8 €. Harald Falckenberg sammelt provozierende zeitgenössische Kunst. 1200 Werke internationaler Künstler hat er zusammengetragen.

Speziell – **Spicy's Gewürzmuseum:** ▶ P 7, Am Sandtorkai 32 (Speicherstadt), Tel. 040 36 79 89, www.spicys.de, Di–So 10–17 Uhr, U3: Baumwall, Eintritt 3 €. Das einzige Gewürzmuseum der Welt mit rund 400 Ausstellungsstücken (s. Entdeckungstour S. 146).

Romantisch – **Puppenmuseum Falkenstein:** in Rissen, Grotiusweg 79, Tel. 040 81 05 82, www.elke-droescher.de, S 1

Blankenese, ab dort Bus 189 oder 286, Di–So 11–17 Uhr. Rund 300 Puppen und 60 Puppenstuben aus drei Jahrhunderten.

Verspielt – **Spielemuseum:** ▶ Karte 3, F/G 5, Kehrwieder 4, www.dachbodenbande.de, U 3 Baumwall, tgl. 10–18 Uhr, Eintritt 6 €, Kinder 3 €. Im Spielzeugmuseum taucht man ein in die vergangene Zauberwelt der Dachbodengeheimnisse mit historischem Spielzeug und vielen Überraschungen.

Geführte Museumsbesuche

Der Museumsdienst Hamburg hat spezielle Touren für Gruppen wie für Einzelne konzipiert, die von einer Stunde bis zu einem Tag dauern können. Für alle, die in Hamburgs Museen mehr entdecken wollen, als es auf eigene Faust möglich ist. Info: Tel. 040 42 82 43 25, www.hamburg.de/be hoerden/museen

Hamburger Kunsthalle – ein Café in stilvoller Umgebung

Stadtgeschichte und Stadtteilkultur

Historisch – **Altonaer Museum (Norddeutsches Landesmuseum):** ▶ L 7, Museumstr. 23, Tel. 040 42 81 35 15 14, www.altonaermuseum.de, S 1 Altona, Di–So 10–18 Uhr, Eintritt 6/3,50 €, bis 18 Jahre frei. Das Museum widmet sich der Kulturgeschichte Norddeutschlands, neben volkskundlichen Exponaten beherbergt es Sammlungen zu Schifffahrt und Fischerei (s. S. 258).

Erlebnisreich – **BallinStadt:** Veddeler Bogen 2, Tel. 040 31 97 91 60, www.ballinstadt.de, S 3, 31 Veddel, Mo–So 10–18 Uhr, 6 €, Kinder und Jugendliche bis 17 Jahre frei. Ein neues Highlight in Hamburgs Museenlandschaft: Fünf Millionen Menschen sind von hier aus zwischen 1850 und 1934 in die Neue Welt gestartet (s. Entdeckungstour S. 154).

Frühhistorisch – **Helms-Museum:** Museumsplatz 2 (Haupthaus und Sonderausstellungen), Harburger Rathausplatz 5 (Dauerausstellung), Tel. 040 428 71 36 93, www.helmsmuseum.de, S 3 Harburg Rathaus (südl.), Di–So 10–17 Uhr, 6/3 €. Das Museum für Archäologie und die Geschichte Hamburgs mit Exponaten zur Entwicklung der Region seit der Frühgeschichte und einem archäologischem Wanderpfad.

Bürgerlich – **Jenisch-Haus:** ▶ F 6, Baron-Voght-Str. 50, Tel. 040 82 87 90, www.jenisch-haus.de, S 1 Klein-Flottbek (westl. gelegen), Di–So 11–18, Führung So 12 Uhr, 5 €, Kinder und Jugendliche bis 17 Jahre frei (s. S. 274).

Hamburgisch – **Krameramtswohnungen:** ▶ O 7, Krayenkamp 10, Tel. 040 375 01 988, U 3 Rödingsmarkt, S-Bahn Stadthausbrücke, Di–Do und Sa, So 10–17 Uhr, 7,50 €, inkl. Hamburg Museum und Modelleisenbahn (s. S. 151).

Lange Nacht der Museen

Zweimal im Jahr, im Frühjahr und im Herbst, machen sich Tausende von Hamburgern auf, um in der ›Langen Nacht der Museen‹ die Kunstschätze der Stadt zu genießen. Dazu wird ein umfangreiches Musik- und Performance-Programm geboten. Shuttlebusse verbinden dann die 40 Museen. Ticket-Hotline: Tel. 040 30 05 12 34, www.langenacht.museumsdienst-hamburg.de

Stadtgeschichte – **Museum für Hamburgische Geschichte – Hamburg Museum:** ▶ O 6, Holstenwall 24, Tel. 040 42 81 32 23 80, www.hamburgmuseum.de, U 3 St. Pauli, S-Bahn Stadthausbrücke, Di–So 10–18 Uhr, 7,50 €. Modelle zur Stadtentwicklung, Exponate über die Entwicklung von Hafen und Handel in den verschiedenen historischen Epochen und zur Stadtgeschichte – ein guter Einstieg, um Hamburg kennenzulernen.

Museumsschiffe

Klassisch – **Cap San Diego:** ▶ O 7, Überseebrücke, Tel. 040 36 42 09, www.capsandiego.de, U 3 Baumwall, tgl. 10–18 Uhr, 6 €. Ein alter Stückgutfrachter dient heute geduldig als maritimes Denkmal (s. S. 150).

Nostalgisch – **Museumshafen Övelgönne:** ▶ K 7, Anleger: Neumühlen, Tel. 040 41 91 27 61, www.museumshafen-oevelgoenne.de, Bus 112 ab Bahnhof Altona, s. S. 269.

Windjammer – **Rickmer Rickmers:** ▶ O 7, St. Pauli-Landungsbrücken, Brücke 1a, Tel. 040 319 59 59, www.rickmer-rickmers.de, U 3 Baumwall, tgl. 10–18 Uhr, 3 €. Anfang 1960 ausgemusterter Windjammer, umfunktioniert zum Museum (s. S. 150).

Gedenkstätten

Gute Lage – **Ernst-Barlach-Haus:** Jenischpark/Baron-Voght-Str. 50 a, Tel. 040 82 60 85, www.barlach-haus.de, S 1 Klein-Flottbek (westl. gelegen), Di–So 11–18 Uhr, 6 €, s. S. 275.

Biografisch – **Johannes-Brahms-Museum:** ▶ Karte 3, E 3, Peterstr. 39, Tel. 040 41 91 30 86, www.brahms-hamburg.de, U-Bahn: St. Pauli, Di/Do 10–13 Uhr, jeden 1. So im Monat 11–14 Uhr, 4 €, s. S. 117.

Lehrreich – **KZ-Gedenkstätte Neuengamme:** Jean-Dolidier-Weg 39, Tel. 040 428 13 15 00, www.kz-gedenkstaette-neuengamme.de, S 2, 21 Bergedorf, weiter mit Bus 227, 327, Mo–Fr 9.30–16, Sa, So, Fei April–Sept. 12–19, Okt.–März 12–17 Uhr, gratis. Dokumentation über die Geschichte des Konzentrationslagers Neuengamme 1938–45.

Sonstige Sehenswürdigkeiten

Informativ – **HafenCity InfoCenter im Kesselhaus:** ▶ P 7, Am Sandtorkai 30, Tel. 040 36 90 17 99, www.hafencity.com, U 3 Baumwall, Di–So 10–18, Do Mai–Sept. bis 20 Uhr (s. S. 146).

Für Eisenbahnfreaks – **Miniatur Wunderland Hamburg:** ▶ P 7, Kehrwieder 2, Tel. 040 36 09 11 57, www.miniatur-wunderland.de, U 3 Baumwall, Mo–Fr 9.30–18, Di bis 21, Sa, So, Fei 8.30–20/21 Uhr, 10 €, Kinder unter 16 Jahren 5 €, unter 1 m Größe gratis. Eine riesige Eisenbahnmodellanlage mit rund 12 km Schienennetz, s. S. 146.

Aus Wachs – **Panoptikum:** ▸ N 7, Spielbudenplatz 3, Tel. 040 31 03 17, www.panoptikum.de, U 3 St. Pauli, Mo–Fr 11–21, Sa 11–24, So 10–21 Uhr, 5 €, Kinder und Jugendl. 3 €, s. S. 159.

Himmlisch – **Planetarium:** ▸ R 1/2, Hindenburgstr. 1b (im Stadtpark), Tel. 040 42 88 65 20, www.planetarium-hamburg.de, U3: Borgweg, Di 9–15, Mi 9–21, Do 9–21.30, Fr 9–21.45, Sa 12.30–21.30, So 10–19 Uhr, Sternenvorführungen: So 16 und 18, Mi 18, Fr 18 und 20 Uhr, 7,50 €, s. S. 206.

Gespenstisch – **Hamburg Dungeon:** ▸ P 7, www.hamburgdungeon.com, U3: Baumwall, tgl.11–18 Uhr, Juni-Aug. schon ab 10 Uhr, ab 16,95 €. Historische Gespensterschau, s. S. 146.

Galerien

Entdeckungsfreudig – **Galerie Jürgen Becker:** ▸ P 7, Admiralitätsstr. 71, Tel. 040 36 55 44, www.galeriebecker.de, U-/S-Bahn Stadthausbrücke/Rödingsmarkt, Di–Fr 11–18, Sa 11–15 Uhr. Zeitgenössisches und junge Kunst.

Gehoben – **Galerie Brockstedt:** ▸ Q 4, Magdalenenstr. 11, Tel. 040 410 40 91, www.galeriebrockstedt.de, S-Bahn Dammtor, Mo–Fr 10–18, Sa 10–14 Uhr. Horst Janssen und Klassische Moderne.

Stilmix – **Galerie Peter Borchardt:** ▸ M 7, Große Elbstr. 68 (im Stilwerk), Tel. 040 38 89 88, www.galerie-borchardt.de, Bus 383, Di–Fr 12–19, Sa 11–16 Uhr. Installationen, Fotografie, Skulpturen.

Avantgarde – **Galerie Dörrie * Priess:** ▸ P 7, Admiralitätsstr. 71, Tel. 040 36 41

31, www.doerrie-priess.de, U 3 Rödingsmarkt, Di–Fr 14–18, Sa 12–14 Uhr.

Aktuell – **Galerie Elbchaussee:** ▸ L 7, Klopstockstr. 29, Tel. 040 39 90 62 80, www.galerie-elbchaussee.de, S-Bahn Altona, s. S. 259.

Ausgewählt – **Galerie Karin Guenther:** ▸ P 7, Admiralitätsstr. 71, Tel. 040 37 50 34 50, www.galerie-karin-guenther.de, U 3 Rödingsmarkt, Mi–Fr 13–18, Sa 12–14 Uhr. Junge Kunst.

Freakig – **Hinterconti:** ▸ O 6, Marktstr. 40a, kein Tel., www.hinterconti.de, U 3 Feldstraße. Ausstellungsraum der jungen Szene.

Mit Format – **Galerie Levy:** ▸ O 1, Osterfeldstr. 6, Tel. 040 45 91 88, www.galerie-levy.de, Metrobus 22 Frickestr., Mo–Fr 10–18, Sa 11–14 Uhr. Surrealisten, Klassische Moderne, Pop-Art. Nach seinem Umzug aus Pöseldorf stehen Thomas Levy loftartige Ausstellungsflächen und Raum für einen Skulpturenpark zur Verfügung.

International – **Galerie Vera Munro:** ▸ P 2, Heilwigstr. 64, Tel. 040 47 47 46, www.veramunro.de, U 1/3 Kellinghusenstr., Di–Fr 9–18, Sa 11–14 Uhr. Internationale Avantgarde-Stars.

Deutsch – **Produzentengalerie:** ▸ P 7, Admiralitätsstr. 71, Tel. 040 37 82 32, www.produzentengalerie.com, U 3 Rödingsmarkt, Di–Fr 11–13, 15–19, Sa 11–15 Uhr. Überwiegend deutsche Künstler wie Gustav Kluge, Olaf Metzel oder Rupprecht Matthies.

Arriviert – **Galerie Sfeir-Semler:** ▸ P 7, Admiralitätsstr. 71, Tel. 040 37 51 99 40, www.sfeir-semler.de, U 3 Rödingsmarkt, Di–Fr 14–18, Sa 11–14 Uhr. Arriviertes internationales Programm.

Reiseinfos von A bis Z

Apotheken

Täglich 7–21 Uhr geöffnet ist die Airport Apotheke am Flughafen-Terminal 4. In den Wochenendausgaben der Tageszeitungen sind dienstbereite Apotheken angezeigt.

Ärztliche Versorgung

Ärztlicher Notfalldienst Hamburg (alle Kassen): Tel. 040 22 80 22
Ärztlicher Bereitschaftsdienst und **Zahnarzt-Ambulanz:** Tel. 040 33 11 55
Privatärztlicher Notdienst: Tel. 040 192 46, bei Zahnproblemen Tel. 040 192 59
Aids-Hilfe: Tel. 040 194 11
Tier-Rettungsdienst: Tel. 040 22 22 77
Notdienst der Tierkliniken: Tel. 0171 682 71 00
Kinder- und Jugendtelefon: Tel. 040 42 84 90.

Diplomatische Vertretungen

Österreichisches Generalkonsulat: Alsterufer 37, Tel. 040 41 32 95 00, www.bmaa.gv.at, Mo–Fr 9–12 Uhr

Schweizer Generalkonsulat: Rathausmarkt 5, Tel. 040 309 78 20, www.eda.admin.ch/hamburg, Mo–Fr 9–12 Uhr

Feiertage

Feiertage sind die üblichen im protestantischen Teil Deutschlands:
1. Januar: Neujahr
Karfreitag
Ostermontag
1. Mai: Tag der Arbeit
Himmelfahrt
Pfingstmontag
3. Oktober: Tag der deutschen Einheit
25./26. Dezember: Weihnachten

Fundbüros

Städtisches Fundbüro: Bäckerbreitergang 73, Tel. 040 35 18 51, Mo 8–16, Di und Mi 8–12, Do 8–18 Uhr

Deutsche Bahn: Fundservice-Hotline Tel. 01805 99 05 99

Geld

Über die normalen Banköffnungszeiten hinaus arbeiten Spätschalter im Flughafen, Hauptbahnhof (tgl. bis 22 Uhr), Altonaer Bahnhof (Mo–Sa bis 19 Uhr) und an der Reeperbahn 59 (Wechselstube, tgl. 16–22 Uhr). Ansonsten gibt es überall Geldautomaten.

Internetzugang

Hamburg ist, was die Vernetzung via Internet angeht, ganz gut aufgestellt. Neben Starbucks, der großen Kaffee-Kette aus den Vereinigten Staaten, und den großen Hotels gibt es in Hamburg zahlreiche Cafés, die ihren Gästen WLAN anbieten. Etliche Nachbarschaftskneiper wie das Café Miller in St. Pauli (Detlev-Bremer-Str. 16) oder gehobene Restaurants wie das Au Quai an der Großen Elbstraße bieten ebenfalls WLAN.

Tipps für Internetcafés finden Sie etwa unter www.cafespots.de. Hilfreich bei der lokalen Suche nach Internetgelegenheiten (und auch sonst) ist das Online-Magazin Stadtus, http://hamburg.stadtus.de. Fast alle Bücherhallen bieten Besuchern Internetzugang, s. unter www.buecherhallen.de.

Notruf

Polizei: Tel. 110
Feuerwehr: Tel. 112
Auch hör- und sprachbehinderte Menschen können die Notrufzentralen von Polizei und Feuerwehr rund um die Uhr erreichen, und zwar über ein Faxgerät unter den bekannten Rufnummern 110 und 112. Die Beamten erkennen an einem Signal den Faxeingang.
Notruf für vergewaltigte Frauen: Tel. 040 25 55 66
Pannenhilfe: ADAC Tel. 01802 22 22 22

Öffnungszeiten

Geschäfte: Die meisten Läden in der Innenstadt sind Mo–Fr bis 20 Uhr geöffnet und Sa bis 16 oder 18 Uhr.
Museen: Die Museen haben in der Regel am Mo geschlossen und Do meist bis 21 Uhr geöffnet.

Post

Postfiliale Hauptbahnhof: Hachmannplatz 13, Mo–Fr 8–20, Sa 9–18, So 10–18 Uhr. **Im Flughafen:** Terminal 4, Mo–Fr 8–20 Uhr, Sa 8–13 Uhr.

Rauchen

Seit dem 1.1.2008 haben Raucher in Hamburg das Nachsehen: Es darf in Restaurants und Kneipen im Prinzip nicht mehr geraucht werden. Ausnah-

men sind Lokale, die sich als Raucherclub definiert haben und dies an der Tür anzeigen.

Reisende mit Handicap

Bei den Orts- und Bezirksämtern kann man die Broschüre »Der Ratgeber« bekommen (Tipps und Adressen). **Fahrdienste:** Mobilcar, Tel. 040 20 00 11 22

Souvenirs

Klassische Hamburg-Souvenirs gibt es an den Kiosken an den Landungsbrücken, in Kaufhäusern und am Flughafen: Labskaus in Dosen, Buddelschiffe, Trinkbecher, Leuchttürme, T-Shirts und Jacken mit Hamburg-Aufschrift oder Anker sowie Mützen.

Telefonieren

Vorwahl für Hamburg: 040. Bei Anrufen aus dem Ausland fällt nach der 0049 als Landesvorwahl für Deutschland die Null der Ortsvorwahl weg. Vorwahl nach Österreich: 00 43 Vorwahl in die Schweiz: 00 41

Zeitungen und Zeitschriften

Hamburger Abendblatt: die Tageszeitung Hamburgs
Hamburger Morgenpost: täglich erscheinende Boulevardzeitung mit ausführlichem Hamburg- und Szene-Teil
Bild Hamburg: Boulevardzeitung
TAZ: alternativ-linksorientierte Zeitung mit Lokalteil Hamburg
Stadtmagazine: Monatlich erscheinen Szene, Prinz und Oxmox mit Gastro-Tipps und Kulturkalender.

Panorama – Daten, Essays, Hintergründe

Im Hamburger Hafen herrscht ständig Hochbetrieb

Daten und Fakten
Lage: im Norden Deutschlands auf 53^0 32' 56" nördlicher Breite und 9^0 58' 42" östlicher Länge
Fläche: 755 km^2
Einwohner: ca. 1,7 Mio.
Ausländeranteil: ca. 15 %
Status: Freie und Hansestadt, Bundesland
Bürgermeister: Ole von Beust (CDU)

Lage und Größe
53 32' 56" nördlicher Breite, 9 58' 42" östlicher Länge. Hamburg liegt im flachen Norden Deutschlands an der Elbe, die rund 100 km weiter nordwestlich bei Cuxhaven in die Nordsee mündet. Etwa gleich groß ist die Entfernung zur Ostsee. Einschließlich der Insel Neuwerk umfasst die Stadt eine Fläche von 755 km^2, darunter 60 km^2 Wasserfläche. Hamburg erreicht sowohl in Nord-Süd-, als auch in Ost-West-Richtung jeweils rund 40 km Ausdehnung.

Politik und Verwaltung
Die Freie und Hansestadt Hamburg ist Stadtstaat, Bundesland und zugleich Hauptstadt des Bundeslandes Hamburg. Die Bürgerschaft (121 Abgeordnete) ist das Landesparlament und der Senat ist die Landesregierung. Es gibt sieben Bezirke: Altona, Eimsbüttel, Hamburg-Nord, Wandsbek, Hamburg-Mitte, Bergedorf und Harburg. Die Bezirksämter setzen die Politik des jeweiligen Senats um und verwalten 104 Stadtteile. Seit dem Frühjahr 2008 regiert in Hamburg eine schwarz-grüne Koalition (CDU-GAL).

Städtepartnerschaften
Chicago, Dresden, León, Marseille, Osaka, Prag, Schanghai, St. Petersburg.

Geschichte
Die Ursprünge Hamburgs liegen nicht an der Elbe, sondern an der Alster. An ihrem Ufer, nicht weit von der Mündung in die Elbe, entstand im 8. Jh. die erste Siedlung. Von einer kleinen Festung stieg Hamburg trotz mehrmaliger Übergriffe und Zerstörungen zur Metropole auf. Früh bestimmten der Handel und ein selbstbewusstes Bürgertum die Geschicke der Siedlung. Mit dem Aufstieg der Hanse im norddeutschen Raum gewann auch Hamburg an Bedeutung.

Die Gründung des Freihafens (1888) schuf in Hamburg das weltgrößte Lager für Kaffee, Kakao, Gewürze und Teppiche. Eine Beflügelung der Hafenaktivitäten brachte auch der Bau des Nordostseekanals (1895), da jetzt eine direkte schnelle Verbindung zum Ostseeraum garantiert war. Zur Großstadt wurde Hamburg erst 1900.

Bevölkerung

Über 1,7 Mio. Menschen leben in Hamburg, davon über 15 % Ausländer. Im Speckgürtel der Hansestadt (rund 40 km um die Stadt) leben 4 Mio. Menschen. Nach Berlin ist Hamburg die zweitgrößte Stadt in Deutschland. Die Bevölkerung ist überwiegend protestantisch. Nur 7,5 % der Einwohner sind Katholiken.

Wirtschaft

Die Handelsmetropole Hamburg liegt im Schnittpunkt bedeutender transeuropäischer Verkehrsachsen. Skandinavien wird über Hamburg mit West- und Südeuropa verbunden. Außerdem bestehen enge Verbindungen zu Berlin sowie dem mittel- und osteuropäischen Raum.

In den letzten Jahren hat die Metropolregion Hamburg erheblich an Bedeutung gewonnen. Hamburg hat sich zusammen mit den benachbarten Regionen Niedersachsens und Schleswig-Holsteins zu einer internationalen Verkehrsdrehscheibe und zu einem Portal zwischen Nord- und Ostsee entwickelt. Daraus ergaben sich eine Bevölkerungszuwanderung und ein Wirtschafts- sowie Beschäftigungswachstum, mit dem die Region an der Spitze deutscher Großstadtregionen liegt.

Die Hafenstadt Hamburg ist Deutschlands größter Außenhandels- und Transitplatz. Der Hafen nimmt fast ein Zehntel des gesamten Stadtgebiets ein und ist das deutsche Außenhandelszentrum mit einem Warenumschlagswert von 60 Milliarden €. Seit 2000 ist der Containerumschlag um 90 % gewachsen, bis 2015 soll er sich verdoppeln. 60 % des Handels in Hamburg werden innereuropäisch, 40 % außereuropäisch abgewickelt. Asien, vor allem die OPEC-Länder und der Ferne Osten stehen besonders im Mittelpunkt. Die 1665 gegründete Hamburger Handelskammer vertritt über 100 000 Gewerbebetriebe. Hamburg ist nicht nur begehrt als Warenumschlagplatz, es ist auch auf dem besten Weg, sich zum wichtigsten europäischen Standort für das internationale Kreuzfahrtgeschäft zu entwickeln.

Hamburg ist die zweitgrößte Industriestadt in Deutschland und das größte Zentrum für zivile Luftfahrtindustrie – durch die Lufthansatechnik und den Airbus. Und es ist eine wichtige Medienstadt mit zahlreichen Verlagen, Fernseh- und Filmproduktionsfirmen.

Tourismus

In den letzten Jahren stieg die Zahl der Besucher um 140 %. Die gesamte Metropolenregion zieht jährlich 6,8 Mio. Gäste mit 17 Mio. Übernachtungen an. Mehr als 1 Mio. von ihnen kommt aus dem Ausland. Am beliebtesten ist Hamburg bei den Briten, den US-Amerikanern, Schweizern und Schweden. Auch der Tagestourismus spielt eine große Rolle.

Kultur

Hamburg zählt zu den bedeutendsten Theatermetropolen in Deutschland. Auch die Musik spielt traditionell eine besonders wichtige Rolle im kulturellen Leben, ob Beatles oder Brahms, ob Elbphilharmonie oder Jazz-Club. Hinzu kommen 60 Museen, Sammlungen und Ausstellungsorte, an denen auch zahlreiche temporäre Ausstellungen von überregionalem Interesse organisiert werden.

Die Anfänge der Stadt

9. Jh. In der Hammaburg, einer Grenzfeste des fränkischen Reiches, leben etwa 50 Menschen. Ludwig der Fromme gründet das Bistum Hamburg, der Mönch Ansgar wird 831 zum Bischof und 832 zum Erzbischof erhoben. Nach der Zerstörung der Hammaburg durch die Wikinger verlegt Ansgar seinen Sitz nach Bremen, die Siedlung Hammaburg wächst aber weiter.

1035–1043 Ein Dom aus Stein wird gebaut, damit wird Hamburg wieder Residenz.

1110–1165 Graf Adolf von Schauenburg wird mit Teilen Hamburgs belehnt. 1165 erfolgt die Gründung der Neuen Burg durch den sächsischen Herzog Ordulf auf dem Platz des heutigen Rathauses

1186–1189 Adolf III. von Schauenburg übernimmt die Neue Burg und gründet eine neue Hafen- und Kaufmannsstadt mit eigenem Markt. Dieser Neustadt verleiht Friedrich I. Barbarossa Handelsprivilegien und garantiert freie Schifffahrt auf der Elbe. Der 7. Mai – an diesem Tag soll das stattgefunden haben – gilt als Geburtstag des Hafens.

1201–1225 Hamburg und Holstein stehen unter dänischer Herrschaft.

ab 1228 Die Schauenburger sind nun Herrscher über die Gesamtstadt. 1235 wird die Alster gestaut und so zum See.

1259 Nachdem Hamburg bereits zuvor ein Bündnis mit Lübeck geschlossen hat, um die Verkehrswege zwischen Nord- und Ostsee zu sichern, kommt es nun zum Zusammenschluss der Hanse, einem Handelsbund zwischen Hamburg, Lübeck, Rostock und Wismar. Hamburg wird in ein vernetztes Wirtschaftssystem eingebunden.

1350 Pestepidemie: Von 10 000 Einwohnern stirbt ein Drittel.

Ende des 14. Jh. Piraten machen Hamburg unsicher, einer ihrer Führer ist Klaus Störtebeker, der 1401 auf dem Grasbrook enthauptet wird.

Entwicklung zur Kaiserlich-freyen Reichsstadt

1510–1529 Hamburg wird in den Rang einer reichsfreien Stadt erhoben. Die Glaubensauseinandersetzungen enden 1529, als die Stadt lutherisch wird.

1558 In Hamburg wird die erste Börse auf deutschem Boden gegründet.

1567 Mit Privilegien lockt die Stadt britische Kaufleute an. Hamburg und die dänische Nachbarstadt Altona liegen im Wettstreit.

um 1600	Hamburg zählt etwa 36 000 Einwohner, die Nachbarstadt Altona macht der Hansestadt ernsthafte Konkurrenz.
ab 1618	Bau eines Festungsrings. Während des Dreißigjährigen Krieges widersteht die Stadt allen Belagerern. Altona und die Dörfer westlich davon geraten unter dänische Herrschaft.
1662	Hamburg hat 75 000 Einwohner.
1664	Altona erhält vom dänischen König die Stadtrechte und tritt damit in direkte Konkurrenz zu Hamburg. Die Nachbarstadt entwickelt sich neben Kopenhagen zur zweitgrößten Stadt des dänischen Königreiches.
1678	Deutschlands erstes Opernhaus wird am Gänsemarkt eingeweiht.
1712	Rat und Bürgerschaft einigen sich auf eine neue Verfassung, die beiden gemeinsam die Macht in die Hand gibt
1762	Einweihung der neuen Kirche von St. Michaelis.
um 1800	Hamburg zählt etwa 130 000 Einwohner.
1806–1814	Franz II. legt die deutsche Kaiserkrone nieder, Hamburg wird kurzzeitig souverän. Dann besetzen Napoleons Truppen die Stadt, die von Napoleon verhängte Kontinentalsperre zur Unterbindung der Einfuhr englischer Waren treibt den Hamburger Handel in den Ruin.

Die Freye und Hansestadt Hamburg im 19. Jahrhundert

1815	Hamburg tritt dem Deutschen Bund bei.
1819	Die Stadt führt fortan den Namen: Freye und Hansestadt Hamburg.
1842	Dem großen Brand vom 5. bis 8. Mai fallen weite Teile der Hamburger Altstadt zum Opfer, 20 000 Menschen sind obdachlos. Unter dem englischen Ingenieur David Lindley beginnt der planvolle Wiederaufbau.
ab 1845	Industrielle Revolution und Bevölkerungsexplosion verwandeln die mittelalterlich verwinkelte Wohn- und Kaufmannsstadt Hamburg in wenigen Jahrzehnten in die größte Hafenstadt des Reiches.
1847	Die Hamburg-Amerikanische Packetfahrt Actiengesellschaft (HAPAG), wird gegründet und steigt zur größten Reederei der Welt wird und Hamburg an die Welt anschließt.

1848	Im Revolutionsjahr bleibt Hamburg ruhig, aber wieder wird eine neue Verfassung verabschiedet. Seither heißt der Rat ›Senat‹.
1853	Altona verliert das dänische Zollprivileg, Ottensen behält es und profitiert nun allein vom zollfreien Status vor den Toren Hamburgs.
1861	Die Torsperre wird aufgehoben, Hamburg wächst: Dörfer und Vororte werden integriert.
1864	Deutsch-Dänischer Krieg, Dänemark verliert die Herzogtümer Schleswig und Holstein an Preußen, damit auch Altona und Ottensen.
1867	Hamburg tritt dem Norddeutschen Bund bei, Hoheitsrechte werden aufgegeben.
1869	Eröffnung der Kunsthalle.
1881	Zollanschluss ans Deutsche Reich, der Freihafen entsteht, 26 000 Menschen müssen umgesiedelt werden, Renaissance- und Barockhäuser werden abgerissen.
1888	Auf Druck Preußens tritt Hamburg dem deutschen Zollgebiet bei, der Freihafen bleibt davon ausgeschlossen, die Speicherstadt entsteht. Die Umschlagzahlen im Warenhandel schnellen rasant in die Höhe.
1892	Eine Cholera-Epidemie fordert 8605 Todesopfer.
1895	Der Nord-Ostsee-Kanal wird eingeweiht.
1897	Das prunkvolle Rathaus ist vollendet und wird mit der Börse vereint.

Hamburg im 20. Jh.

1911	Einweihung des Alten Elbtunnels, der eine technische Glanzleistung seiner Zeit darstellt, sowie des Luftschiffhafens in Fuhlsbüttel.
1912	Die Einwohnerzahl übersteigt die Millionengrenze, die erste U-Bahn-Linie wird eröffnet.
1930	Abriss des Gängeviertels in der Neustadt wegen der mangelhaften hygienischen Verhältnisse.
1937	Unter den Nationalsozialisten, die Hamburg seit 1933 regieren, wird das Groß-Hamburg-Gesetz verabschiedet: Altona, Harburg und Wandsbek werden eingemeindet.

| 1943 | Im Zweiten Weltkrieg legen britische Bomber Hamburg (im Juli 1943) in Schutt und Asche, mehr als 30 000 Menschen sterben. |

1943 Im Zweiten Weltkrieg legen britische Bomber Hamburg (im Juli 1943) in Schutt und Asche, mehr als 30 000 Menschen sterben.

1945 Am 3. Mai nehmen britische Truppen Hamburg ein.

1946 Erste Wahl der Bürgerschaft nach dem Zweiten Weltkrieg: Der 1933 in die USA emigrierte ehemalige Bürgermeister von Altona, Max Brauer, lenkt die Geschicke der Stadt beim Wiederaufbau.

1952 Im Bunker auf dem Heiligengeistfeld geht das erste Fernsehprogramm Deutschlands auf Sendung.

1962 In der Nacht vom 16. auf den 17. Februar überrascht die Hamburger eine Sturmflut im Schlaf. Ein Sechstel des Stadtgebiets wird überflutet, 315 Menschen sterben.

1974 Fertigstellung der über den Hafen führenden Köhlbrandbrücke.

1975 Der neue Elbtunnel, der die A7 unter der Elbe hindurch nach Norden führt, wird eingeweiht.

1996 Der internationale Seegerichtshof zieht nach Hamburg.

Das 21. Jahrhundert

2001 Nach den Bürgerschaftswahlen tritt eine Koalition aus CDU, Schill-Partei und FDP an die Stelle der jahrzehntelangen SPD-Regierung.

2007 Grundsteinlegung für die Elbphilharmonie in der HafenCity, die der Strahlkraft von Sydneys Opernhaus vergleichbar werden soll.

2008 Die erste schwarz-grüne Regierung auf Landesebene mit Ole von Beust (CDU) als Bürgermeister und Christa Goetsch (Die Grünen/GAL) als seiner Stellvertreterin wird gebildet. Sternschanze und die neu entstehende HafenCity erhalten den Status eigener Stadtteile.

2010 Trotz schwieriger Finanzlage der Stadt und einer Kostenexplosion beim Bau der Elbphilharmonie wird am 28. Mai Richtfest für das spektakuläre Konzerthaus in der HafenCity gefeiert. Die für 2011 geplante Eröffnung ist nun für 2013 avisiert. Für andere Teile des gigantischen Projekts, wie etwa das Science Center, muss die Finanzierung neu gesichert werden, der Baubeginn verzögert sich auf unbestimmte Zeit.

Der FC St. Pauli schafft erneut den Sprung in die 1. Fußballbundesliga.

Die Stadt und das Wasser

Wasser ist in Hamburg das zentrale Element. Neben Elbe und Alster durchziehen unzählige Kanäle die Stadt. Das Wasser ist durch den Hafen auch ein bedeutender Wirtschaftsfaktor – aber das ist nicht alles. Es prägt das Lebensgefühl der Hamburger von Grund auf.

Die Elbe schmeckt nach Nordsee, Fernweh und der lokalen Biersorte Astra. Die Alster hingegen verteilt mit ihrer unvergleichlichen Atmosphäre das Privileg von Anmut und Lebensart inmitten der Stadt großzügig an alle Besucher und Einwohner.

Der Zugang zum Alsterufer war für die Öffentlichkeit lange Zeit nicht möglich. Erst nach dem Zweiten Weltkrieg gelang es der Stadt Hamburg, die Wassergrundstücke der reichen Bürger rund um die Außenalster zu kaufen und die Zone um diesen riesigen Stadtsee im Rahmen der internationalen Gartenausstellung 1953 als Park zu gestalten.

Gelungene Fusion

»Der Elbe Schiffahrt macht uns reicher. Die Alster lehrt gesellig sein«, schrieb begeistert der Hamburger Dichter Friedrich Hagedorn (1708–1754) zu einer Zeit, in der das Bürgertum allmählich entdeckte, dass das Leben nicht nur aus Beten und Arbeiten besteht, sondern Glück oder zumindest Vergnügen durchaus auf Erden zu haben ist. Der Dichter wusste ausgelassene Bootspartien auf der Alster zu genießen: »Beförderer vieler Lustbarkeiten/ Du angenehmer Alsterfluss / Du mehrest Hamburgs Seltenheiten / Und ihren fröhlichen Genuss ...«

Zu diesen hamburgischen ›Seltenheiten‹ gehören auch die vielen verwunschenen Kanäle rund um die Alster, die in unterschiedlichste Stadtteile führen und schließlich auch die Alster mit der Elbe verbinden – eine Art freundliche Übernahme oder ein Fall von gelungener Fusion.

Kanäle als Lebensadern

Die heute so idyllisch anmutenden Kanäle sind aus rein nützlichen Erwägungen entstanden. Entwässerung und Gütertransport standen im 19. und beginnenden 20. Jh. auf der Agenda, der Zeit der großen Kanalarbeiten. Noch bis Ende des 19. Jh. verkehrten die Alsterschuten, ›Böcke‹ genannt, vom Oberlauf der Alster bis in den Alstersee. Flussabwärts wurden die Boote mit langen Stangen gesteuert, zurück von Pferden und Menschen gezogen, zum Beispiel entlang des heute besonders noblen Leinpfads. Aber schon 1860 wurde eine größere Zahl Schiffe eingesetzt, die nicht allein auf dem Alsterbassin und dem Oberlauf der Alster bis Eppendorf und Winterhude, sondern auch auf den kanalisierten

Nebenbächen Eilbek, Osterbek und Isebek eine regelmäßige Verbindung zur Personenbeförderung unterhielten.

Gute Wasserqualität

In der Anfangszeit der Alstertouristik war die Schifffahrt allerdings kein ungetrübtes Vergnügen. Der Alstersee war ungeheuer verdreckt und musste 1884 ausgebaggert werden; die Osterbek, hieß es 1894, sei gelblich-weiß und trüb und rieche seltsam nach Hefewasser, die Eilbek sei schwarz und schaumig und der Isebek ein übel riechender Graben mit pestilenzartigen Ausdünstungen.

Heute haben die Alster und ihre Seitenkanäle Badequalität dank milliardenschwerer Sanierungsmaßnahmen.

Die braune Farbe haben sie behalten, es handelt sich um die natürliche Tönung von Moorwasser. Die Wasserqualität erlaubt es aber durchaus, in der Außenalster zu schwimmen, was man ganz offiziell im Stadtparksee schon lange kann. Und in der Elbe auch. Vorbei die Zeiten, in denen die Elbfischer ihren Fang wegen zu hoher Belastung mit Schadstoffen, die nicht zuletzt den Industrieabwässern der ehemaligen DDR geschuldet waren, vernichten mussten.

Die Hamburger lieben ihre Elbe, wo sie barfuß auf dem Elbestrand spazieren gehen, sobald das Wetter es erlaubt. Und sie lieben die Alster, auf der sich an Sommerwochenenden Hunderte kleiner Segler tummeln – eine Traumkulisse für Jogger, Spaziergänger und Müßiggänger in den Grünanlagen drumherum.

Die Alster macht's möglich – Segeln mitten in der Stadt

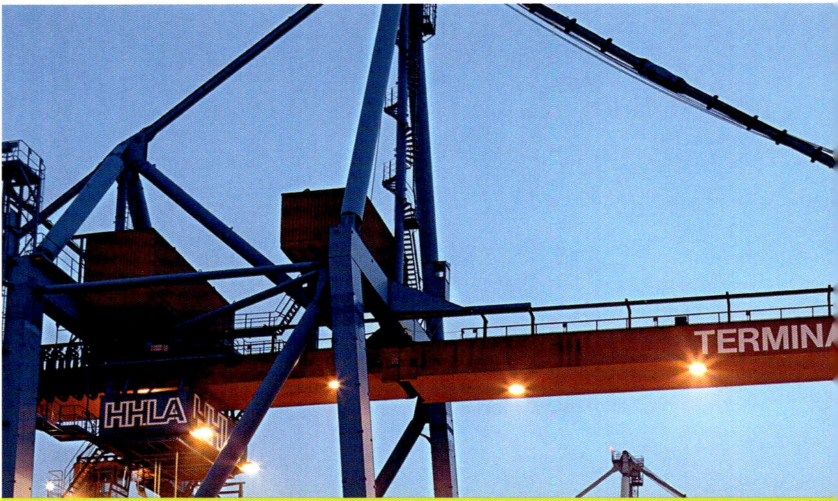
TERMINA
HHLA

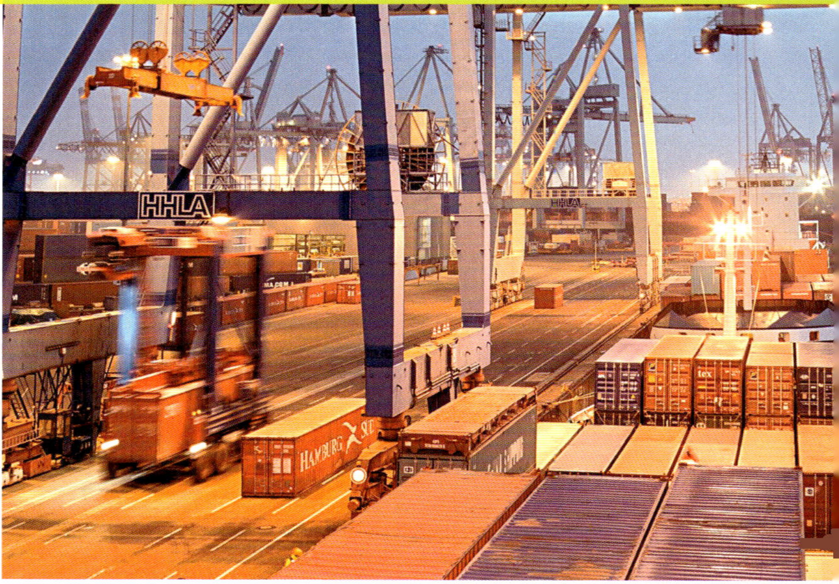
HHLA
HAMBURG

Hamburg ohne Hafen – das ist so wenig vorstellbar wie Berlin ohne das Brandenburger Tor. Seine Keimzelle ist so alt wie die Hansestadt selbst. Die Zukunft des Hafens hat längst begonnen. Das Reich der Docks, der Kräne und Container prägt die Stadt auf besondere Weise. Es ist Warenumschlagplatz und Touristenattraktion zugleich.

Hamburgs Hafen nimmt fast ein Zehntel des gesamten Stadtgebiets ein, die Kräne am Containerterminal ragen höher in den Himmel als der Michel. Und die Signale stehen deutlich auf Wachs-

Asienimporte im Zuge einer globalisierten Wirtschaft hat diese Entwicklung beflügelt.

Das Container-Zeitalter

Einst war es eine Revolution, als Hafenarbeiter den ersten Container von Bord eines Schiffes wuchteten. Damals waren fünf Leute einen Tag damit beschäftigt. Inzwischen sind Container zur wichtigsten ›Verpackung‹ im weltweiten Güterverkehr geworden, denn sie können für den Weitertransport vom Schiff direkt auf Lkw und Bahn

Nerv und Herz der Metropole – der Hafen

tum. In den 1980er-Jahren war der Hafen auf Rang fünf der wichtigsten europäischen Häfen abgerutscht, doch dank der Entscheidung des Jahres 1967, den Hafen zum Containerhafen auszubauen, boomt Hamburgs Waterkant heute wieder.

Für dieses Großprojekt musste die Elbe vertieft werden und ein komplettes Dorf, Altenwerder, musste weichen. Nur die Kirche blieb stehen und erinnert an die Umsiedlungsaktion. Danach konnte der eigentliche Hafen weiter nach Westen verlegt werden.

Heute nimmt der Hamburger Hafen weltweit einen der vorderen Plätze auf der Rangliste der größten Häfen ein: International steht er auf Platz neun, in Europa nach Rotterdam und Antwerpen auf Platz zwei. Der Boom der

umgeladen werden. Der weltweite Güterhandel veränderte sich dadurch von Grund auf. Heute braucht ein Kranführer drei Minuten, um einen Container vom Schiff an Land zu heben. 2002 ging am Containerterminal Altenwerder die modernste Containeranlage der Welt in Betrieb. Tag und Nacht landen neue Containerschiffe an den vier großen Terminals Waltershof, Burchardkai, Tollerort und Altenwerder.

In den Terminals werden die Container auf 26 lang gestreckten Parkflächen in zehn Reihen nebeneinander und fünf Lagen übereinandergestapelt. Darüber spannen sich – wie überdimensionale Türrahmen – je zwei Portalkräne. Durchschnittlich bleibt ein Container vier Tage im Lager, bevor es zurückgeht auf die Weltmeere.

Infos
www.hafen-hamburg.de
www.freihafen-hamburg.de
www.hafenverkehr.de
www.hhla.de
Unter dem Titel ›Auge in Auge mit
den Giganten‹ bietet Jasper Reisen
sehr informative Touren durch
den Containerhafen an (s. S. 21).

Wirtschaftsfaktor Hafen

156 000 Menschen arbeiten heute im
Hafen. Und er sichert weitere Arbeits-
plätze, denn Hunderte Firmen existieren durch und für den Hafen. Er ist das
deutsche Außenhandelszentrum mit
einem Warenumschlagswert von jährlich 60 Milliarden €. Seit 2000 ist der
Containerumschlag um 90 % gewachsen, bis 2015 soll er sich erneut verdoppeln. Etwa 20 000 Schiffe laufen
pro Jahr den Hafen über die 104 km
lange Verbindung vom offenen Meer
nach Hamburg an. Der Hafen ist Ver-
sorgungs- und Distributionszentrale
für den Warenbedarf eines großen
Teils von Europa. Gesteuert wird der
Wirrwarr von Computern. Für die Övel-
gönner und Ottenser ist es lauter geworden, denn der eigentliche Hafen ist

nach Westen gezogen. 12 000 See-
und ebenso viele Binnenschiffe kommen hier jedes Jahr vorbei.

Kreuzfahrt-Tourismus

Das Kreuzfahrtgeschäft in Hamburg
erlebte in den letzten Jahren einen
enormen Aufschwung. Das Hamburg
Cruise Center in der HafenCity lockt so
viele Kreuzfahrtschiffe und internationale Gäste an wie nie zuvor. Das Lieb-
lingsschiff der Hamburger ist die
›Queen Mary 2‹. Wenn sie kommt, gibt
es immer einen Riesenempfang.

Internationale Drehscheibe

Im April 2007 wurde in Hamburg
Europas modernster Seehafenbahnhof
Alte Süderelbe neu eröffnet. Mit In-
vestitionen von 28 Mio. € erweiterte
man die Anlagen umfassend – ein weiterer Schritt beim Ausbau des Hafens
zum führenden europäischen Logistik-
zentrum. »Hamburg boomt, weil wir
die Drehscheibe der internationalen
Warenströme zwischen Asien, den blü-
henden Märkten des Ostseeraumes
und ganz Mitteleuropa sind«, sagt Bürgermeister Ole von Beust.

Die asiatischen Länder sind die wichtigsten Handelspartner Hamburgs, allen voran China, Singapur, Japan und
Südkorea. Mehr als 400 chinesische Firmen haben einen Sitz in Hamburg, ihrem Einfallstor nach Europa.

2007 wurde an den Umschlagtermi-
nals des Hamburger Hafens erstmals
die Rekordzahl von 140,4 Mio. Tonnen
im Seegüterumschlag abgefertigt. Das
entspricht einem Zuwachs von 4,1 %
gegenüber dem Vorjahr und bedeutet
üppige Gewinne.

Weiß und Rot – Kaufmannsvillen und Backsteinviertel

Die Schöne im Norden feilt an ihren Fassaden und will noch attraktiver werden. Was die Gründerzeit- und Backsteinarchitektur angeht, besitzt Hamburg das geschlossenste und architektonisch reichste Stadtbild aller deutschen Metropolen.

»Wohl keine Kulturstadt der Welt hat eine solche Selbstzerstörungslust entwickelt wie Hamburg. Hamburg hätte die Stadt der Renaissance sein können, des Barock und des Rokoko – doch all diese Schätze wurden stets begeistert dem Kommerz geopfert. An die Stelle barocker Wohnhäuser wurden neubarocke Kontorblocks getürmt, und noch immer ist jeder Neubau ein Schlag ins Gesicht der Stadt«, schrieb 1912 Alfred Lichtwark, der Direktor der Kunsthalle.

Hamburg ging und geht mit der eigenen Geschichte relativ unsentimental um. Das dokumentiert gerade auch der Umgang mit der Gründungsgeschichte: Dort, wo die erste Siedlung, die Hammaburg, stand und später der 1803 geschleifte Dom, befindet sich heute ein Parkplatz. Zum Bau der Speicherstadt am Ende des 19. Jh. siedelte man 20 000 Menschen um. Zwar entstand mit der Speicherstadt ein einzigartiges Baudenkmal, doch auch über dessen Verkauf hat der Senat nachgedacht. Das alte Gängeviertel wurde in den 1930er-Jahren plattgemacht, den Altonaer Bahnhof hat man Anfang der

Hamburger Stadtvilla am Harvestehuder Weg

1970er-Jahre abgerissen. Zur selben Zeit wurde der ganze Stadtteil Altenwerder für den Containerhafen zerstört. Um auf Lichtwark zurückzukommen: Es sind kaum Gebäude aus dem 18. Jh. erhalten, und das liegt nicht nur am Brand von 1842 oder den beiden Weltkriegen, sondern ist auch der gewinnorientierten Sanierungswut der Hanseaten zu verdanken.

Prachtvillen und roter Backstein

Eines jedoch hat die Stadt in großer Vielfalt vorzuweisen: die weißen Prachtbauten der Gründerzeit, der Wende zum 20. Jh. Nach der Aufhebung der Torsperre 1866 wurden Harvestehude und Eppendorf erschlossen. Die Viertel waren bis dahin noch ländliche Vororte, die einst auf dem Gebiet eines Zisterzienserklosters lagen. Straßen wurden angelegt, Wohnhäuser gebaut und auf Gewerbe- und Industrieanlagen wurde konsequent verzichtet. Die Äcker verwandelten sich in Hamburgs feine Stube. Das schönste Jugendstilensemble bilden die Häuser in der Isestraße ab Nummer 109. Geräumige Wohnungen verstecken sich hinter den schneeweißen Fassaden mit ihren gepflegten Vorgärten, schmiedeeisernem Zierrat, Erkern und Balkonen. Vergleichbares gilt für die Häuser in der Hochallee 117–123 und die Bauten in der Oderfelder Straße 3–15. Dort spiegelt Hamburgs Architektur den kaufmännischen Bürgergeist in besonderer Weise wider. In Hamburg steht jedes Bauwerk für sich und trägt doch zum Ganzen bei, seien es die ruhigen Villenstraßen Harvestehudes oder die Kaufmannspaläste an der Außenalster. Die Krönung der weißen Pracht: das Schauspielhaus, 1900 von Fellner und

Helmer erbaut, und das Atlantic Hotel, das seit 1909 wie ein zu Stein gewordener Ozeandampfer am Ufer der Außenalster thront.

Eine andere Prägung erfuhr Hamburg durch die roten Backsteinbauten mit grünen Kupferdächern. Noch bis in die 1980er-Jahre hieß es bei hiesigen Baumeistern: »Stein auf Stein, Klinker muss es sein.« Entscheidenden Anteil daran hatte von 1909 bis 1933 Fritz Schumacher, der damalige Oberbaudirektor. Er prägte vor allem das Kontorhausviertel (s. S. 127).

Als Architekt entwarf Schumacher die Finanzverwaltung am Gänsemarkt, die Davidwache auf der Reeperbahn,

Auch die historischen Speicher – wie hier am Nikolaifleet – sind aus Backstein

das Johanneum in Winterhude und viele andere Rotklinker-Gebäude in der Stadt. Eines der bedeutendsten Baudenkmäler schuf Architekt Fritz Höger mit dem Chilehaus 1922–24. Er hatte den ›Geist des Ortes‹ durch den typischen norddeutschen Klinker auf besondere Weise herausgearbeitet. Die an einen Schiffsbug erinnernde Ostseite des vielgeschossigen Chilehauses wurde für Höger und Hamburg ein höchst wirkungsvolles Markenzeichen. Ein weiteres eindrucksvolles Rotklinkerensemble ist das Damenstift St. Johannis in der Heilwigstraße, ein 1914 fertiggestellter Bau im englischen Landhausstil.

Baudenkmal Jarrestadt

Backstein war schon immer der Baustoff des Nordens, wie die alten Speicher zeigen. Und er prägt auch die Jarrestadt, ein Beispiel der Arbeiterarchitektur der Weimarer Republik: »Die Jarrestadt ist eine Angelegenheit der Nützlichkeit, eine Aktion gegen die Wohnungsnot gewesen und trotzdem ein Baudenkmal geworden.« Schon 1931 wurde das Backsteinensemble in Winterhude unter Denkmalschutz gestellt. Der Städteplaner Schumacher hatte die Jarrestadt zur Chefsache gemacht und damit die erste Trutzburg des sozialen Wohnungsbaus geschaffen.

77

Hanseaten sind anders – elegant, ohne zu protzen

Das ›geheimnisvolle‹ Hanseatentum ist mit der Vorstellung von einer geschlossenen Gesellschaft verbunden. Aber so schlimm, wie es scheint, ist es gar nicht. Das Herz liegt bei den Hanseaten nicht auf der Zunge, wie man das gern von Rheinländern behaupet, aber das hat auch Vorteile.

Der Berliner lebt nach dem Motto: »Mir kann keener!«. Die Devise des Hamburgers lautet hingegen: »Mi köhnt se all'.« Mich können sie alle mal.

Understatement

Eine gewisse Selbstgewissheit – andere mögen es auch Stolz oder Arroganz nennen – ist den Hamburgern eigen. Ein prunkloser Stolz, denn Protz finden Hanseaten geradezu degoutant. Prätention lehner sie ab, deswegen sollte man als Zugezogener erst gar nicht versuchen, nicht einmal nach zwanzig oder mehr Jahren, sich gegenüber einem Hamburger als ein solcher auszugeben.

Auch mag man es in der Hansestadt nicht, wenn sich jemand besonders in Szene setzt, die Reaktion lautet kurz und knapp: »Pedd di man nich op'n Slipps!«, was bedeutet: Spiel dich mal nicht so auf. Entsprechend ist auch der Kleidungsstil: Understatement, unaufdringlich, aber elegant. Dem Hamburger gefällt alles, was britisch ist: Barbour-Jacken, Burberry's, Dufflecoats und edle Clubs, in denen man unter sich bleibt.

Man kauft bevorzugt da, wo man schon immer gekauft hat. Offensichtlich teure Autos fährt man nicht, aber

Qualität lässt man sich was kosten. Man speist immer in denselben Restaurants und goutiert es, begrüßt zu werden, aber bitteschön diskret. Angeberei gilt als obszön: Wenn man ein teures Auto fährt, wird es nicht direkt vor der Clubtür geparkt, und geschminkt geht man weder segeln noch joggen. Als eines der Wahrzeichen der geschlossenen Gesellschaft galten jahrzehntelang die erlesenen Sportklubs. Denn hier ging es nicht nur um

Stadt der Stifter. Wohlstand verbunden mit viel Gemeinsinn hat eine blühende Stiftungslandschaft geschaffen, auf die die Hamburger stolz sind.

Aus alt wird neu

Auch das Stadtbild verrät den Charakter. Es offenbart vor allem, dass Hamburg eine lange Tradition hat, sich von Altem zu trennen. Mag man auch be-

den Sport. Hier lernte man fürs Leben, hanseatisch zu denken. Und es ist nicht gerade hanseatisch, einen Hamburger, den man kaum kennt, zu duzen. Schon gar nicht auf Wahlplakaten: »Ole von Beust. Dein Bürgermeister.« In Hamburg duzt man sich per Sie. Man spricht jemanden mit Vornamen und »Sie« an. Manchmal jahrelang. Manchmal ein ganzes Leben.

Hamburg geht ›stiften‹

Man hat seinen Arzt, seinen Anwalt und seine Beziehungen. Im Herzen sind die Hamburger konservativ-liberal, selbst wenn sie SPD wählen. Man setzt auf Toleranz und Verhandlung. Leben und leben lassen, das ist die Devise! Hamburg hat die größte Millionärsdichte Deutschlands und mit mehr als 1000 Stiftungen doppelt so viele wie Berlin oder München. Es ist die

klagen, dass seine Bürger jede Chance zum Abriss nutzten, so zeigt sich dabei auch eine gewisse Unsentimentalität. Wenn es aus ökonomischen Gründen notwendig ist, muss halt was Neues her. Eine Stadtschloss-Wiederaufbau-Diskussion wie in Berlin ist hier kaum denkbar. Ein profitables Baugrundstück? Man wäre erleichtert, dass der alte Kasten weg ist. Wenn gebaut wird, darf es nicht das menschliche Maß überfordern, es gibt kaum Hochhäuser in der City. Alles ist überschaubar: Freie Sicht für freie Bürger! Selbst im Umgang mit den Toten behält man immer eine gewisse Diesseitigkeit. Der Ohlsdorfer Friedhof zum Beispiel ist vor allem ein Park für die Lebenden.

Was im Süden Deutschlands der Adel ist, sind hier die großen Reeder- und Kaufmannsfamilien. So wird noch immer gern nach Vermögen und Einfluss geheiratet. Und wenn man sich trennt, dann möglichst gütlich.

Hamburg ist die Stadt der traditionsreichen Verlage und ein immer noch begehrter Standort der Film- und Fernsehbranche.

Führend ist Hamburg bis heute vor allem im Printbereich, auch wenn der Axel Springer Verlag seine auflagenstarke Rote Gruppe (Bild, Bild am Sonntag) nach Berlin geholt hat.

Die Meinungsmacher aus dem Norden

Trotzdem: Die Hälfte aller in Deutschland erscheinenden Zeitungen und Zeitschriften wird in der Hansestadt

Das wichtigste politische Magazin der Republik, »Der Spiegel«, dessen Redaktionshaus nur einen halben Kilometer von Springer entfernt an der Willy-Brandt-Straße liegt, befand sich politisch damals in der größtmöglichen Distanz zu Springers Welt-Bild. Was dies angeht, hat sich natürlich auch beim Spiegel einiges geändert. Europas auflagenstärkste Illustrierte, das Magazin »Der Stern«, teilt sich ein Haus an der Elbe mit »GEO« und »Brigitte«, um nur die Bestseller aus dem Verlag Gruner + Jahr zu nennen (Abb. rechts: Verlagshaus Gruner + Jahr). Schließlich wird in Hamburg die Wochenzeitung »Die Zeit« gemacht, die ein Herz für intelligente Leser zeigt.

Springer & Co. – Medienstadt Hamburg

verlegt. Die geballte Meinungsmacht aus dem Norden ist mit legendären Namen wie Rudolf Augstein, Henri Nannen oder Axel Springer verknüpft, die neben der deutschen Presselandschaft auch die Geschichte und Geschicke Deutschlands ein halbes Jahrhundert lang (mit-)prägten.

Dies geschah mit unterschiedlichen Mitteln und Auffassungen: Die Boulevardzeitung »Bild« aus dem Axel Springer Verlag, Europas auflagenstärkste Tageszeitung (4,5 Mio.), sorgte lange Zeit für Protestmärsche linker Gruppierungen vor dem Verlagshaus in der Innenstadt. Tempi passati. Bis auf die Hamburger Lokalredaktion ist das Flaggschiff nach Berlin Mitte gezogen.

Das Fernsehen

Der NDR, die zweitgrößte ARD-Anstalt, und das Landesfunkhaus Hamburg sind in der Stadt sehr präsent – durch Regionalberichterstattung, aber vor allem durch Sendungen wie die »Tagesschau« oder »Tagesthemen«.

Vom Kleinkinderprogramm wie der »Sesamstraße« bis zur Late-Night-Talkshow mit Reinhold Beckmann oder seinem Kollegen Johannes B. Kerner (fürs ZDF) – alles made in Hamburg. Auch Kommissarin Bella Block, Hannelore Hoger, ist ein Hamburger Gewächs.

Eine große Rolle spielt traditionell das Studio Hamburg im Film und Fern-

sehgeschäft. Hier werden für ARD und ZDF, aber auch für die privaten Sender Talkshows, Serien und Spielfilme produziert. Neben den Großen im TV-Geschäft haben sich neue, kleinere und mittlere Kinoproduktionsfirmen wie Wüste-Film (»Solino«, »Kurz und schmerzlos«) oder Fatih Akins »Corazon« (»Gegen die Wand«, »Auf der anderen Seite«), Relevant-Film (»Rennschwein Rudi Rüssel« von Peter Timm), aber auch Michael Schaack mit seiner höchst erfolgreichen TFC–Trickcompany (»Kleines Arschloch«, »Werner«-Filme) etabliert. Aufbauhilfe liefert immer wieder die Hamburg-Schleswig-Holsteinische Filmförderung, die Filmemacher und Produzenten vom ersten Drehbuchentwurf bis zum Verleih unterstützt.

Harry Potters zweite Heimat

Kulturellen Reichtum bescheren Hamburg traditionell die weit über 100 Buchverlage. Einer ist auf einen Schlag reich und berühmt geworden: der Carlsen Verlag in Ottensen – Harry Potter sei Dank. Am Rand der Stadt in Reinbek sitzt der Rowohlt Verlag, einst berühmt für seine rororo-Taschenbücher, für politische Reihen und eine große Neigung zu amerikanischen Schriftstellern. Hoffmann und Campe, der Verlag von Heinrich Heine, gehört auch zu den größeren im Hamburger Gewerbe und verdient heute neben Literaten wie Doris Lessing einen Großteil durch die Werke Prominenter wie Ex-Tagesthemen-Moderator Ulrich Wickert, Frisör Gerhard Meir oder Hellmuth Karasek. Vor allem im Sachbuch-Bereich schafft es der Verlag immer wieder mit Büchern wie zum Beispiel »Gestatten: Elite« auf die Bestseller-Listen.

Aber auch die kleineren Verlage sind zäh. Die kleine, aber feine edition nautilus hat mit Andrea Maria Schenkels »Tannöd« einen guten Riecher gehabt und sich zu Recht eine goldene Nase verdient.

Eine immer größere Rolle spielen im Verlagsgeschäft die Audio-Produktionen. Hamburg liegt auch hier ganz vorne: Der von Verlagsprofi Margrit Osterwold gegründete Hamburger Hörbuchverlag ist sowohl was die Qualität angeht als auch im Umsatz einer der Big Player der Branche.

Axel Springer Verlagshaus

Theater für alle

Die Hamburger haben ein spezielles Verhältnis zu ihren Bühnen. Dabei macht man kein Aufhebens um Äußerlichkeiten: Es gibt keine opulenten Vorplätze zum Renommieren und Flanieren, und selbst zu Premieren kommt das hanseatische Publikum eher leger als aufgebrezelt.

Andererseits ist man sehr besitzergreifend und streng mit ›seinem‹ Theater und neigt zu ungnädigen Abstrafungen, wenn dieses den Erwartungen einmal nicht entspricht. Umwerfender Jubel und erbitterter Zorn begleiten etwa seit jeher die Geschichte des Schauspielhauses, des größten und schönsten Theaters der Stadt (s. S. 46).

Wer eine Leidenschaft für die Bühnenkunst hat, ist also in der Hansestadt gut aufgehoben. Ob Klassiker oder Komödie, große Staatsbühne oder privates Zimmertheater, Bildung oder Amüsement, große TV-Stars oder internationale Gastensembles – Hamburg pflegt eine Theaterkultur, wie sie einer Metropole würdig ist.

Die großen Bühnen

Das Schauspielhaus ist Hamburgs bedeutendste Bühne. Älter als diese imposante Schwester am Hauptbahnhof – und traditionell etwas konservativer am Abonnement-Publikum orientiert – ist die zweite wichtige Bühne der Stadt, das **Thalia Theater** nahe der Binnenalster. Es wurde 1843 von Charles Maurice Schwartzenberger gegründet. Intendant und Schauspieler Boy Gobert (1969–80) brachte mit modernem Regietheater der Kollegen Hans Neuenfels und Peter Zadek frischen Wind in das Traditionshaus. Jürgen Flimm (1985–2000) machte das Thalia durch wirtschaftlich und künstlerisch äußerst erfolgreiche Produktionen wie seine eigenen Tschechow-Inszenierungen oder Bob Wilsons legendären »Black Rider« und seine »Alice im Wunderland« zum Lieblingstheater der Hamburger.

Im Jahr 2000 übernahm Ulrich Khuon das Haus und überraschte mit überzeugenden Inszenierungen zeitgenössischer Autoren, guten Schauspielern und professionellen Regisseuren wie Michael Thalheimer, Stephan Kimmig oder Andreas Kriegenburg. Khuon gründete mit dem Theater in der Gaußstraße eine zweite Bühne des Thalia in Altona. Hier arbeiten vor allem junge Regisseure und das Durchschnittsalter der Zuschauer liegt deutlich unter dem des Mutterhauses. Zur Spielzeit 2008/2009 hat Joachim Lux, ehemals Chefdramaturg der Wiener Burg, das Haus übernommen.

Theater auf dem Kiez

Den künstlerischen Leiter des **St. Pauli-Theaters,** Ulrich Waller, hat es gereizt, auf der Reeperbahn etwas Neues auszuprobieren. Er hat gemeinsam mit seinem Partner Thomas Collien aus dem vor allem mit Comedy und Musi-

cals bespielten Haus das gemacht, was es eigentlich mal war – ein Volkstheater. Programmatisch steht dafür seine »Dreigroschenoper« mit einer hochkarätigen Besetzung von Starschauspielern wie Eva Mattes, Uli Tukur und Christian Redl, aber auch den alten Großmeister Zadek reizt es, auf St. Pauli seine Meisterschaft zu zeigen.

Dass der Kiez wieder etwas mit Kultur zu tun hat, ist nicht zuletzt das Verdienst von Corny Littmann. Zusammen mit Ernie Reinhardt, bekannt als Lilo Wanders, und Gunther Schmidt eröffnete er 1988 das **Schmidt**, ein plüschiges Theater mit roten Sesseln und Sofas, in dem man mit schrägen Shows, Varieté und schwulen Sichtweisen beglückt wurde. Das 2003 abgerissene Schmidt-Theater wurde 2005 zu einem stilvollen Entertainment-Palast umgebaut.

Bereits 1991 war das **Schmidts Tivoli** hinzugekommen, mit 600 Plätzen mehr als doppelt so groß wie das Schmidt. Im Tivoli laufen hauseigene Inszenierungen von Musicals und Revuen wie »Cabaret«, »FiftyFifty«, »Swinging St. Pauli«. Ein großartiger Coup, inszeniert von Corny Littmann höchstselbst: »Heiße Ecke«, ein Longseller-Musical über die Reeperbahn.

Innovativ – die Kampnagelfabrik

Corny Littmann gehörte übrigens auch zu denjenigen freischaffenden Theaterleuten, die Anfang der 1980er-Jahre in einer ›Besetzungsprobe‹ das Kampnagelgelände für die freie Szene okkupierten.

Aus der lockeren Vereinsstruktur wurde inzwischen ein viertes Hamburger Staatstheater. Auch wenn das Kampnagel durch den Abriss diverser Hallen und umklammernde Wohnbe-

---

Theater im Zelt
Außerhalb der üblichen ›Schubladen‹ agieren die **Fliegenden Bauten,** die in ihrem großen Theaterzelt gegenüber dem Dom, nicht weit vom Kiez, zu einem wechselnden Gastspielprogramm von internationalem Varieté, Musiktheater und Konzerten einladen.

bauung etwas vom morbiden Fabrikcharme eingebüßt hat: Wer innovatives, großartiges Tanz-, Musik- oder Sprechtheater sehen will, ist hier genau richtig. Ob Eigenproduktionen oder internationale Gastspiele – Intendantin Amelie Deuflhardt, die seit 2007 die Geschicke des Geländes in der Hand hat, setzt künstlerisch auf einen Spagat: Weltstadtniveau und Einbindung der Anwohner.

Up Platt ...

Das Ohnsorg-Theater, Hamburgs Klassiker, ist die einzige deutsche Bühne, die ausschließlich plattdeutsche Stücke aufführt. Wer glaubt, dass er das Ohnsorg Theater aus dem Fernsehen kennt, der hat sich geirrt. Erstens waren die TV-Aufzeichnungen von damals nur plattdeutsch light und zweitens haben sich Spielplan, Stückauswahl und Ensemble unter der Leitung von Intendant Christian Seeler zu einer plattdeutschen Volksbühne entwickelt, die sich neben dem Lustspiel durchaus auch mal eine »Mutter Courage«-Inszenierung leistet. Die Platzauslastung ist seit Jahren spitze.

... und noch mehr Schauspielkunst

Das vergleichsweise kleine Privattheater **Hamburger Kammerspiele,** das mit geringen Subventionen auskommen muss, konnte sich unter dem Intendanten-Duo Tukur und Waller mit exzellenten Schauspielern und unterhaltsamen Publikumsrennern wie »Kunst« oder »Gebrüder Wolf« und provokanten Produktionen wie Zadeks »Gesäubert« zu einem der drei wichtigsten Sprechtheater der Stadt entwi-

Foolsgarden
Das kleinste Theater Hamburgs liegt im Schanzenviertel. Eine Übereckbühne, auf der Kleinkünstler, Geschichtenerzähler, Stand-Up Comedians und Musiker auftreten. Die Inhaberin, die schon vor 30 Jahren Entertainment-Talente wie Django Edwards in ihrem Foolsgarden versammelte, ist selbst eine Überlebenskünstlerin. Und unermüdliche Entdeckerin und Förderin neuer Talente.

ckeln. Im Jahre 2003 hat Axel Schneider, Intendant des Altonaer und des Harburger Theaters, die Kammerspiele mit übernommen. Ihm ist es gelungen, an die Erfolgskurve seiner Vorgänger mit eigenen Akzenten anzuknüpfen.

Die Intendantin des **Ernst-Deutsch-Theaters,** Isabella Vertes-Schütter, Schauspielerin und Medizinerin, leitet das Haus ihres verstorbenen Gatten Friedrich Schütter seit 1995. Sie vertraut auf hauseigene, auch überregional bekannte Stars wie Volker Lechtenbrink oder Daniela Ziegler und einen gemischten Spielplan von Goethe, Molière bis David Hare, lässt aber auch junge Talente ans Regiepult oder auf die Bühne. Sie hat durch gezielte Ansprache der Hamburger Schulen ihr Publikum erheblich verjüngen können.

Nomen est omen – die Komödie **Winterhuder Fährhaus,** schön gelegen an einem Alsterarm, setzt auf guten Boulevard, meist mit TV-Star-Besetzung. Intendant Michael Lang versucht seit einiger Zeit auf einer kleinen Nebenbühne, das Haus mit seiner Reihe ›Kontraste‹ programmatisch auch für ein jüngeres Publikum attraktiv zu machen.

Die Literaturszene –
Prosa, Poetry und Pils

Trotz langlebigem Pfeffersack-Image hat Hamburg in puncto Kultur jede Menge zu bieten. Die örtliche Literaturszene blickt nicht nur auf eine erstaunliche Tradition zurück, sondern mischt auch im Hier und Heute der Dichtkunst kräftig mit. Das beweisen beispielsweise Autoren wie Siegfried Lenz, der nunmehr verstorbene Peter Rühmkorf, Brigitte Kronauer, Ingvar Ambjörnsen, Harry Rowohlt, Ulla Hahn und Petra Oelker, die allesamt unter Hamburger Dächern zwischen Elbe und Alster schreiben.

Literaturhaus

Die Adresse Nummer eins im hiesigen literarischen Leben ist das Literaturhaus in einer altehrwürdigen Villa am Schwanenwik. Geistesgrößen von internationalem Rang und passend ehrwürdigem Alter wie Günter Grass oder Umberto Eco sind hier zu Gast, aber auch jüngere Literaten, die sich in den großen Verlagen oder auf den Bestsellerlisten gute Plätze sichern konnten. Regelmäßige philosophische Gespräche, bei denen auch schon mal Peter Sloterdijk in Salonatmosphäre von den

Das Literaturhaus am Schwanenwik

Gästen persönlich befragt werden kann oder Lesungen mit Big Shots wie Yazmina Reza gehören zum Programm des Literaturhauschefs Rainer Moritz.

Die Altmeister

Und früher? War auch nicht alles schlecht! Ein Blick in die Hamburger Literaturgeschichte zeigt, wie viele Schriftsteller sich in der Hansestadt durchsetzen konnten: Friedrich Gottlieb Klopstock, der seinerzeit mit seinem Versepos »Der Messias« als Deutschlands größter Dichter galt und dessen Grab an der Ottensener Christianskirche zum Wallfahrtsort wurde. Gotthold Ephraim Lessing, der Verfasser der »Hamburgischen Dramaturgie«, der die Stadt, in die ihn Kaufleute gelockt hatten, wegen des Niedergangs seines Theaters enttäuscht verließ – selbst seine »Minna von Barn-

helm« hatte die Hanseaten gelangweilt.

Matthias Claudius, Redakteur des »Wandsbeker Boten«, und Heinrich Heine, dem sein Onkel Salomon am Jungfernstieg ein kleines Manufakturwarengeschäft eingerichtet hatte, lebten in der Stadt. An den Dichter Heine erinnert das Heine-Haus an der Elbchaussee und ein zweites Heine-Denkmal auf dem Rathausplatz. Das erste ließen die Nazis einschmelzen.

Friedrich Hebbel hat Hamburg kein Glück gebracht. Am Johanneum fiel er durchs Abitur, die Beziehung zur Mutter seiner Kinder ging schnell in die Brüche und seine großen Theaterstücke entstanden anderswo. Richard Dehmel, dem die Hamburger aus Verehrung eine Villa schenkten, Joachim Ringelnatz, Hans Leip mit seiner »Lili Marleen«, Hans Henny Jahn, Hans Erich Nossack waren allesamt gebürtige oder zugereiste Hamburger, die das li-

terarische und gesellschaftliche Leben prägten. Nicht zu vergessen Wolfgang Borchert, der – ohne dass er es noch erleben konnte – mit seinem Stück »Draußen vor der Tür« an den Hamburger Kammerspielen zum Autor der ›Stunde Null‹ avancierte. Sein Geburtshaus steht in der Tarpenbekstraße 82.

Hamburg ist Slamburg!

Und die jungen Poeten? Die sind da, mit aller Macht. Auch wenn der – Nomen est omen – legendäre Machtclub nicht mehr existiert, mischen ›Slam Poets‹, ›Spoken Word Artists‹ und Off-Literaten kräftig mit in der Literaturszene – im Herzen der Club-Kultur in St. Pauli, am Elbstrand, an den Tresen der Stadt. Literatur findet nicht nur auf dem Papier statt. Direkte Interaktion mit dem Publikum ist angesagt.

Wie so oft bei neuen kulturellen Entwicklungen wurde dieser Trend in Szeneclubs und Kneipen begründet. Starke Impulse kamen anfangs aus den USA. In Deutschland ist Hamburg eine Hochburg dieser Entwicklung. Gebündelt wurden die Aktivitäten der jungen Wortkünstler zunächst im Machtclub, einem Zusammenschluss von Aktivisten, Klein verlegern und Literaten, die alle schon einige Jahre in der Hamburger Literatur-Szene aktiv sind. Wenn der Machtclub tagte, dann war die Hütte in der Regel ausverkauft.

Und das galt nicht nur, wenn Wladimir Kaminer oder Georg Klein zu Gast waren. Das Publikum, überwiegend zwischen 20 und 35 Jahren, kommt auch sonst. Man steht, trinkt Bier, feuert die Amateure an, die bei der »Jägermeisterschaft« auf die Bühne steigen und einen kurzen Text zum Besten geben. Zu diesem Wettlesen sind neben Lokalmatadoren auch Neulinge willkommen. Innerhalb eines Zeitlimits tragen die Autoren ihre eigenen Texte vor, über die das Publikum dann lebhaft abstimmt. Nicht alle Texte, die hier einer Öffentlichkeit dargeboten werden, könnten auf Papier bestehen.

Entscheidend ist, dass Literatur plötzlich aus dem Reservat der bildungsbürgerlichen Rituale ausgebrochen ist. Und es ist kein Zufall, dass auch Stars aus der Hochkultur sich mittlerweile daran gewöhnt haben, ihre Texte in Clubs vorzutragen.

Bunker Slam in St. Pauli

»Poetry in Hamburgs härtester Arena« – so werben die Bunker-Slammer für ihre Veranstaltung im Uebel & Gefährlich, dem angesagten Club in einem ehemaligen Luftschutzbunker. Hier lassen die Schnelldichter ihre geistigen Muskeln spielen und jeder versucht, besser als der andere zu sein. Ein harter Kampf mit Poetry! Gnadenlos für die Dichtkunst (s. Kontaktinfo).

Kontaktinfo und weitere Locations
Literaturhaus: Schwanenwik 38, Tel. 040 22 70 20 11, www.literaturhaus-hamburg.de
Uebel& Gefährlich: Feldstr. 66, www.bunkerslam.com
Mathilde Literaturcafé: Bogenstr. 5, www.mathilde-hh.de
Kampnagel: Jarrestr. 20–24, www.kampnagel.de
Foolsgarden: Lerchenstr. 113, www.foolsgarden-theater.de
Kulturhaus 73: Schulterblatt 73, www.dreiundsiebzig.de
Bar 439: Vereinstr. 38, www.literatur-quickie.de

Oper und Ballett

Die Hamburgische Staatsoper ist ein Kulturereignis erster Güte. Dafür sorgen John Neumeiers Ballett-Kompanie ebenso wie seit 2005 die australische Dirigentin Simone Young als Opernintendantin und Generalmusikdirektorin.

Große Dirigenten begleiteten die Geschichte der Staatsoper. Georg Friedrich Händel gehörte eine Zeit lang zum Ensemble, Franz Liszt und Richard Wagner dirigierten hier, Gustav Mahler oblag sogar sechs Jahre lang die musikalische Leitung des von Schinkel 1827 erbauten Hauses, das im Zweiten Weltkrieg vollkommen zerstört wurde. 1955 bezog man dann den von Gerhard Weber entworfenen, für den damaligen Blick avantgardistischen Neubau. Der Moderne, dem Zeitgenössischen zugewandt zeigten sich auch die

nachfolgenden musikalischen Leiter in ihrer Spielplangestaltung. Kompositionsaufträge und viele Uraufführungen prägten die Ära Rolf Liebermann. Bis 2004/05 sorgte Generalmusikdirektor Ingo Metzmacher mit seinem Hausregisseur Peter Konwitschny für ein hohes künstlerisches Niveau – und immer mal wieder für heftige Debatten.

Eine Frau setzt sich durch

2005 hat mit der Dirigentin Simone Young zum ersten Mal in der deutschen Geschichte eine Frau die künstlerische Leitung einer staatlichen Oper übernommen. »Oper ist Drama und Leidenschaft, ausgedrückt durch Gesang, Musik und Szene«, sagt Simone Young. »Sie berührt Herz und Verstand mit einer Unmittelbarkeit, die es heute

89

nicht mehr oft zu erleben gibt.« Seit Simone Young mit dem Hamburger Orchester arbeitet, hat es sich hörbar verändert. Samtweich ist der Klang aus dem Orchestergraben jetzt.

Für ihre erste Spielzeit wurde Simone Young von der Zeitschrift Opernwelt zur »Dirigentin des Jahres« gewählt. Bevor die Australierin nach Hamburg kam, hatte sie als erste Frau den erzkonservativen Herrenclub der Wiener Philharmoniker dirigiert, der bis Anfang der 1990er-Jahre keine weiblichen Mitglieder in seinen Reihen duldete. Die Staatsoper ist also gerüstet für große Projekte und die Jubiläen im Wagner-, Verdi- und Britten-Jahr 2013.

www.hamburgische-staatsoper.de
www.hamburgballett.de

Das Hamburger Ballettwunder

Unmittelbar Herz und Verstand berühren, das schafft auch John Neumeier mit seinen Choreografien. Mit 27 wurde der Amerikaner Deutschlands jüngster Ballettdirektor, damals in Frankfurt. August Everding holte ihn ein paar Jahre später nach Hamburg. 2008 feierte John Neumeier sein 35-jähriges Jubiläum als Ballettdirektor und Chefchoreograf des Hamburg Ballett.

In dieser Zeit hat er ein Ballettwunder vollbracht: Er baute ein Ensemble auf, das inzwischen zu den besten der Welt gehört, gründete eine Ballettschule, um die ihn die Konkurrenz in aller Welt beneidet, und er erzog in seinen immer ausverkauften Ballett-Werkstätten die Hamburger zu begeisterten Tanzfans. Mehr als 125 Choreografien schuf Neumeier bisher. Als Choreograf gilt sein Hauptinteresse der großen Form: Er interpretiert klassische Ballette wie »Der Nussknacker« oder »Dornröschen« neu und sucht in seinen Schöpfungen eigene Erzählstrukturen. So auch in den zahlreichen Shakespeare-Balletten, in »Die Kameliendame« oder in »Nijinskij«.

Schon 1975, in seiner zweiten Spielzeit, rief John Neumeier als Höhepunkt und Abschluss der Saison die ›Hamburger Ballett-Tage‹ ins Leben, die alljährlich mit der ›Nijinskij-Gala‹ enden.

Talentschmiede

Seit 1989 leitet Neumeier ein eigenes Ballettzentrum. In einem Bau von Fritz Schumacher, vormals ein Gymnasium, sind seine Ballettschule für Jugendliche aus aller Welt, das ihr angeschlossene Internat und die Compagnie untergebracht. Hier werden vielversprechende junge Talente für den Bühnentanz ausgebildet, die Schüler arbeiten in insgesamt neun Ballettsälen.

»In erster Linie bin ich Choreograf. Um meine Visionen zu verwirklichen, brauche ich Tänzer, eine Compagnie, die ein unverwechselbares Gesicht hat und die mit mir arbeitet und mit der ich Choreografien entwickeln kann.« Das hat John Neumeier geschafft. Und das ist einmalig in Deutschland.

Wo nachts die Post abgeht – Musikszene zwischen Karo und Kiez

Die interessanten Orte der Hamburger Musik- und Clubszene sind fast alle zwischen Kiez, Karo- und Schanzenviertel beheimatet und selten weiter als 20 Minuten zu Fuß voneinander entfernt.

Das war damals, als Udo Lindenberg noch jung war, anders. Da hat man noch im Onkel Pö die Eppendorfer aufgemischt. Klar, die große Zeit mit den Beatles und dem Star Club, die spielte im Roten Licht St. Pauli. Das ist und bleibt vielleicht so. Aber an die wilden Zeiten Anfang der 1980er im Karoviertel, als Ausgehen und Straßenkampf nur schwer auseinanderzuhalten waren, erinnert heute nicht mehr viel – dennoch ist die Gegend, etwas aufgeschickt natürlich, lebendig geblieben.

Retro- und Tanzbar

Etwa mit Bars wie dem **Yoko Mono**, das tagsüber ganz harmlos mit Kaffee und Kuchen aufwartet, um dann nachts ordentlich loszulegen. Dann verwandelt sich die Retrobar in einen Club, in dem wild getanzt und gesoffen wird, gelegentliche Liveauftritte und ausgesuchte DJs inklusive. Die abgerockte **Egal Bar** in der Marktstraße, eine kleine, herbe Kneipe, in der oft bis in den frühen Morgen gekickert und gefeiert wird, oder die legendäre Marktstube stehen ebenfalls für DJ-Kultur auf engstem Raum.

Action in der Schanze

Schon in den 1980ern fand ein Teil des Nachtlebens im benachbarten Schanzenviertel statt, im »Bermuda-Dreieck« zwischen den Bars **Subito**, **Luxor** und **Kir**, wo Bands wie Bronski Beat ihre ersten Deutschlandkonzerte gaben. Inzwischen ist die Gegend um die Sternbrücke angesagt: In der **Astra Stube** spielen Underground-Bands, im **Souledge** kommen Soul- und Funk-Freunde auf ihre Kosten, im **Waagenbau** führt Hamburgs Hip-Hop- und Elektroszene ihre neuesten Tracks vor. Einen Steinwurf entfernt trotzen die roten Wände der **Roten Flora** und das benachbarte **Kulturhaus 73** mit tanzbaren Live Acts den Verhältnissen.

Mojo Club wird Geschichte

Ende der 1980er erfand am Millerntorplatz in St. Pauli der **Mojo Club** den Dancefloor-Jazz, und Hamburger Musiker trafen sich in den Pinten am Hamburger Berg, um in langen Nächten jenen textlastigen Ansatz zu erdenken, der später als ›Hamburger Schule‹, zu denen unter anderem »Blumfeld« und »Die Sterne« zählen, sein Etikett fand. Das Hamburger Trio Tocotronic eroberte die Charts und lieferte Mitte der 1990er eine Blaupause für unzählige deutschsprachige Jungsbands. Angefangen hatten sie in Heinz Karmers

Live – Nena begeistert ihr Hamburger Publikum

Tanzcafé, einer winzigen Dompinte, die 1997 abgerissen wurde. Auch im Falle von Hamburgs berühmtem Mojo Club nützten alle Appelle nichts: Das Gebäude musste einem Büro- und Shopping-Center weichen.

Chinesische Namen

Das **Mandarin Casino** war ein Ort, an dem sich Jan Eißfeld, der sich heute Delay nennt und längst kein ›Beginner‹ mehr ist, einst wohl fühlte, so wie die Discoboys und andere Musiker der Hamburge Szene. Doch der Szenetreff ist ebenfalls der Stadtplanung, wenn auch vorübergehend, zum Opfer gefallen. In den neuen beiden Tanzenden Türmen wird das Mandarin wieder auferstehen. Mojoclub und andere, die zuvor im Mandarin gastiert haben, sind derweil häufiger im Grünspan zu Gast.

Aber am anderen Ende der Reeperbahn, am Nobistor, wird am späten Abend auf- und losgelegt. In der **China Lounge**, einem ehemaligen China-Restaurant, wird zu House und Breakbeats getanzt. Auf drei Ebenen inklusive beheiztem, überdachtem Garten lässt sich gut die Nacht verbringen.

Die größte Tanzhalle Hamburgs

Und wenn nicht am Nobistor, dann gibt es Livemusik woanders auf dem Kiez: Im **Docks** mutiert die größte Tanzhalle der Reeperbahn zur Großraum-Disco bzw. in der **Prinzenbar** mit ihrem echt schönen Jugendstilambiente oder im **Molotow** zum Beispiel, wo im Keller unterm Spielbudenplatz 5 Indie, Rock'n'Roll- und Punk-Partys eine feste Fangemeinde gefunden ha-

gehaltenen Club feiern können. Ganz ohne Allüren kommt etwas abseits vom Kiez der **Nachthafen** daher, eine ehemalige Kontaktbar eines Bordells. Punk, Soul, Rock'n' Roll vom Band. Sehr angenehm lässige, gemütliche Kneipe.

Goldene Pudel und grüne Jäger

Wer das Morgengrauen nicht fürchtet, kreuzt unten am Hafen im legendären **Golden Pudel Club** auf. Heute eher ein Garant für unterhaltsame DJ-Abende, aber manchmal verirrt sich auch eine Band in das ehemalige Fischerhäuschen, das jetzt renoviert ist und mit einer großzügigeren Dachterrasse aufwartet. Und vielleicht tauchen ja dort mal wieder die Jungs von »Tomte« und »Kettcar« auf, die es als Vertreter der Hamburger Schule inzwischen schon in die deutschen Top 5 und mit Jürgen Vogels Musikfilm »Keine Lieder über die Liebe« ins Kino gebracht haben. Könnte aber auch sein, dass man die Hamburger Bands im **Grünen Jäger** trifft, einem Club auf der Grünfläche zwischen St. Pauli und Schanze. Die Location erstreckt sich über zwei Etagen und hat eine prima Terrasse, auf der häufig und heftig gefeiert wird.

Hafenklang

Einst ›nur‹ Studio an der großen Elbstraße, erfreut das Hafenklang schon viele Jahre seine Gäste mit höchst eigenwilligem Programm und elbnaher Bestlage. Ob japanischer Superpunk, Ska Reggae, Postrock, 50er Rock'n Roll oder psychedelische Klänge – der Ort ist seit Jahren der Meltingpot der kreativen Musikszene. Ein Herzstück Hamburger Kultur. Unverzichtbar!

ben. Eine Live-Location, in der The Hives und The White Stripes schon vor ihrem Durchbruch spielten.

Elektro und House

Der **Ballsaal** ist freitags und samstags ab Mitternacht bei Elektronicfreaks angesagt, im **Neidclub** gibt's Neofunk, House und Breakbeats. Relaxt wird auf einladend großen Sofas auf der Terrasse mit freier Sicht auf das Kieztreiben. Zum Hot Spot für die Rock- und Indie-Fraktion hat sich das **Headcrash** auf dem Hamburger Berg entwickelt.

Nachtblick und Nachthafen

Grandiose Aussicht für Nachtschwärmer bietet das **Terrace Hill**, in dem bis zu 400 Besuchern in dem ganz in Weiß

Nicht zu verwechseln –
der HSV- und der St. Pauli-Fan

Größer kann der Unterschied nicht sein als zwischen einem Anhänger des Hamburger Sportvereins und einem Fan des FC St. Pauli. Es ist fast schon eine Art Klassenkampf, zumindest aber eine Frage der Weltanschauung, für welchen der beiden Vereine man die Fahne hochhält.

Es ist mehr als eine Welt, die zwischen dem HSV und St. Pauli liegt. Das fängt beim Stadion an. Die aus dem altehrwürdigen Volksparkstadion neu erbaute AOL-Arena des HSV liegt autobahngerecht in Hamburgs Nordwesten. Das St. Pauli-Stadion befindet sich mitten in der Stadt, am Millerntor, in Rufweite zur Reeperbahn, weswegen es auch ›Freudenhaus der Liga‹ genannt wird. Der HSV-Fan, der meist von auswärts kommt, muss in jedem Fall weit laufen, um in sein Stadion zu kommen, entweder von der S-Bahn-Station aus oder vom Parkplatz.

Kühle Leidenschaft

Das Stadion ist eher zweckmäßig als schön, eine moderne Emotionsmaschine, in der die Anhänger vor Spielbeginn mit dröhnend lauter Discomusik heiß gemacht und vom Stadionsprecher wie eine Truppe halbwüchsiger Rekruten angeschrien werden, damit sie auch ja die richtigen Namen zu den vorgesagten Vornamen brüllen. Im großzügigen Logen- und VIP-Bereich kriegt man davon wenig mit. Hier wird hemmungslos geschlemmt, denn so richtig leiden konnte die Mannschaft auf dem Rasen bis vor kurzem niemand mehr. Auch die Leidenschaft der Fans in der von der West- zur Nordseite verlegten Fankurve flammt nur kurzfristig auf, um sich dann in großer Enttäuschung immer wieder von den eigenen Spielern abzuwenden. Aber die Leidensbereitschaft ist groß: 30 000–40 000 Anhänger sind immer da.

Die lange fehlende emotionale Bindung hatte natürlich etwas mit der Einkaufspolitik des Vorstandes zu tun, der über Jahre nur zweit- oder drittklassige Spieler im Ausland einkaufte. Alte HSV-Anhänger beschwören die großen vergangenen Zeiten von Uwe Seeler, Manni Kaltz (dem mit der legendären Bananenflanke), Horst Hrubesch oder Franz Beckenbauer, der hier seine deutsche Karriere beendete, und von Trainergrößen wie Ernst Happel oder Manager-Assen wie Günter Netzer. Wer danach kam und spielte, ist heute schon vergessen. Erst durch die Trainer Doll und Stevens hat sich das wieder etwas geändert. Und seit der WM kennt man zumindest Spieler wie van der Vaart oder Jarolim.

Bodenständigkeit

Beim FC St. Pauli ist vieles anders. Das fängt beim Stadion an: Den schäbigen, renovierungsbedürftigen Kasten beherrschen fantasiereiche, an britischen Vorbildern orientierte Gesänge und totenkopfgeschmückte Seeräuberfahnen. Hier wird man – und auch die zaghaft durchgeführte Stadionrenovierung wird daran nichts ändern – an Zeiten erinnert, als Fußball noch mehr war als die Unterbrechung von Werbeblöcken. Je nach Situation haben die Anhänger auf handgemalten Transparenten immer einen guten Spruch dabei.

Weltpokalsiegerbesieger

Auch hier ist die Leidensbereitschaft der Anhänger, die im Gegensatz zum HSV überwiegend aus der Stadt kommen, fast unermesslich. Denn viel gewonnen hat St. Pauli in den letzten Jahren wirklich nicht. Ein eher zufälliger Sieg gegen den FC Bayern wurde gefeiert wie der Beginn der Oktoberrevolution. »Weltpokalsiegerbesieger« ließ der Verein auf kackbraune T-Shirts drucken, in denen sich der gemeine St. Pauli-Fan gerne zeigt, um für die Zukunft seines Clubs notfalls auch ein paar Bier mehr zu trinken. ›Saufen für St. Pauli‹ hieß eine der vielen Rettungsaktionen für den nach dem Abstieg in die Amateurliga schwer angeschlagenen Verein, veranstaltet von einer ortsansässigen Brauerei, die ein Getränk verkauft, das in Hamburg für Bier gehalten wird. Da machten alle mit: vom alt gewordenen Linksautonomen aus der Hafenstraße über den hippen Werber bis zum Kleingärtner. Inzwischen hat man sich wieder in die 1. Liga hochgekämpft.

Schwuler Präsident

Nachdem der Verein jahrzehntelang wie ein Familienbetrieb der Mafia geführt und so auch ruiniert wurde, entschloss man sich zum Radikalschlag und wählte einen sich öffentlich als schwul bekennenden Theaterdirektor zum Präsidenten. Der rennt mit seinen Spielern schon mal aufs Spielfeld und verrät den jüngeren und nicht ortskundigen vor ihnen, wie und vor allem wo sie Frauen kennenlernen können. Und so kann man die Kicker manchmal nach den Spielen auf der Reeperbahn sehen, wo sie aber angesichts des hier lebenden Vielvölkergemisches nicht weiter auffallen. Es sei denn, sie kicken mal wieder für ein Jahr ganz oben und schlagen sogar den HSV.

Ulrich Waller – Regisseur und Intendant des St. Pauli-Theaters

Institutionen – Ohlsdorfer Friedhof und Hagenbecks Tierpark

Der Ohlsdorfer Friedhof ist mit rund 400 ha der älteste und größte Parkfriedhof Europas – ein Freilichtmuseum der Grabmalkultur. Als er 1877 eingeweiht wurde, lag er zwei Fußstunden von Hamburgs Zentrum entfernt. Heute ist er eine Grünoase mitten in der Stadt. Noch älter ist Hagenbecks Tierpark, der seit 150 Jahren große und kleine Hanseaten zu einem Ausflug lockt.

Promi-Gräber im Riesenpark

Nach Plänen von Wilhelm Cordes entstand der Ohlsdorfer Friedhof. Rechts und links der Cordes-Allee durchzieht ein verzweigtes Netz von Fahrstraßen in großen Bögen den Friedhof, dazu gibt es verwunschene Fußwege mit Kapellenbauten, die bei der Orientierung helfen. Die Ränder des Gebiets wurden zu einem Waldgürtel aufgeforstet. Fünfzig Jahre nach seiner Eröffnung erweiterte Gartenbaudirektor Otto Linne den Friedhof nach Osten und machte dieser Teil zu einer geometrisch klar gegliederten Anlage.

Der irische Dichter Samuel Beckett ging dort bei seinem Hamburg-Aufenthalt spazieren und beschrieb den Friedhof in seiner Erzählung »Erste Liebe«: »Ich zog Ohlsdorf bei weitem vor, besonders den Teil von Linne, auf preußischem Boden, ... obgleich ich dort niemand kannte, außer dem Tier-

Ruhe und Beschaulichkeit – auf dem Ohlsdorfer Friedhof

bändiger Hagenbeck ... Auf seinem Grabmal sieht man, glaube ich, einen aus Stein gehauenen Löwen.«

Nicht nur Hagenbeck fand dort seine letzte Ruhestätte. Gleich links vom Haupteingang liegt der ›Althamburgische Gedächtnisfriedhof‹, wo die Hamburger begraben sind, die sich um die Stadt verdient gemacht haben. So wurden bei der Auflösung der Dammtor-Friedhöfe die Gebeine von Bürgermeistern, Senatoren und Kaufleuten hierher überführt. Hier findet man auch die Gräber von Hamburgs großem Theatermann des ausgehenden 18. Jh., Friedrich Ludwig Schröder, dem Maler Philipp Otto Runge, dem Oberbaudirektor Fritz Schumacher, der Prinzipalin der Hamburger Kammerspiele Ida Ehre und dem Direktor der Hamburger Kunsthalle Alfred Lichtwark. Ein wenig abseits ruhen Gustaf Gründgens und Albert Ballin und weiter nördlich Heines Verleger Julius Campe, Hans Albers, Wolfgang Borchert und der Berliner Theaterkritiker Alfred Kerr, der 1948 in Hamburg auf der Durchreise starb.

450 verschiedene Laub- und Nadelhölzer wachsen auf dem Friedhof. Ein Spaziergang durch den Cordes-Teil des Friedhofs ist ein Erlebnis vor allem im Frühling, wenn der Rhododendron blüht. Auch wegen der Grabmalkunst lohnt ein Besuch: Eine Vielfalt von Obelisken, kleinen Tempeln, Kreuzen, Skulpturen und Engeln aus Stein erwartet den Besucher.

Geh'n wir mal zu Hagenbeck ...

... so lautet die Zeile eines Hamburger Gassenhauers. Schon 1848 stellte der Fischhändler Gottfried Clas Carl Hagenbeck sechs Seehunde auf dem

Info Ohlsdorfer Friedhof
Haupteingang: Fuhlsbüttler Str. 756, www.friedhof-hamburg.de, U-/S-Bahn Ohlsdorf. April–Okt. 8–21 Uhr, Nov.–März 8–18 Uhr, am Eingang befindet sich auch das Friedhofsmuseum (Mo, Do, So 10–14 Uhr). Man kann den Friedhof mit dem Auto befahren, aber es verkehren auch zwei Buslinien. Einen Übersichtsplan gibt es kostenlos im Informationszentrum am Haupteingang.

Spielbudenplatz in St. Pauli in zwei Holzbottichen aus. Die Tiere waren Finkenwerder Fischern ins Netz gegangen. Schnell sprach sich die Attraktion herum, und durch Erfolg und Profit angespornt, eröffnete Hagenbeck 1863 ein kleines Tierhandelsgeschäft. Heimkehrenden Seeleuten kaufte er exotische Tiere ab. Nur drei Jahre später übernahm Carl Hagenbeck, der älteste Sohn, das Geschäft vom Vater und baute es rasch zum größten Tierhandelshaus der Welt aus. Er bereiste Afrika und Amerika und kaufte ganze Menagerien. Auf diese Art kamen Tiere nach Hamburg, die bis dahin sogar der Wissenschaft unbekannt waren, wie der Seeleopard oder der Mähnenwolf. Der alte Stammplatz wurde schnell zu eng, sodass er Anfang der 1870er-Jahre am Neuen Pferdemarkt ein 76 000 m² großes Areal kaufte, wo er »Hagenbeck´s Thierpark« eröffnete. Carl Hagenbeck schuf auch eine neuartige Methode der Dressur. Die bis dahin üblichen Gewaltmaßnahmen der Dompteure lehnte er ab. Mit Güte und Lob brachte er die Tiere zu weitaus besseren Leistungen. Noch heute gilt seine Methode als Grundlage in der Tierpsychologie. 1887 eröffnete er seinen ersten Zirkus, mit dem er um die

Welt reiste, und 1892 wurde erstmals eine Löwengruppe nach der »zahmen Dressur« im Pariser Nouveau Cirque vorgeführt.

Intensiv studierte Hagenbeck die Sprungweiten und -höhen der Tiere, denn ihm schwebte ein Tierpark ohne Gitter vor. Die Tiere sollten nur durch Gräben oder andere möglichst unauffällige Begrenzungen vom Publikum getrennt sein und in einer naturnahen Umgebung leben. 1896 stellte er diese Idee beim kaiserlichen Patentamt in Berlin vor und erhielt den Zuschlag für die erste gitterlose Freianlage der Welt.

1907 war es dann endlich so weit: Hagenbeck hatte ein 25 ha großes Gelände in Stellingen, damals ein Dorf am Stadtrand von Hamburg, gefunden. Am 7. Mai wurde der erste gitterlose Tierpark der Welt feierlich eröffnet. Heute noch ist Hagenbecks Tierpark in Familienbesitz. Mehr als 2500 Tiere und rund 360 Arten sind zu bewundern: Löwen in einer Schlucht, Affen auf einem Felsen, Steinböcke und

Auf ›Rüsselfühlung‹ in Hagenbecks Tierpark

Eingang zu Hagenbecks Tierpark

Gemsen in einem Hochgebirgspanorama, Flamingos auf einer Wiese. Die revolutionäre Idee der artgerechten Präsentation exotischer Tiere wurde fortan von vielen zoologischen Gärten nachgeahmt.

Im Mai 2007 feierte Hagenbeck den 100. Geburtstag mit einem Jubiläumsbau, einem Tropenaquarium. Hier öffnen sich ferne Welten, denn der Rundgang beginnt auf einem exotischen Marktplatz in Madagaskar mit zutraulichen Lemuren, man passiert den Anakonda-Fluss und eine afrikanische Felssavanne. Von einer Aussichtsplattform bekommt man Nilkrokodile zu sehen, weitere Attraktionen sind Fledermäuse, Spinnen und Schlangen, bevor es auf den Meeresgrund geht. Dort bezaubern farbenprächtige Fischschwärme und leuchtende Korallenriffe. Doch damit nicht genug: In einem Hai-Atoll kann man Zebrahaie und Zackenbarsche beobachten.

Ein besonderes Event sind die sommerlichen ›Dschungelnächte‹, in denen die Besucher bei romantischer Beleuchtung frei umherlaufenden Elefanten, Zebras und Dromedaren begegnen. Im gesamten Park gibt es vielfältige Attraktionen: heiße Rhythmen und mitreißende Tanzdarbietungen, feurige Shows und vieles mehr. Zu Rhythmen aus der Karibik, Afrika, Asien oder Südamerika verwandelt sich der nächtliche Tierpark in eine unvergessliche Kulisse.

Info
Tierpark Hagenbeck, Lokstedter Grenzstr. 2, www.hagenbeck.de, U-Bahn: Hagenbecks Tierpark, Nov.–Mitte März 9–16.30, März–Okt. 9–17 Uhr, im Sommer bis 19 Uhr, Erw. 12,50 €, Kinder (4–16 J.) 7,50 €

Unterwegs in Hamburg

Im Herzen der Stadt – Blick von den Alsterarkaden auf den Rathausmarkt

Jungfernstieg, Binnen-alster und Neustadt

Highlights!

Rathaus: Das Hamburger Rathaus wirkt wie ein venezianischer Palazzo und auch der große freie Platz, der sich zur kleinen Alster hin öffnet, erinnert an den Markusplatz in Venedig. **1** S. 104

Jungfernstieg: Seit ihrer jüngsten Umgestaltung erscheint die Promenade an der Binnenalster in neuem Glanz. Flanieren und Einkaufen stehen hier auf dem Programm! S. 112

Auf Entdeckungstour

Caspar David Friedrich in der Hamburger Kunsthalle: Hamburg ist neben Dresden, Berlin und St. Petersburg einer der wenigen Orte, an dem die Landschaftsgemälde von Caspar David Friedrich (1774–1840) in großer Pracht und Vielfalt besichtigt werden können. **9** S. 110

Caspar David Friedrich in der Hamburger Kunsthalle

Binnenalster

Jungfernstieg

Rathaus

Kultur & Sehenswertes

Bucerius Kunstforum: Das von der ZEIT-Stiftung Ebelin und Gerd Bucerius gegründete Kunstforum zeigt nur Hochkarätiges auf kleinem Raum. **2** S. 107

Museum für Kommunikation: Im dritten Stock des Gebäudes der ehemaligen Oberpostdirektion liegt das Museum, das die Geschichte der Kommunikation vom Wattläufer bis zum Internet anschaulich darstellt. **23** S. 115

Johannes-Brahms-Museum: Im renovierten Barockhaus kann man sich über das Leben des Hamburger Musikers informieren. Gezeigt werden Noten, Bilder, Schriften und Faksimiles. **33** S. 117

Aktiv & Kreativ

Nivea-Haus: Auf 800 Quadratmetern kann man sich von Kopf bis Fuß mit Massage, Kosmetik oder Maniküre verwöhnen lassen. **1** S. 114

Genießen & Atmosphäre

Hotel Vier Jahreszeiten: Ein stilvolleres Plätzchen, um den Nachmittagstee zu trinken, findet sich an der ganzen Binnenalster nicht. **5** S. 109

Alsterpavillon: In dieser Hamburger Institution sitzt man direkt am Wasser mit Blick über die Binnenalster – zu Kaffee und Kuchen oder einem Imbiss. **11** S. 112

Abends & Nachts

Piccolo Paradiso: In Hamburgs erstem ökologischen Weinlokal ist die Auswahl an offenen Bioweinen überzeugend – qualitativ wie quantitativ. **2** S. 119

Das Zentrum der Stadt

Hamburg ist über die Jahrhunderte aus Dörfern zusammengewachsen, und jedes Dorf hat bis heute seinen ›Kiez‹. Als Zentrum, als City oder als Herz der gesamten Stadt kann man jedoch mit Fug und Recht die Gegend rund um die Binnenalster, den Jungfernstieg und den Rathausmarkt bezeichnen.

Heinrich Heine schrieb 1834, dass »der schönste Spaziergang der Söhne und Töchter Hammonias den rechtmäßigen Namen Jungfernstieg führt.« Auf der einen Seite wird er vom großen Alsterbassin mit dem Alsterpavillon begrenzt, in dem bereits der große Schriftsteller verkehrte, um das zu tun, was hier alle Hamburger taten: Kaffee trinken und junge Mädchen betrachten, die hier spazieren gingen. So kam der Jungfernstieg zu seinem Namen. Auf der anderen Seite ist Shoppen und Schaufensterbummeln angesagt.

»Bummeln, schlemmen, shoppen« – so macht die Stadt Hamburg heute Werbung für die vielen Einkaufspassa-gen rund um den Jungfernstieg. Keine andere deutsche Stadt kann sie in dieser Menge und Schönheit vorweisen. Besonders bei Schmuddelwetter eine empfehlenswerte Tour!

Richtung Westen schließt sich eines der historischen Hamburger Viertel, die Neustadt, an. Von den Passagen rund um den Jungfernstieg geht es also in die Historie – durch das alte Gängeviertel, in dem einst die Armen der Stadt lebten. Morsche Fachwerkbauten mit Höfen und Gängen standen dort dicht an dicht. Trotz vieler Sanierungen kann man davon noch ein wenig entdecken. Vielleicht nicht mehr lange, denn es wird kräftig gebaut. Hamburg bekommt auf dem Gelände des ehemaligen Gängeviertels ein neues Quartier zum Wohnen und Arbeiten.

Infobox

Reisekarte: ▶ O6–Q6

Ausgangspunkt
Der Spaziergang beginnt am Rathaus (U-Bahn Rathaus oder U-/S-Bahn Jungfernstieg) und endet am Großneumarkt (S-Bahn Stadthausbrücke). Für den Rundgang sollte man etwa einen halben Tag veranschlagen.

Infos
Die nächste Tourist-Information befindet sich im Hauptbahnhof.

Am Rathausmarkt

Rathaus ! 1

Mo–Do 10–15, Fr 10–13, Sa 10–18, So 10–17 Uhr, Führungen halbstündlich, Dauer etwa 40 Min., Info-Ansage: Tel. 040 428 31 24 70

Das Hamburger Rathaus wirkt venezianisch – und das war auch die Absicht. Der große freie Platz, der sich zur kleinen Alster hin öffnet, welche die Binnenalster mit der Elbe verbindet, sollte an den Markusplatz in Venedig erinnern. Das 111 x 70 m große Gebäude steht auf Marschboden, in den 4000 Pfähle gerammt wurden, um einen festen Untergrund zu schaffen. Im Oktober 1897 konnte das neue Rathaus – das alte war beim großen Brand 1842 vernichtet worden – eingeweiht werden. Martin Haller hatte es im Neorenaissance-Stil entworfen und groß-

Nobelmeile am Wasser – Fährschiffe und Alsterpavillon am Jungfernstieg

zügig – hanseatischem Geschmack entsprechend – durch rückwärtige Flügelbauten mit der Börse verbunden. Sie war bei dem großen Brand erst ein Jahr alt gewesen und überlebte ihn, weil 15 Börsianer rechtzeitig mit dem Löschen begonnen hatten.

Über dem Eingang des Rathauses steht auf Lateinisch in goldenen Buchstaben: »Libertatem quam peperere maiores digne studeat servare posteritas«, was bedeutet: »Mögen die Nachkommen die Freiheit, die ihre Väter erwarben, würdig erhalten«.

Der 112 m hohe Turm gliedert das Rathaus in zwei Gebäudeteile. Diese Dualität zeigt sich auch im Haus. Rechts sitzt der Hamburger Senat, links die Bürgerschaft. Zum Alten Wall hin, an der Senatsseite, verkörpert Justitia die höchste Tugend der Stadtregierung. Zur Großen Johannisstraße hin stehen zwischen den drei Fenstern des Bürgerschaftssaales zwei Redner, Allegorien von Konservatismus und Fortschritt. Im Hauptgeschoss erkennt man zum Rathausmarkt hin zwischen den Fenstern zwanzig Skulpturen deutscher Kaiser, von Karl dem Großen bis zu Franz II. Die Familienwappen ehemaliger Senatoren zieren die Schluss-

steine der Erdgeschossfenster. An der Hoffront wurden Skulpturen von Fürsten und Bischöfen als Pendant zu den weltlichen Regenten angebracht.

Besonders empfehlenswert ist es, an einer Führung teilzunehmen, um das prunkvolle Interieur mit seinen 647 Räumen, Marmortreppen, Skulpturen und einem kolossalen Festsaal zu besichtigen. Daneben beeindrucken etliche Paraderäume, die sich im Hauptgeschoss (1. Stock) befinden.

In der Mitte des Hofes zwischen Rathaus und Börse liegt der Hygieia-Brunnen. Die Börse gilt als ältester Handelsplatz seiner Art in Nordeuropa. In dem klassizistischen Putzbau sind Waren- und Wertpapierbörse sowie die einzige deutsche Versicherungsbörse untergebracht.

Der Rathausmarkt

Dank des damaligen Bürgermeisters Hans-Ulrich Klose ist der Rathausmarkt seit Beginn der 1980er-Jahre verkehrsfreie Zone. Bäume, glasüberdachte Bushaltestellen und Cafés schmücken seitdem den Platz.

An seiner Ostseite kam auch Heinrich Heine wieder zu Ehren: 1982 schuf Waldemar Otto den nachdenklichen

Binnenalster, Neustadt

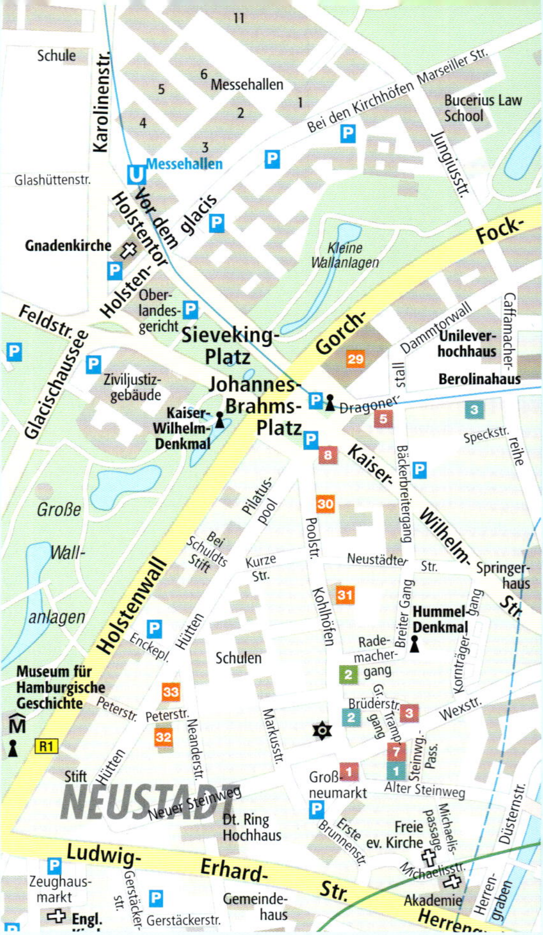

Sehenswert

1 Rathaus
2 Bucerius Kunstforum
3 Alsterarkaden
4 Mellin-Passage
5 Hotel Vier Jahreszeiten
6 Amsinck-Palais
7 HAPAG-Haus
8 Europa-Passage
9 Kunsthalle
10 Fähranleger
11 Alsterpavillon
12 Alsterhaus
13 Dresdner Bank
14 Hamburger Hof
15 Heine-Haus
16 Alte Post
17 Galleria-Passage
18 Ohnsorg-Theater
19 Hanse-Viertel
20 Staatsoper
21 Esplanade Nr. 37
22 Casino Esplanade
23 Museum für Kommunikation
24 Ehrenmal der Gefallenen
25 Dammtorbahnhof
26 Gänsemarktpassage
27 Finanzbehörde
28 Deutschlandhaus
29 Laeiszhalle (Musikhalle)
30 Jüdischer Tempel
31 Ehemalige Bücherhalle
32 Beylingstift
33 Johannes-Brahms-Museum

Essen & Trinken

1 Benli
2 Casse-Croute
3 Da Enzo
4 Edelcurry
5 Frauencafé Endlich
6 Matsumi
7 La Locanda
8 Le Provençal
9 Petit Délice

Dichter, eine Rekonstruktion der Hugo-Lederer-Skulptur von 1926, die schon zu Anfang der Machtübernahme des NS-Senats beseitigt worden war. Unter dem Rathausmarkt befindet sich die Rathauspassage in einem ehemaligen U-Bahn-Zugang. In einem Sozialprojekt werden hier mit Hilfe des Diakonischen Werks Läden und ein Restaurant betrieben.

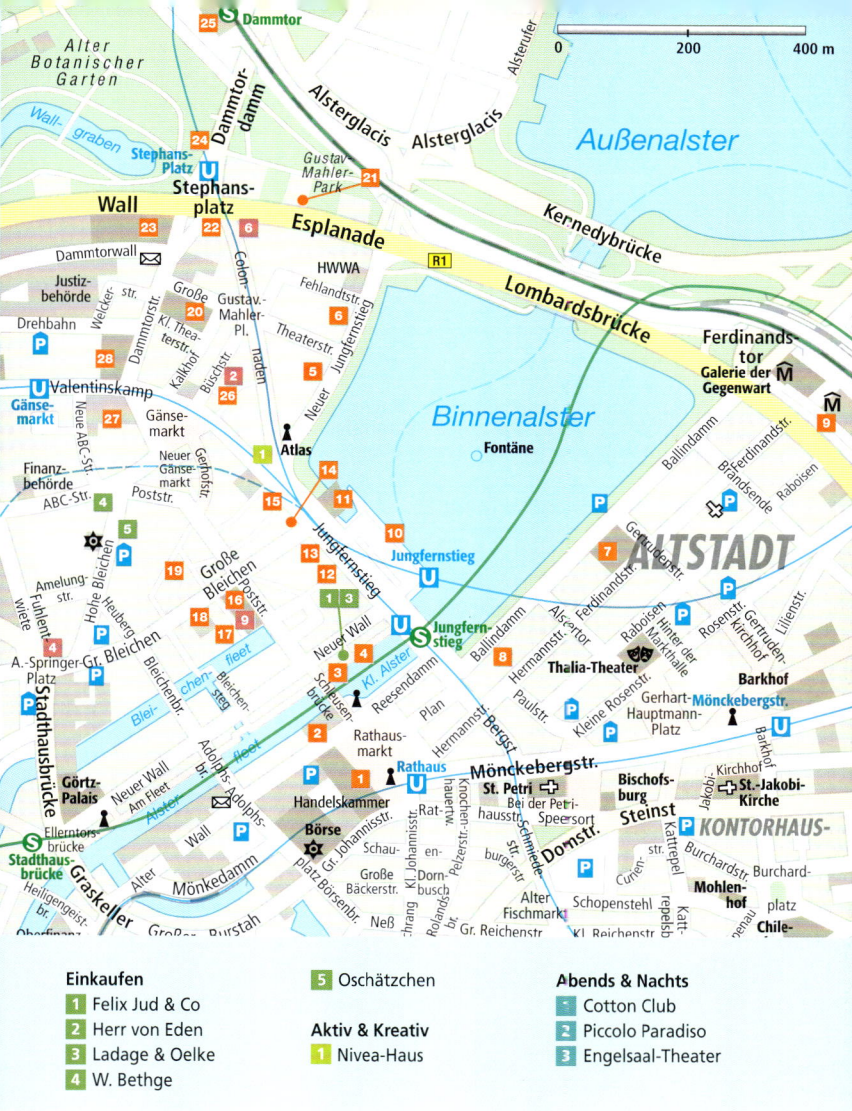

Einkaufen

1 Felix Jud & Co
2 Herr von Eden
3 Ladage & Oelke
4 W. Bethge

5 Oschätzchen

Aktiv & Kreativ

1 Nivea-Haus

Abends & Nachts

1 Cotton Club
2 Piccolo Paradiso
3 Engelsaal-Theater

Bucerius Kunstforum 2

Tel. 040 360 99 60, www.buceriuskunst forum.de, Mo–So 11–19, Do bis 21 Uhr Direkt neben dem Rathaus liegt die ehemalige Reichsbank, ein neoklassi-

zistischer Bau von 1917. Hier residiert seit 2002 das Bucerius Kunstforum, das mit seinen kleinen feinen Ausstellungen zu Themen der Kunst und den begleitenden Literatur- und Musik-

107

veranstaltungen im Hamburger Kulturkalender einen wichtigen Platz besetzt.

Alsterarkaden **3**

Vom Rathausplatz führen einige Stufen hinab zur Kleinen Alster mit Blick auf die Alsterarkaden. Sie geht in das Alsterfleet über, das direkt zur Elbe führt. Schwäne und Enten fühlen sich hier wohl, und im Sommer bevölkern Sonnenhungrige die Treppen.

Nach dem großen Brand von 1842 erbaute Alexis de Chateauneuf den Arkadengang, von dem man über die Kleine Alster zum Rathaus blickt, als vornehme Ladenpassage. Gusseiserne Geländer und Laternen, Straßencafés und Flaneure: Hier kommt vor allem im Sommer italienische Atmosphäre auf. In der Silvesternacht 1989 brannte ein Teil der Arkaden ab, der jedoch originalgetreu wieder aufgebaut wurde. Und besser als zuvor, denn in der **Mellin-Passage 4**, im Durchgang zum Neuen Wall, wurden Deckengemälde und Glasmalereien der Jahrhundertwende wiederhergestellt. In den Alsterarkaden befinden sich auch heute noch Traditionsgeschäfte wie **Ladage & Oelke 3**, bekannt für englische Mode. Die Mellin-Passage führt zum **Neuen Wall,** Hamburgs 5th Avenue, mit Designer-und Juwelier-Palästen.

Binnenalster

Die Binnenalster entstand, als man 1235 die Alster aufstaute, um das Wasser des Flüsschens für einen Mühlbetrieb zu nutzen. Als dann später die Stadtbefestigung gebaut wurde, teilte man den Stausee in Binnen- und Außenalster.

Neuer Jungfernstieg

Vom Jungfernstieg blickt man über die Binnenalster mit ihrer prächtigen Bebauung rundherum. Links beherrscht das **Hotel Vier Jahreszeiten 5** den Neuen Jungfernstieg. Der klassizistische **Amsinck-Palais 6** etwas dahinter wurde 1831–34 für den Bankier Gottlieb Jenisch erbaut und ist heute Sitz des Übersee-Clubs. Auf Anregung des Bankiers Max M. Warburg gründeten Hamburger Kaufleute und Industrielle den Club im Juni 1922 als Zusammenschluss von Wirtschaft und Wissenschaft.

Ballindamm

Die rechte Seite der Binnenalster dominiert das 1901 errichtete **HAPAG-Gebäude 7**. Zu jener Zeit war die HAPAG die größte Reederei der Welt, Albert Ballin hatte sie dazu gemacht. Mit 17 Jahren begann seine Karriere, als er die Auswanderungsagentur seines Vaters und mit 29 die Passageabteilung der HAPAG übernahm. Ballin erfand die Kreuzfahrt, ließ die größten Luxusliner seiner Zeit bauen, eröffnete einen monatlichen Frachtdienst nach Asien – und frühstückte mit Kaiser Wilhelm II. Als das Kaiserreich im November 1918 in Trümmer brach, nahm er eine tödliche Dosis Schlaftabletten. 1947 wurde der ehemalige Alsterdamm in Ballindamm umbenannt.

Anfang des 20. Jh. begann die Bebauung des Ballindamms. Die **Europa-Passage 8** in Nr. 40 steht seit 2007 an der Stelle des 1908 errichteten Europahauses, das eine besonders schöne Treppenhalle besaß. Seinen Abriss hatte der Senat 2003 beschlossen. Die Freie Akademie der Künste warf ihm damals vor, verantwortungslos mit dem historischen Erbe der Stadt umzugehen. Dem Bau der Passage fielen mehrere historische Kontorhäuser zum Opfer, darunter auch das ›Haus Vaterland‹ an der Ecke zur Bergstraße, das in den 1920er-Jahren als ›schönstes Konzertcafé‹ der Stadt gegolten hatte.

Unser Tipp

Ein Kännchen Tee im Hotel Vier Jahreszeiten 5

Ein stilvolleres Plätzchen, um den Nachmittagstee zu trinken, findet sich an der ganzen Binnenalster nicht. 1897 kaufte der Schwabe Friedrich Haerlin das vom Konkurs bedrohte Hotel und erwarb nach und nach die Nachbarhäuser hinzu, bis er eine höchst eindrucksvolle Straßenfront beisammen hatte. Das Hotel erhielt eine einheitliche Fassade und durfte fortan zu Recht den Titel ›Grandhotel‹ führen. Innen ist hanseatisches Understatement angesagt: Der große Salon im Erdgeschoss, mit Alsterausblick, Eichentäfelung und offenem Kamin, heißt schlicht Wohnhalle. Berühmte Personen zieren seither die Gästeliste. Ende der 1940er-Jahre entwickelten hier Carl Zuckmayer und Helmut Käutner ihre Ideen für die Verfilmung des »Hauptmann von Köpenick«. Heinz Rühmann übernahm die Hauptrolle, wurde Stammgast in Zi. 447 und führte die Riege derjenigen an, die irgendwo im Graubereich zwischen heiler Welt, Verdrängung und Exotik zum Inbegriff deutscher Unterhaltungskultur werden sollten. Glamour brachten in den 1950er-Jahren Curd Jürgens und Sophia Loren, die dort während der Dreharbeiten zu »Die Eingeschlossenen von Altona« logierte. Zu dieser Zeit kam auch der Reeder Aristoteles Onassis regelmäßig ins Hotel. In den 1960er-Jahren reiste er der Liebe wegen mit Maria Callas, wenn sie Konzerte in der Hansestadt gab. Überhaupt: Von Pavarotti bis Domingo, Hans Werner Henze bis Wieland Wagner – alle, die an der Oper arbeiteten, logierten im weißen Haus an der Binnenalster.

Hamburger Kunsthalle 9

Die Hamburger Kunsthalle besteht aus drei Gebäudegliedern: Dem ursprünglichen Backsteinbau von 1869 fügte Schumacher 1912–21 den charakteristischen Kuppelbau aus Muschelkalkstein hinzu 1995 entstand der helle Sandsteinquader der Galerie der Gegenwart. Die Kunsthalle besitzt Gemäldesammlungen und Plastiken des 17. bis 20. Jh. Kunstwerke ab 1960 sind in der Galerie der Gegenwart zu sehen, u. a. von Andy Warhol, Josef Beuys, Richard Serra oder Bruce Naumann (s. S. 53 u. 110).

Auf Entdeckungstour

Caspar David Friedrich in der Hamburger Kunsthalle

Hamburg ist neben Dresden, Berlin und St. Petersburg einer der wenigen Orte, an dem die Gemälde Caspar David Friedrichs (1774–1840) in großer Pracht und Vielfalt besichtigt werden können. Die Hamburger Kunsthalle **9** besitzt 14 Gemälde des Künstlers, ein Höhepunkt der romantischen Landschaftsmalerei.

Cityplan: S. 107

Planung: Glockengießerwall 1, Di–So 10–18, Do bis 21 Uhr, 6 €. Für den Besuch der Kunsthalle sollte man mindestens 1 Std. einplanen.

Info: www.hamburger-kunsthalle.de

Etwa zu der Zeit, als der Ballindamm bebaut wurde, entdeckte der Direktor der Hamburger Kunsthalle, Alfred Lichtwark, der das Haus von 1886 bis 1913 leitete, die Bilder Caspar David Friedrichs. Die ersten Erwerbungen gelangen ihm 1904. Sie gehören bis heute zum Besten, das die Kunsthalle zu bieten hat.

Im ersten Stock wenden Sie sich nach links zur Abteilung Neuere Meister. Im zweiten Raum wird man förmlich angezogen von Caspar David Friedrichs »Eismeer«, auch genannt »Die gescheiterte Hoffnung«. Ein beunruhigendes Bild voller Bewegung und suggestiver Wirkung. In der Mitte ragt ein Gebirge aus gewaltigen Eisschollen hoch, dahinter ein untergegangenes Schiff.

Das Schicksal der Menschen

Friedrich hat ein Bild der Vernichtung, Verlassenheit, Erstarrung und erbarmungslosen Kälte gemalt, in dem die Hoffnung jedoch noch nicht ganz verloren gegangen ist: In dem aufbrechenden leuchtend blauen Himmel funkelt ein kleiner Stern. Schon im Winter 1821 malte Friedrich in kleinen Farbstudien Eisschollen und Absplitterungen beim Eisgang der Elbe in Dresden. Sie dienten ihm zwei Jahre später als Vorlage für das »Eismeer«. Die Landschaft erhält bei Friedrich existentielle Bedeutung, sie wird zur Metapher für das Schicksal des Menschen. Derjenige Maler, der keine Welt in sich selbst sieht, solle das Malen lassen, hatte Friedrich gefordert.

Dem »Eismeer« gegenüber hängt ein Leuchtkasten des zeitgenössischen japanischen Fotokünstlers Hiroyuki Masuyama: »Das Eismeer« – eine Hommage an Caspar David Friedrich und eine interessante Gelegenheit, die Bildsprache eines zeitgenössischen Fo-

tokünstlers mit der des romantischen Landschaftsmalers zu vergleichen.

Große, edle Natur

Weiter zu den »Wiesen bei Greifswald«. Wenige Bilder des Malers sind so heiter wie dieses seiner Heimatstadt Greifswald. Unter deren wolkenlosem Himmel wurde er 1774 als Untertan des schwedischen Königs geboren. »Ich muss mich vereinigen mit meinen Wolken und Felsen, um das zu sein, was ich bin«, schrieb er 1821. Er wollte die Natur »einfach edel und groß darstellen«.

Das gelang dem Maler am besten am Meer. Von Dresden, wohin er schon mit 24 Jahren gezogen war, kam er immer wieder zurück, um das nordische Landschaft im Bild einzufangen. Diese Motive haben ihn stets berührt. Unlösbar verband er das Beobachtete mit dem Empfundenen: Einsamkeit, Innerlichkeit, Sehnsucht und eine gewisse Melancholie. Romantisieren wurde zur Passion Friedrichs und brachte ihn bald in Widerspruch zum biederen Zeitgeist. Doch unbeirrt verfolgte er seinen künstlerischen Weg.

Sehen und Nachdenken

Zum Schluss sollten Sie beim »Wanderer über dem Nebelmeer« verweilen, einem Werk von 1818. Auf einem felsigen Gipfel steht ein Mann und schaut ins Nebelmeer. Er versperrt uns den Blick, oder doch nicht? Halten Sie sich hier an den Direktor der Kunsthalle Hubertus Gaßner: »Das Besondere an Friedrichs Bildern ist, dass nichts passiert. Das heißt, die berühmten Rückenfiguren stehen eigentlich vor seinen Landschaften und schauen in die Landschaft hinein. Wir sehen ihnen beim Sehen und Denken zu, und auf ihren Spuren sind wir angestiftet, über das, was wir sehen, nachzudenken.«

Alsterfahrten

Ein paar Stufen führen vom Jungfernstieg zum **Anleger** 10 hinab, wo die Schiffe zum Winterhuder Fährhaus abfahren. Schon um das ›weiße‹ Hamburg der prachtvollen Villen und Luxushotels rund um Binnenalster und Außenalster in Augenschein zu nehmen, lohnt sich die Rundfahrt. Man kann zum Ausgangspunkt zurückkehren.

Jungfernstieg **!**

Seit 2006 hat der neu gestaltete Jungfernstieg durchaus Weltstadtniveau. Es lässt sich wieder bestens unter Linden flanieren und immer noch ist es ein Vergnügen, einen Kaffee im **Alsterpavillon** 11 zu trinken. 1799 bekam der französische Emigrant Lancelot de Quatre Barbes die Genehmigung, einen vorerst 6 x 12 m großen, sich in der Alster spiegelnden Pavillon auf Pfählen zu bauen. Bald schon wurde erweitert und immer mehr Gäste kamen. 1914 wurde bereits der fünfte Alsterpavillon feierlich eröffnet, zwölfmal so groß wie der Ursprungsbau. Man traf sich zu Tanztees, Konzerten und Kabarett. In den 1930er-Jahren kam die ›Swing-Jugend‹ zum Tanzen, was bald verboten wurde. 1942 brannte das Gebäude aus. Der Neubau von 1953 hat den damaligen Glamour nicht wieder erreicht.

Alsterhaus und Dresdner Bank

Das **Alsterhaus** 12, das 1912 als Warenhaus Tietz eröffnete, ist wohl Hamburgs bekanntestes Kaufhaus. In jüngster Zeit ist es – auch in der Außengestaltung – zu seinem alten Glanz zurückgekehrt. Das Neorenaissancehaus nebenan, an der Ecke zur Große Bleichen, ließ die **Dresdner Bank** 13 Ende des 19. Jh. errichten, und zwar mit einem glasüberdachten Arkadenhof als Schalterhalle.

Hamburger Hof 14

1881 wurde der imposante Hotelpalast am Jungfernstieg im Stil der Neorenaissance aus rotem Sandstein erbaut. Im Speisesaal fanden bei Kaiserbesuchen Festbälle statt. Nach einem Brand im Jahr 1917 baute man das Hotel zum Bürohaus und Ende der 1970er-Jahre – entschnörkelt und entkernt – in eine Einkaufspassage um. Eine Gedenktafel erinnert an Ida Dehmel, die Frau des Schriftstellers Richard Dehmel. Sie gründete hier 1926 die Gemeinschaft deutscher und österreichischer Künstlerinnen und Kunstfreundinnen (GEDOK).

Eine andere Gedenktafel erinnert an den Kaufmann Salomon Heine, der das **Heine-Haus** 15 nebenan besaß und über den Schriftsteller Heinrich Heine sagte: »Hätte mein Neffe etwas gelernt, brauchte er nicht zu schreiben Bücher.« Die Einkaufspassage im Hamburger Hof heißt **Jungfernstiegpassage.** Auf zwei Ebenen kann man die Schaufenster besichtigen, bevor man an der Poststraße wieder ins Freie tritt.

Passagenviertel

Alte Post 16

Die Poststraße hat ihren Namen von der Alten Post, auf die sogleich der Blick fällt: Ungewöhnlich italienisch wirkt der ›Campanile‹, der als Zeiger-

Shoppen bei jedem Wetter im Passagenviertel rund um den Jungfernstieg, hier: die Galleria-Passage

telegraph diente. Er ermöglichte eine schnelle Nachrichtenverbindung zur Elbmündung. Ab 1842 wurde die Poststraße angelegt, und Alexis de Chateauneuf entwarf das Postgebäude, das Anfang der 1970er-Jahre grundlegend renoviert wurde und eine Ladenpassage erhielt.

Galleria [17]

Bis zum Bleichenfleet kann man von der Alten Post trockenen Fußes bummeln, um dann gleich rechts die Galleria zu betreten, die eleganteste der Hamburger Ladenpassagen. Hier glänzen weißer und schwarzer Marmor, versetzt mit Granit an Fußböden und Wänden. Am Anfang findet sich das kleine Restaurant **Petit Délice** [9] mit einer schönen Außenterrasse zum Fleet.

Ohnsorg-Theater [18]

Zurück zur Große Bleichen. Neben der Galleria befindet sich, ganz unscheinbar, die berühmte Bühne des für seine plattdeutschen Stücke bekannten Ohnsorg-Theaters (s. S. 48).

Hanse-Viertel [19]

www.hanseviertel.de

Auf der anderen Seite der Große Bleichen liegt mit dem Hanse-Viertel die größte der Hamburger Passagen – mit über 70 Shops. Man ist nun mittendrin in Europas »einmaligem Passagen-Netz«, wie die Eigenwerbung der Stadt Hamburg lautet. Im Zentrum des Hanse-Viertels zieht es so manchen zum Hummerstand (bei Edeka), der vor allem am frühen Abend Gäste anlockt. Wenn man die Passage durchquert, landet man erneut in der Poststraße und gelangt über die Große Bleichen zurück zum Jungfernstieg – oder macht noch einen kleinen Schlenker zum Ende der Große Bleichen auf eine Currywurst bei **Edelcurry** [4].

Vom Jungfernstieg zum Dammtorbahnhof

Colonnaden

Vom Jungfernstieg gelangt man durch die Colonnaden zur Esplanade. Hamburgs älteste Fußgängerzone ist nun wieder im Aufwind. Die Brüder Wex legten die Colonnaden 1876/77 als Privatstraße mit luxuriösen Wohnungen an. Der Fußweg an der Ostseite wurde mit Arkaden überbaut, die Fassaden sind im Neorenaissancestil gehalten. Die Straße hat fast italienisches Flair.

Sie kreuzt die Große Theaterstraße, auf der Opernstars vom Hotel Vier Jahreszeiten auf kurzem Weg die **Staatsoper** [20] erreichen (s. S. 45). Sie wurde 1955 im typischen Stil der damaligen Zeit erbaut und ersetzte das an dieser Stelle 1943 ausgebrannte Stadttheater.

Esplanade

Die Colonnaden enden auf der Esplanade, die 1827–30 als klassizistische

Prachtstraße mit vier Baumreihen auf dem Grund des abgetragenen Stadtwalls angelegt wurde. Als Vorbild dienten die Pariser Boulevards. Davon ist nicht viel geblieben, heute dominieren zwei Hochhausblöcke aus den 1960er-Jahren die ehemalige Prachtstraße. Ein wenig alter Glanz liegt noch auf der Nordseite: Das weiße **Haus Nr. 37** 21 beschreibt Thomas Mann in seinem Roman »Der Zauberberg« als Wohnsitz von Hans Castorps Großvater. Es zeigt den Stil des nordischen Klassizismus, mit Halbsäulen zu beiden Seiten der Eingangstür und einer Beletage, deren Fenster bis zu den Fußböden hinuntergezogen und mit heute goldfarben gestrichenen, gegossenen Eisengittern versehen sind.

Casino Esplanade 22

Als das Hotel Esplanade, mit Eingang zur Dammtorstraße, 1908 eröffnete, versanken hier die Gäste in knöcheltiefen Teppichen, speisten im Wintergarten im Stil Louis XV und tanzten im großen Saal nach Art von Louis XVI. Nach dem Zweiten Weltkrieg entstand in diesem Saal Hamburgs schönstes Kino, doch in den 1980er-Jahren verwandelte man das graue Gebäude mit weißen Stuckverzierungen und Portalsäulen vollständig in ein Bürohaus. Seit einigen Jahren ist in dem Prachtbau das Casino Esplanade mit 18 Spieltischen und 140 Automaten untergebracht (s. S. 45).

Museum für Kommunikation 23

www.museum-fuer-post-und-kommunikation.de, Di–Fr 9–17, Sa, So 10–18 Uhr
Schräg gegenüber liegt an der Ecke zum Gorch-Fock-Wall die ehemalige Oberpostdirektion. Sie wurde 1886 erbaut und galt damals als das größte Postgebäude der Welt. Auf dem Turm balanciert Hermes, der Gott der Kaufleute. Im Obergeschoss befindet sich

heute das Museum für Kommunikation. Gegenüber in der Dammtorstraße befindet sich ein Fritz-Schumacher-Bau von 1913, die ehemalige Oberschulbehörde (Nr. 25). Das Rotklinkerhaus mit dem goldenen Schwan daneben stammt von 1911 und wurde in Absprache mit Schumacher erbaut.

Ehrenmal der Gefallenen 24

Der Weg zum Dammtorbahnhof führt am **Alten Botanischen Garten** vorbei. Er gehört zur Grünanlage **Planten un Blomen** (Plattdeutsch: Pflanzen und Blumen), ein Prestigeobjekt des NS-Regimes aus dem Jahr 1934/35. Davor steht direkt an der Straße das **Ehrenmal der Gefallenen.**

Hamburgs umstrittenes Denkmal mit marschierenden Soldaten und der Aufschrift »Deutschland muss leben, und wenn wir sterben müssen« wurde in den 1930er-Jahren vom Bildhauer Richard Kuöhl errichtet. Es diente der propagandistischen Vorbereitung des Zweiten Weltkriegs. Die britische Militärregierung ordnete 1945 den Abriss an, doch dazu kam es nicht. Seit Ende der 1960er-Jahre lieferte das Denkmal immer wieder Konfliktstoff, bis die Kulturbehörde beschloss, ein Gegendenkmal danebenzustellen. Der österreichische Künstler Alfred Hrdlicka schuf es im Gedenken an die Opfer von Krieg und Faschismus. Die Teile »Hamburger Feuersturm« und »Cap Arcona« wurden fertiggestellt, für zwei weitere Teile gingen der Stadt offenbar die Gelder aus.

Gustav-Mahler-Park

Eine Fußgängerbrücke führt von dem kleinen ehemaligen Polizeirevier auf die andere Straßenseite des Dammtordamms. Der kleine Park jenseits der Brücke wurde 1991 nach dem Komponisten Gustav Mahler benannt, der 1891–97 an der Hamburger Oper dirigierte. Im Park fällt neben dem Cine-maxx-Kino das bronzene **Schiller-Denkmal** auf. Seit 1866 stand es vor der Kunsthalle am Glockengießerwall. Als nach dem Zweiten Weltkrieg aus den Grünflächen vor der Kunsthalle Park-plätze wurden, beschwerte sich der damalige Bundespräsident Theodor Heuss, dass Schiller in Hamburg zu ei-nem Parkplatzwächter verkommen sei. So erhielt er 1958 seinen jetzigen Standort.

Dammtorbahnhof 25

Am Abend des 7. Juni 1903 wurde der Bahnhof, heute ein Zwischenhalt an der Strecke zwischen Hauptbahnhof und Altona, ans Gleisnetz angeschlos-sen. Kaiser Wilhelm II. bekam sein ei-genes ›Fürstenzimmer‹ im Bahnhof, und Staatsgäste auf Hamburgbesuch wurden stets hier empfangen. Heute spucken hier Fernzüge und S-Bahnen täglich Tausende Studenten aus, denn es sind nur ein paar Schritte zur Uni-versität. Hamburgs schönster Bahnhof ist eine Jugendstilhalle aus Glas, Stahl und Stein. Für die damalige Zeit war die Konstruktion mit ihrem Skelett aus Stahlträgern hochmodern. Die hohen Sprossenfenster verleihen dem Bau Leichtigkeit und Helligkeit. Am Ende des 20. Jh. wurde er gründlich reno-viert und erstrahlt in neuem altem Glanz.

Gänsemarkt

Nicht ganz geklärt ist der Namensur-sprung des Platzes, denn Marktrechte bestanden an dieser Stelle nie. Die Be-zeichnung Gänsemarkt, die seit 1709 üblich ist, könnte darauf zurückzufüh-ren sein, dass von hier Gänse Richtung Dammtor getrieben wurden. Eine um 1650 errichtete Bäckerei besteht bis heute am Gänsemarkt 44 weiter.

Gänsemarktpassage 26

Die **Statue Gotthold Ephraim Lessings** mitten auf dem Gänsemarkt blickt auf die 1979 erbaute Gänsemarktpassage. Der Theaterschriftsteller arbeitete von 1767–70 als Dramaturg am Deutschen Nationaltheater, das bis 1827 am Gän-semarkt hinter dem Haus Nr. 50 stand, etwa an der Stelle der heutigen Passage.

Finanzbehörde und Deutschlandhaus

Auch am Gänsemarkt befindet sich, an der Ecke zum Valentinskamp, mit der **Finanzbehörde** 27 ein mächtiger Klinkerbau von Schumacher. Gegen-über im **Deutschlandhaus** 28, das der Filmriese Ufa bauen ließ, befand sich früher das Ufa-Kino. Mit 2667 Sitzplätzen war es das größte Licht-spielhaus Europas, als es 1929 mit »Die weiße Hölle vom Piz Palü« eröffnete. Es fiel einem neuen Passagenbau zum Opfer.

Die Neustadt

Südwestlich des Gänsemarktes, be-grenzt durch den Holstenwall im Wes-ten und den Herrengraben im Osten, erstreckt sich die Neustadt mit dem al-ten Gängeviertel, an das zahlreiche Straßennamen wie Bäckerbreitergang, Breiter Gang, Kornträgergang oder Rademachergang erinnern. Im 19. Jh. lebten in diesem Labyrinth enger Gänge und Höfe Arbeiter und die Ar-men der Stadt. Hans Harbeck beschrieb das Viertel 1930 in seinem Buch »Was nicht im Baedeker steht« so: »Eine Welt für sich ist das Gängeviertel der Neustadt. Ein schluchtenreiches Abbild mittelalterlich enger Bauweise. Ein düsteres Inferno.« Um 1890 lebten in der Neustadt 90 000 Menschen, teil-weise drängten sich bis zu 25 Familien in einem engen Fachwerkhaus. Nach der großen Choleraepidemie von 1892, die besonders die Menschen des Gängeviertels traf, wurde es in den 1930er-Jahren zu großen Teilen abgerissen.

ABC-Straßen und Valentinskamp
Die vom Gänsemarkt abzweigende **ABC-Straße** und die **Neue ABC-Straße** hinter der Finanzbehörde sind heute noble Einkaufsmeilen mit Designershops und Antiquitätenläden. Kaum noch etwas erinnert an das alte Gängeviertel. Demgegenüber blieben im Valentinskamp einige wenige alte Fachwerkhäuser erhalten wie das Haus Nr. 34. Das Vorderhaus mit Saal (Nr. 4042), das aus dem 17. Jh. stammt, beherbergt heute das **Theater Engelsaal**.

Auch in dem vom Valentinskamp abzweigenden Bäckerbreitergang sind – wenngleich rundherum wild gebaut wird – noch Reste von Alt-Hamburg und des Gängeviertels erkennbar. Das Gängeviertel ist heiß umkämpft. Hamburger Künstler konnten verhindern, dass das historische Viertel an einen Investor veräußert und zunichte gemacht werden konnte.

Laeiszhalle 29
www.laeiszhalle.de
Am Johannes-Brahms-Platz breitet sich Hamburg richtig aus: rechts die Laeiszhalle (Musikhalle), dahinter das 21-stöckige Unilever-Hochhaus, gegenüber das mächtige DAG-Haus und jenseits des Holstenwalls die Justizgebäude. Die Laeiszhalle verdankt ihre Existenz dem Musik liebenden Reeder Carl Heinrich Laeisz (1828–1901), der in seinem Testament ein Legat von 1,2 Mio. Mark für den Bau eines Konzertsaals festgeschrieben hatte.

Poolstraße
Neben dem DAG-Haus beginnt die Poolstraße. Hier befand sich bis 1944

ein **jüdischer Tempel** 30. Teile davon – wie der Eingang im Rundbogenstil – sind heute noch in der Hofeinfahrt zwischen Haus Nr. 11 und 12 zu sehen. Im weiteren Verlauf heißt die Straße Kohlhöfen, weil es in den engen Gängen ständig nach Kohl roch, dem Essen der Armen. Die 1907–09 errichtete, mittlerweile geschlossene **Bücherhalle** 31 in Haus Nr. 28 war die erste öffentliche Lesehalle der Stadt. Rechts befand sich seit Mitte des 19. Jh. Hamburgs erste Synagoge und auch die Talmud-Tora-Schule, die später an den Grindelhof verlegt wurde (s. S. 212).

Hütten und Peterstraße
Die parallel zum Holstenwall verlaufende Straße **Hütten** beherbergt in Nr. 40–42 einen Mitte des 19. Jh. als Gefängnis errichteten Backsteinbau, der in der NS-Zeit als Sammelplatz für die Deportation von Juden diente.

In der **Peterstraße** entstand um 1970 ein Ensemble von Bürgerhäusern, wie sie in Hamburg vor dem großen Brand zu finden waren. Der Hamburger Kaufmann und Stifter Alfred C. Toepfer ließ sie nach alten Bauzeichnungen wieder aufbauen. Durch einen kleinen Gang gelangt man in den Hinterhof mit dem **Beylingstift** 32, eine Wohnanlage von 1751 für alte Menschen.

Johannes-Brahms-Museum 33
www.brahms-hamburg.de, Di und Do 10–13 Uhr, jeden 1. Sa, Juni–Sept. jeden 1. u. 3. Sa 11–14 Uhr
Auch das Johannes-Brahms-Museum ist wie die Straße, in der es sich befindet, ein wenig Geschichtsklitterung. Geboren wurde Johannes Brahms 1833 nicht hier, sondern einige Ecken entfernt. Trotzdem ist das Museum interessant, weil es mit Bildern, Schriften, Noten und Faksimiles über das Leben des Komponisten informiert. Brahms wäre gern Dirigent der Philharmoni-

schen Gesellschaft in Hamburg geworden. Verschmäht von seiner Vaterstadt ging er nach Wien. Die Neanderstraße unweit des Museums war im 19. Jh. Zentrum jüdischen Lebens. Hier befand sich die Hauptsynagoge von 1788, die 1913 verlegt wurde.

Großneumarkt

Der Großneumarkt, ein Zentrum des Gängeviertels, war schon um 1660 bebaut. Lange Zeit wurde das Areal als Exerzierplatz und Budenplatz für Schausteller genutzt. Auffällig ist die bereits 1696 gegründete Pelikan-Apotheke, ein Bau von 1913 mit bunten Holzverzierungen. Direkt um die Ecke von Haus 38 schaut man vom Platz auf den Michel und kann den Blick in einer kleinen Coffee-Bar genießen. In den letzten Jahren hat sich der Platz zu einem beliebten Kneipentreff entwickelt und bietet zahlreiche Möglichkeiten, bei schönem Wetter draußen zu sitzen.

Wex- und Brüderstraße

Vom Großneumarkt zweigt die Wexstraße ab, eine enge Gasse mit kleinen Shops. Links geht es in die Brüderstraße. Mit diesen beiden Straßen haben die Brüder Adolph und Ernst Wex Hamburgs ›potemkinsche Dörfer‹ errichtet, denn unter dem Vorwand der Sanierung schufen sie zwar 1867 mitten im Gängeviertel gründerzeitliche Fassaden, doch dahinter gab es nur kleine, lichtarme Wohnungen.

Essen & Trinken

Zwischen Okzident und Orient – **Benli** **1**: Großneumarkt 2, Tel. 040 35 00 47 30, www.benli-online.de, S 1, 2, 3 Stadthausbrücke, Mo–Fr 9–22.30, So Frühstücksbüffet, Hauptgerichte ab 7,50 €. Unter einer Stuckdecke aus dem 19. Jh.

serviert Hasan Benli orientalische Spezialitäten mit leckeren Saucen zu den Fisch-und Fleischgerichten. Jeden ersten Samstag im Monat gibt es türkische Abende mit Livemusik.

Bistro-Atmosphäre – **Casse-Croute** **2**: Büschstr. 2, Tel. 040 34 33 73, www.cassecroute.de, U2 Gänsemarkt, Mo–Sa 12–24, So 17–24 Uhr, Hauptgerichte ab 9,50 €. Am Abend bietet die Karte neben Wiener Schnitzel und Königsberger Klopsen das besonders empfehlenswerte Sashimi und die sehr leckere Bouillabaisse. Gemütliche Bistro-Atmosphäre mit aufmerksamem Service. Beliebt bei Opernbesuchern.

Immer voll – **Da Enzo** **3**: Wexstr. 34, Tel. 040 35 71 33 66, www.trattoria-enzo.de, S 1, 2, 3 Stadthausbrücke, Mo–Fr 12–15,18–23, Sa 18–24 Uhr, Hauptgerichte ab 7,50 €, Mittagsmenü 6–8 €. Ohne Vorbestellung keine Chance, denn die Küche ist gut, die Zutaten sind frisch und die Auswahl ist groß. Auf einer Tafel stehen die aktuellen Gerichte.

Alles Curry – **Edelcurry** **4**: Große Bleichen 68, Tel. 040 35 71 62 62, www.edelcurry.de, S ´, 2, 3 Stadthausbrücke, Mo–Sa 11–22, So 12–20 Uhr, ab 5,60 €. Curry- oder Bratwurst auf Hamburger Art mit leckeren Pommes frites aus frischen Kartoffeln, dazu elf verschiedenen Saucen zur Auswahl. Das Fleisch stammt von ›glücklichen‹ norddeutschen Kälbern und Rindern.

Für Frau – **Frauencafé Endlich** **5**: s. S. 44.

Japanisch essen – **Matsumi** **6**: Colonnaden 96, Tel. 040 34 31 25, www.matsumi.de, U2 Gänsemarkt, Mo–Sa 12–14.30, 18.30–23 Uhr. Hauptgerichte ab 15 €. Schon lange bevor die Sushi-Welle nach Deutschland rollte (seit 1985), gab es das kleine Restaurant Matsumi im ersten Stock der Colonnaden ›von Japanern für Japaner‹. Das garantiert Qualität!

Günstig und gut – **La Locanda** 7 : Wexstr. 29, Tel. 040 33 44 17 86, S 1, 2, 3 Stadthausbrücke, Mo–Fr 11.30–23, Sa 17–23 Uhr, Mittagstisch ab 5 €. Das Restaurant mit rot-weiß karierten Tischdecken ist klein, aber Wirtin Michaela kocht ganz vorzüglich. Die Pizza, u.a. mit Trüffeln, ist superdünn und knusprig. Im Sommer sitzt man draußen.

Südfranzösisch – **Le Provençal** 8 : Johannes-Brahms-Platz 9–11, Tel. 040 35 01 64 20, www.leprovencal.net, U 2 Gänsemarkt, Di–Sa 17–23, So 12–20 Uhr, Hauptgerichte ab 7 €. Südfranzösische Bistroküche. Von Kalbskutteln Provençale bis zu gratinierten Austern in edlem Ambiente. Gute Weine.

Mit Blick – **Petit Délice** 9 : Große Bleichen 21, Tel. 040 34 34 70, www.petit-delice.de, U-/S-Bahn: Jungfernstieg, Mo–Sa 11.30–23 Uhr, Hauptgerichte ab 20 €, Pasta ab 15 €. Mitten in der City in der Galleria-Passage ist vom Küchenchef bis zu den Stühlen alles in schwarz-weiß. Mit Blick auf das Bleichenfleet genießt man leichte Küche – im Sommer auch draußen.

Einkaufen

Traditionsreich – **Bücherstube Felix Jud & Co** 1 : s. S. 37.

Edel – **Herr von Eden** 2 : Kohlhöfen 8, www.herrvoneden.de, S 1, 2, 3 Stadthausbrücke, Mo–Fr 13–19, Sa bis 18 Uhr. Der Outlet-Store von Herrn von Eden für schmale Männer. Vintage-Design und Bohème-Schick. Alte Kollektionen werden hier für 50 % verkauft.

Englisch – **Ladage & Oelke** 3 : Neuer Wall 11, www.ladage-oelke.de, U-/S-Bahn: Jungfernstieg, Mo–Fr 10–19, Sa 10–16 Uhr. Seit 1845 wird hier feine englische Kleidung für Herren angeboten. Mittlerweile auch Damengar-

derobe: Dufflecoats, Regenmäntel, handgenähte Schuhe und vieles mehr.

Papier im Gängeviertel – **Waltraud Bethge** 4 : s. S. 36.

Kulinarisches Paradies – **Oschätzchen** 5 : Hohe Bleichen 26, U-Bahn: Gänsemarkt, Mo–Fr 10–19, Sa 10–16 Uhr. Ein kulinarisches Paradies für Hobbyköche, Gourmets und Menschen, die anspruchsvolle Gaumen haben – Schokoladen, Marmeladen, Bonbons, Olivenöl und vieles mehr.

Abends & Nachts

Jazz – **Cotton Club** 1 : Alter Steinweg 10, Tel. 040 34 38 78, www.cotton-club. de, S 1, 2, 3 Stadthausbrücke, U 3 Rödingsmarkt, Mo–Sa ab 20 Uhr bis open end, So 11–15 Uhr. Fast jeden Abend gibt es Livemusik in der Neustadt in Hamburgs ältestem Jazz-Club. Jazz-Institution im rustikalen Ambiente für Oldtime- und Dixieland-Jazz. So Frühschoppen.

Alles Bio – **Piccolo Paradiso** 2 : Brüderstr. 27, Tel. 35 71 53 58, www.piccolo-paradiso.de, Mo–Sa ab 18 Uhr, Küche bis 22.30 Uhr, S-Bahn Stadthausbrücke. Hamburgs erstes ökologisches Weinrestaurant serviert Bioweine vom Feinsten. 50 offene Weine stehen zur Auswahl, dazu werden kleine Köstlichkeiten wie Tapas, Antipasti und Mezze gereicht, das Angebot ist überwiegend vegetarisch.

Leichte Muse – **Engelsaal-Theater** 3 : Valentinskamp 40–42, Tel. 040 30 05 14 44, www.engelsaal.de, U 2 Gänsemarkt. Eines der wenigen privaten Operettenhäuser in Deutschland mit Repertoire-Programm – und das im historischen Engelsaal. Operette, Musikrevue, Liederabend oder Italo-Songs der 1950er: Hier wird die leichte Muse bedient.

Mönckebergstraße und Altstadt

Highlight!

Chilehaus: Das Herz des Kontorhausviertels. Die scharfe Spitzfront des Chilehauses hat die Form eines Schiffsbugs. Das Gebäude gilt als Hauptwerk des Expressionismus in der Architektur. **14** S. 129

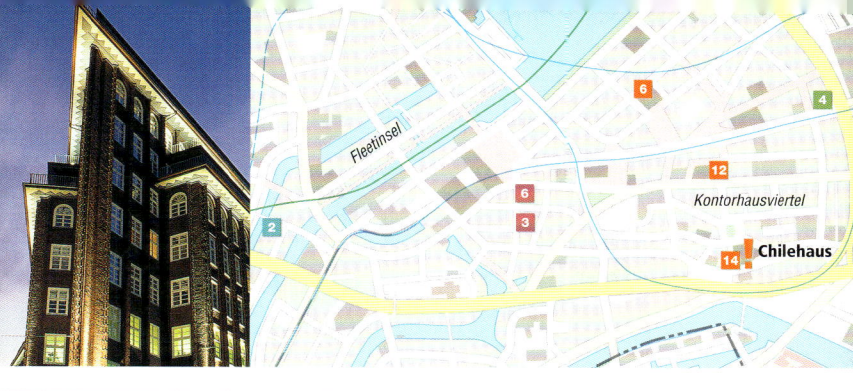

Kultur & Sehenswertes

Kontorhausviertel: Im bahnhofsnahen Abschnitt der Mönckebergstraße und im Karree südlich dieser Einkaufsmeile kann man die altehrwürdigen Hamburger Kontorhäuser aus dem frühen 20. Jh. bewundern. S. 127

Fleetinsel: Zwar sind auf der Fleetinsel noch einige alte Speicher-, Kontor- und Lagerhäuser zu finden, doch bietet sie heute vor allem ein Beispiel modernen hanseatischen Bauens. S. 134

Aktiv & Kreativ

Nur im Winter: Schlittschuhlaufen auf dem Dach von Karstadt. 4 S. 135

Genießen & Atmosphäre

Turmbesteigung in der St.-Jacobi-Kirche: Der Ausblick über die Altstadt lohnt die Mühe des Treppensteigens. Im Sommer öffnet jeden Samstag ein kleines Café im Turm. 12 S. 127

Café Paris: Die Räumlichkeiten der ehemaligen Fleischerei mit originalen Kacheln, Stuckdecken und Fresken sind einfach zauberhaft. 6 S. 130

Plat du Jour: Original französische Küche in perfekt französischer Atmosphäre. Etwas für Genießer. 3 S. 135

Abends & Nachts

Thalia-Theater: Hervorragende Inszenierungen bescherten dem Haus immer wieder Auszeichnungen. Viele junge Regisseure sind hier ›zu Hause‹. 6 S. 126

Fleetstreet-Theater: Power pur im kleinen Theater. Großer Unterhaltungswert! 2 S. 135

Shopping-Paradies und Kontorhäuser

Die Ursprünge Hamburgs reichen 1100 Jahre zurück, doch alte Baudenkmäler findet man wenige. Das ist nicht nur dem großen Brand von 1842 und den Bombardierungen im Zweiten Weltkrieg zuzuschreiben, sondern auch der Abrisslust der Hamburger. Die Stadt ist relativ arm an erschaubarer Vergangenheit. Besonders der Domplatz hinter der Petrikirche zeigt dies. Er war jahrelang ein leerer Platz, um dessen Bebauung man sich stritt. Im frühen Mittelalter lag hier das Herz der Stadt: der Standort der karolingischen Hammaburg und des 1248 entstandenen Domes. Archäologen fanden heraus, dass dieser höchste Punkt zwischen Elb- und Alsterniederung schon zur Steinzeit besiedelt war.

Nur ein paar Schritte von Hamburgs Ursprung entfernt entstand zwischen 1899 und 1906 der Hauptbahnhof. Da die Kontorhäuser seit 1900 Hochkonjunktur hatten, beschloss man den Bau einer Hauptverkehrsader vom Bahn-hof zum Rathaus. Als Phalanx von Kontorhäusern wurde 1909 die Mönckebergstraße hochgezogen, benannt nach Bürgermeister Johann Georg Mönckeberg (1839–1908). Sie diente als reine Geschäftsstraße – Wohnraum war nicht vorgesehen. Ein gewichtiger Schritt, der Hamburgs City nach Büroschluss entvölkerte. Auch im Untergrund schuf man mit der U-Bahn eine Verbindung zwischen Hauptbahnhof und Rathaus. Bis dahin hatte zwischen Spitaler- und Steinstraße noch ein Altstadtquartier mit Höfen und Gängen existiert. Es wurde abgerissen, denn nach der Cholera-Epidemie von 1892 galt dieser Bezirk als ›Sanierungsgebiet Altstadt-Nord‹. Über die neue Bebauung entschied erstmals eine Kunstkommission, der der spätere Baudirektor Fritz Schumacher angehörte.

Lange Zeit galt die Mönckebergstraße als vernachlässigte Einkaufsmeile. Einkaufen ging ›man‹ zwischen Gänsemarkt und Neuem Wall, ein Trend, den die neuen Passagen ab Ende der 1970er-Jahre noch verstärkten. Doch zum neuen Jahrtausend erlebte die Mönckebergstraße eine Metamorphose, moderne, schicke Kaufhäuser und elegante, ansprechende Läden säumen sie heute. Zwar kauft hier eine andere Klientel als um den teuren Jungfernstieg herum, aber die Shoppingmeile ist beliebt, belebt und ausschließlich Bussen und Taxen vorbehalten. Man kann entspannt vom Hauptbahnhof bis zum Rathaus bummeln.

Eines der schönsten Kontorhäuser – das Levantehaus in der Mönckebergstraße

Die Altstadt

Sehenswert

1 Südseehaus
2 Klöpperhaus
3 Levantehaus
4 Barkhof
5 Schumacher-Brunnen
6 Thalia-Theater
7 Hulbe-Haus
8 St. Petri-Kirche
9 Schauraum
Bischofsburg
10 Domplatz
11 Pressehaus
12 St.-Jacobi-Kirche
13 Sprinkenhof
14 Chilehaus
15 Afrikahaus
16 Zürichhaus
17 Bülowhaus
18 Trostbrücke
19 Patriotische
Gesellschaft
20 Laeiszhof
21 Globushof
22 St.-Nikolai-Kirche
23 Oberfinanzdirektion
24 Fleetinsel

Essen & Trinken

1 Coelln's
2 Daniel Wischer
3 Plat du Jour
4 Rialto
5 Balzac Coffee Shop
6 Café Paris

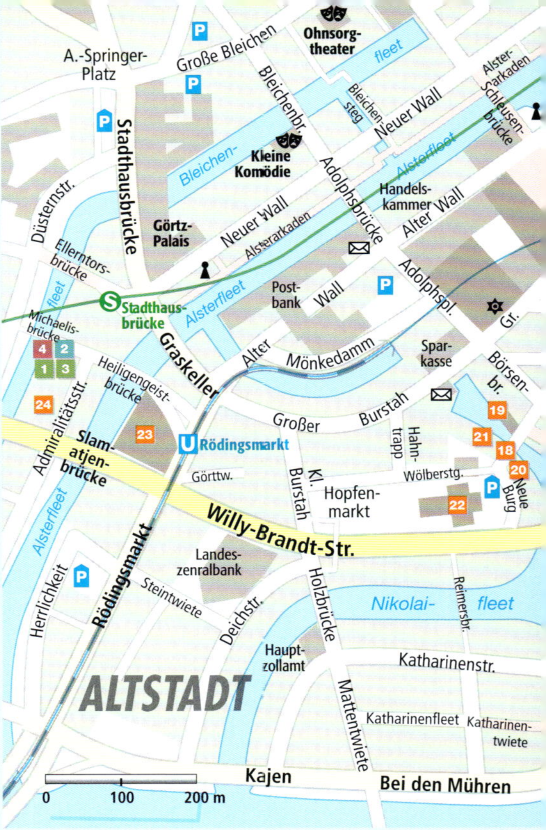

Einkaufen

1 Dörrie * Priess
2 Kuball & Kempe
3 Sautter & Lackmann
4 Sport-Karstadt
5 Thomas-i-Punkt

Die Mönckebergstraße

Südseehaus 1

Am Anfang der Mönckebergstraße (Nr. 8) blieb das von Carl Gustav Bensel entworfene und 1911/12 erbaute Südseehaus erhalten. Der rote Klinkerbau wurde allerdings durch Krieg und Wiederaufbau verändert. Blickfang des Gebäudes ist ein reich verziertes Portal im neobarocken Stil. Heute ist eine Filiale von Peek & Cloppenburg im Südseehaus untergebracht.

Klöpperhaus 2

Schräg gegenüber liegt das Klöpperhaus, das Fritz Höger erbaute. Der Architekt der meisten Hamburger Handelshäuser wurde auch ›Klinkerfürst von Hamburg‹ genannt. Sein Parade-

stück ist das Chilehaus (s. S. 129).

Abends & Nachts

1 Apples Bar im Park Hyatt
2 Fleetstreet-Theater
3 Sausalitos

stück ist das Chilehaus (s. S. 129). Im Klöpperhaus befindet sich heute hinter Backstein und Sprossenfenstern der Kaufhof. Die Front zu den Langen Mühren zieren Bronzeschafe, denn die Firma Klöpper war im Wollhandel tätig. Das Traditionshaus ging 1997 in die Filmgeschichte ein: Pierre Brosnan fuhr als James Bond in »Der Morgen stirbt nie« in ein Schaufenster des Klöpper-

hauses. Gleich nebenan liegt das Caledonis- oder Hammoniahaus, das im Relief Schotten zeigt.

Levantehaus 3

Auch das reich verzierte Levantehaus bietet ein Beispiel der alten Backsteinbauten an der Mönckebergstraße. Es wurde Ende der 1990er-Jahre innen aufwendig umgebaut: Eine exklusive

125

Mönckebergstraße und Altstadt

Ladenpassage mit Cafés entstand auf den unteren Stockwerken, in den oberen Etagen logiert das Park Hyatt Hotel.

Barkhof 4

Dieses Doppelkontorhaus gegenüber dem Levantehaus nimmt ganze 170 m Straßenfront ein. Im Hof des Blocks erinnerte zu Beginn des 20. Jh. ein Denkmal an den Dichter Heinrich Heine, in der Hand eine Schriftrolle mit der Inschrift: »Was will die einsame Träne, sie trübt mir ja den Blick.« 1939 ›emigrierte‹ der bronzene Dichter nach Frankreich.

Schumacher-Brunnen 5

Gegenüber vom Rappolthaus, das ebenfalls Fritz Höger erbaute, mündet die Spitalerstraße in die Mönckebergstraße. Hier errichtete Fritz Schumacher 1913 einen Brunnen mit einem kleinen zweigeschossigen tempelartigen Gebäude. So erhielt die Straße einen zentralen Platz, der auch oft für Kundgebungen genutzt wird. Lange war in dem Haus die Zentralbibliothek untergebracht, bis das Gebäude zu klein wurde. Heute beherbergt es ein Café.

Thalia-Theater 6

Am nächsten Platz, der erst 1946 nach dem Schriftsteller Gerhart Hauptmann benannt wurde – zuvor hieß er Pferdemarkt –, residiert im großen gelben Gebäude das Thalia-Theater (s. S. 50). Es wurde 1911/12 an Stelle der alten Markthallen erbaut.

Hulbe-Haus 7

Durch seine ungewöhnliche Bauweise fällt in der Mönckebergstraße das kleine Hulbe-Haus von 1911 auf. Sein Stil ist an die hansestädtische und niederländische Renaissance angelehnt und erinnert an ein hansestädtisches

mittelalterliches Gebäude. Bauherr Georg Hulbe richtete hier ein Kunstgewerbegeschäft ein und wollte gegen den Kontorhausboom jener Zeit ein Zeichen setzen. Ihm lag daran, die dahinterliegende St. Petri-Kirche nicht zuzubauen. Heute ist in dem Häuschen der Modeshop von Thomas-i-Punkt untergebracht (s. S. 39).

St. Petri-Kirche 8

www.sankt-petri.de, Mo–Do 10–18.30, Mi bis 19, Sa 10–17, So 9–21 Uhr
Bereits 1195 erstmals erwähnt, ist St. Petri die älteste unter den Pfarrkirchen in der Innenstadt. Das jetzige Gebäude entstand nach dem Brand 1844–49 nach dem Vorbild des vorherigen Kirchenbaus im Stil der Backsteingotik. 2008 wurde eine umfassende Renovierung des Gebäudes abgeschlossen.

Der mittelalterliche Hochaltar von Meister Bertram (1383) ist in der Hamburger Kunsthalle (s. S. 53) ausgestellt. Noch immer ist die Kirche das Zentrum des kirchlichen Lebens und durch ihre zentrale Lage auch ein Ort politischer Demonstrationen. Außen am Chor steht seit 1979 das Denkmal des Theologen Dietrich Bonhoeffer, der 1945 von den Nazis hingerichtet wurde. In der Vorweihnachtszeit findet um die Kirche herum immer ein schöner Markt statt.

Schauraum Bischofsburg 9

Kreuslerstr. 4, Tel. 040 325 74 00, Mo–Fr 10–13, 15–17, Sa 10–13 Uhr
Im Gemeindehaus der St. Petri-Kirche, unter dem Glasschaufenster des Senders Radio Hamburg, liegt der Schauraum Bischofsburg. Hier kann man Fundamente der alten Bischofsburg besichtigen, die 1949–57 bei Ausgrabungen gefunden wurden. Die alte Hammaburg ist als Modell rekonstruiert.

Rund um den Domplatz

Domplatz und Alter Fischmarkt

www.hamburg-domplatz.de

Historischer Boden: Auf dem **Domplatz** 10 hinter der St.-Petri-Kirche stand bis zu Beginn des 19. Jh. der gotische Mariendom, einst das Zentrum des städtischen Lebens. In ihren Seitenschiffen hatten Buchhändler, Kunstgewerbetreibende und Trödler ihre Stände. Regelmäßig zu Weihnachten fand um den Dom herum ein großer Jahrmarkt statt. Daher erhielt der ›Hamburger Dom‹, der dreimal im Jahr stattfindende große Jahrmarkt auf dem Heiligengeistfeld (s. S. 50), seinen Namen.

Augenzeugen berichteten um die Wende zum 19. Jh., das alte Gemäuer sei dunkel, schmutzig, vernachlässigt und ungepflegt, aber keineswegs so baufällig, dass man es hätte abreißen müssen. Die Vernachlässigung war politisches Kalkül: Die Hoheit über den Dom hatte nämlich der Bremer Bischof, und das wollten die Hamburger nicht länger dulden. So wurde der Dom 1804–07 abgebrochen. Der Domplatz verkam lange zum öffentlichen Parkplatz. Dann wurde gegraben, um Reste der Hammaburg zu finden, und zuletzt sollte ein Glaswürfel den Platz zieren. Die Zukunft des Areals ist noch nicht entschieden.

An den Platz grenzt der **Alte Fischmarkt,** einer der ältesten Plätze der Stadt (von 1259). Vor dem Zweiten Weltkrieg war er noch mit Fachwerkhäusern bebaut. In Nr. 11 befindet sich der wunderbare Conceptstore von **Kuball & Kempe** 2.

Ein Blick in die hier abzweigende Gasse **Schopenstehl** lohnt wegen des Hauses Nr. 32/33. Die spätbarocke Fassade mit Rokoko-Doppelportal entstand 1750. Das Haus hinter der Fassade wurde jedoch Ende des 19. Jh. neu gebaut.

Pressehaus 11

Die Ostseite des Domplatzes begrenzt das Pressehaus. 1938 von den Nazis als »Deutschlands modernstes Zeitungsgebäude« errichtet, wurde es nach dem Krieg aufgestockt und war in den 1950er-Jahren Verlagshaus der SPD-Presse, dann des »Spiegel«. Heute residiert in dem Backsteinbau »Die Zeit«. Im Erdgeschoss führt das Auktionshaus Schopmann seit 1823 Versteigerungen durch und hat hier einen großen Showroom mit Antiquitäten.

Kontorhausviertel

St.-Jacobi-Kirche 12

www.jacobus.de, tgl. 10–17 Uhr

Über die Steinstraße, vorbei an kleinen Läden und Cafés, erreicht man die Jacobikirche, die am Rand des Hamburger Kontorhausviertels liegt. Sie wurde seit ihrer Entstehung im Jahr 1355 ständig umgebaut und dann im Krieg teilweise zerstört. Das heutige Gebäude ist eine Rekonstruktion. Beson-

Unser Tipp

Turmbesteigung!

Lohnend ist eine Turmbesteigung der St.-Jacobi-Kirche, denn von hier bietet sich ein wunderschöner Blick. Von Mai bis Oktober ist das Turmcafé an jedem ersten Samstag im Monat von 12 bis 18 Uhr geöffnet. Sehr klein, aber sehr lohnend. Nicht nur wegen der selbstgebackenen Kuchen!

ders sehenswert ist die Arp-Schnitger-Orgel von 1689–93, die größte erhaltene Barockorgel Norddeutschlands, auf der bereits Johann Sebastian Bach spielte. Der Schriftsteller und Orgelbauer Hans Henny Jahnn restaurierte die Orgel nach dem Krieg.

Sprinkenhof 🔢13

Biegt man von der Steinstraße rechts in die Springeltwiete ab, läuft man direkt auf den Sprinkenhof zu, das größte Gebäude im Kontorhausviertel. Es entstand in drei Abschnitten zwischen 1927 und 1943. Im Hof kann man das netzartige Backsteinmuster der Fassade bewundern. Alles ist frisch renoviert und einige exklusive Läden sind eingezogen.

Chilehaus ❗ 🔢14

www.chilehaus.de

Das nahe Chilehaus ist das Herz des Kontorhausviertels und seit 1983 Weltkulturerbe. Seine scharfkantige Spitzfront hat die Form eines Schiffsbugs. Das Gebäude gilt als ein Hauptwerk des Expressionismus in der Architektur. Fritz Höger entwarf es 1922. Der farbige Klinker mit der rauen Oberfläche – 4,8 Mio. Backsteine benötigte man insgesamt – wurde von ihm zum ›Bauedelstein‹ erklärt und in der Folge wiederholt eingesetzt. Der Name des Gebäudes rührt daher, dass der Bauherr, Henry Brarens Sloman, Salpeter aus Chile importierte.

Die Häuser in unmittelbarer Nachbarschaft des Chilehauses bilden eine architektonische Einheit: Neben dem Sprinkenhof (s. o.) sind dies der Mohlenhof (Burchardplatz) und der Montanhof (Kattrepel 2), um nur die größ-

Nachts sind die Umrisse des Chilehauses effektvoll beleuchtet und es scheint, als wolle ein illuminierter Luxusliner lossegeln

ten zu nennen. Das modernste »Großstadtbild Deutschlands, das weltgültig schön, zweckentsprechend und dennoch ganz hamburgisch ist«, schrieb der Dichter Hans Leip 1931 über das Ensemble. Die Fischertwiete führt mitten durch das Chilehaus und lässt Zeit zum ausführlichen Betrachten dieses einzigartigen Bauwerks.

Zur Kleinen und Großen Reichenstraße

Dann steht man am Meßberg mit Blick auf die Speicherstadt (s. S. 144) und das Spiegel-Hochhaus. In der sich anschließenden Straße Hopfensack steht noch – etwas zurückgesetzt – ein Speichergiebel aus dem 18. Jh. (Nr. 26), einer der letzten dieser Art in Hamburg. Die alte Backsteinarchitektur ist nicht mehr zu erkennen, da das Haus weiß verputzt wurde.

Die Kleine Reichenstraße, die jenseits der Brandstwiete als Große Reichenstraße weiterläuft, wurde auf dem um 1880 zugeschütteten Reichenstraßenfleet erbaut, das schon seit dem 9. Jh. mit Speichern bebaut wurde. Reich waren die Hamburger Kaufleute, die hier einst lebten und ihre Waren lagerten – wie der Name der Straße bezeugt. In der Kleinen Reichenstraße finden sich noch einige Bürgerhäuser aus dem 19. Jh.

Markantestes Haus in der Großen Reichenstraße ist das **Afrikahaus** 🔢15 (www.afrika-haus.de), das 1899 nach Plänen von Martin Haller für die Reederei Woermann erbaut wurde. Besonders ins Auge fallen die blau-grünweißen Klinker, zwei Elefantenköpfe und die Skulptur eines Afrikaners am Eingang des denkmalgeschützten Hauses. Schon in der Mitte des 19. Jh. gründete Carl Woermann die erste Niederlassung seiner Firma in Afrika.

In **Haus Nr. 49** wohnte der 1883 geborene Dichter Joachim Ringelnatz,

Lieblingsort

Café Paris 6
Herrlich französisch. Die schönste
Brasserie Hamburgs befindet sich
im original gekachelten Laden
einer 1882 gegründeten Schlachte-
rei in der Nähe des Rathausmark-
tes. Unter den freskengeschmück-
ten Stuckdecken muss man sich
einfach wohlfühlen. In weißen
Hemden, Fliege und Schürze sorgt
das Personal – ob morgens, mittags
oder abends – für Pariser Flair. Für
Gesellige empfiehlt sich auf alle
Fälle ein Platz am Tresen. Wer es
ruhiger mag, geht rüber in den
Salon, ein Rückzugsort im Art-
déco-Stil mit eigenem ›Garçon‹.
Das hat Stil!
Café Paris: Rathausstr. 4, Tel. 040
32 52 77 77, Mo–Fr 9–1, Sa, So 10–1
Uhr, Küche bis 23.30 Uhr

als er noch Hans Gustav Bötticher hieß und 1905 in Hamburg eine kaufmännische Lehre absolvierte.

An der Kreuzung mit der stark befahrenen Domstraße treffen Alt und Neu aufeinander: Das **Zürichhaus** 16 erbauten die Architekten Gerkan & Marg 1989–92.

Das mittelalterliche Handwerkerviertel

Im Gebiet nördlich von Großer Reichenstraße und Neß weisen Straßennamen wie Bäcker-, Pelzer- und Schmiedestraße auf das mittelalterliche Handwerkerviertel hin.

Ein paar Schritte die Brodschrangen hinauf stößt man auf die Kreuzung Große Bäckerstraße/Dornbusch. An der Nordseite des **Dornbusch** stand einst das erste Rathaus der Stadt und bis zum großen Brand auch der Ratsweinkeller, in dem sich Hamburger Kaufleute trafen. Heute trifft man sich im weißen Neorenaissancebau von 1900 wieder im **Coelln's** 1, dem legendären Austernrestaurant, in dem schon Bismarck seine Austern schlürfte. Von 1880 bis zum Ersten Weltkrieg besaß das Coelln's eigene Güterwagen für den Kaviar-Transport von Astrachan nach Hamburg. Wer originaal französische Küche bevorzugt, geht ins benachbarte **Plat du Jour** 3.

Die **Große Bäckerstraße** ist eine der ältesten Hamburger Gassen. Allerdings ahnt man davon kaum noch etwas. Haus Nr. 10 überstand als eines von wenigen Gebäuden den großen Brand von 1842. Die Fassaden der ursprünglich um 1700 errichteten zwei Fachwerkbauten wurden nach 1842 verputzt. Ganz anders das Bürohaus Nr. 4 von 1899 mit dem auffälligen glänzenden Gelbklinker.

Einen Abstecher lohnt auch die parallel verlaufende **Schauenburgersstraße.** Nach links Richtung Börse liegt

Haus Nr. 59, das der Heine-Verleger Julius Campe nach dem großen Brand von 1842 erwarb. Im heutigen Gebäude kann man im Erdgeschoss in einer Niederlassung des **Balzac Coffee Shop** 5 einen Milchkaffee schlürfen.

Nach rechts finden sich typische Kontorhäuser vom Anfang des 20. Jh. Besonders auffällig ist das **Bülowhaus** 17 (Nr. 34), das Jugendstil und wilhelminischen Monumentalismus vereint. Daneben ein blau-weißes Stadtpalais (Nr. 32), das 1845 als Zunfthaus der Schlosser erbaut wurde. Ein Muss ist eine Pause im **Café Paris** 6 (s. S. 130).

Zwischen den Fleeten

Trostbrücke 18

Um die Trostbrücke herum, die 1266 erstmals erwähnt und 1881 neu erbaut wurde, befand sich über 500 Jahre das Zentrum der Stadt. Sie überbrückt das Nikolaifleet zwischen der bischöflichen Altstadt und der gräflichen Neustadt. Dort befand sich einst Hamburgs Alter Hafen – mit Kai, Kran und städtischer Waage. Auf der Brücke stehen symbolisch ihre beiden Gründer: Erzbischof Ansgar, der erste Herrscher der Stadt von 834–865, gegenüber Adolf III. von Schauenburg, dem ersten weltlichen Herrscher (1164–1203). Hier, an der Ecke zum Neß, stand bis zum großen Brand das Alte Rathaus. Nahebei wurde 1558 die erste Börse in einer Renaissancehalle gegründet. Sie begann um 13 Uhr, wer zu spät kam, musste eine Strafe in die Maklerwitwenkasse zahlen. Heute nimmt ein Bankgebäude mit schönem autofreiem Vorplatz zum Fleet den Platz der Börse ein.

Patriotische Gesellschaft 19

An der Stelle des Alten Rathauses er-

hebt sich heute der neugotische Backsteinbau (1844–47) der Patriotischen
Gesellschaft. Sie gründete sich schon
1765 »zur Beförderung der Künste und
der nützlichen Gewerbe« im Geiste der
Aufklärung. Ihr Wahrzeichen ist ein of-
fener Bienenkorb: Viele tragen Honig
hinein, zum Wohle aller. Auf Initiative
der Gesellschaft entstanden 1778 die
erste Sparkasse, 1792 die erste Bade-
anstalt und 1898 die erste öffentliche
Bücherhalle. Die Gesellschaft initiierte
auch den Kunstverein, aus dem die
Hamburger Kunsthalle hervorging.
Nach wie vor sind viele Hamburger Firmen Mitglieder der Gesellschaft, sie
mischen so ein bisschen ›in der Kultur
mit‹. Den Keller, einst ein Restaurant
mit gotischem Gewölbe, kann man
heute für Events mieten.

Laeiszhof [20]
Den Laeiszhof (Trostbrücke 1) erbaute
1897/98 Ferdinand Laeisz, der Besitzer
einer großen Reederei. Ihre schnellen
Segler waren im Lateinamerika- und
Ostasienhandel unterwegs. Die Namen
der Schiffe von Laeisz, der bedeutendsten Segelschiffreederei des 19. Jh., fin-
gen alle mit ›P‹ an: Die bekanntesten
waren die ›Pamir‹ und die ›Passat‹. Der
Laeiszhof ist ein Backsteinbau, der die
Bauweise der Speicher wieder auf-
nimmt, die zuvor hier am Fleet gestan-
den hatten. Nach der Familie Laeisz be-
nannte man übrigens 2005 die Musikhalle (s. S. 44).

Globushof [21]
Auf der anderen Seite der Brücke steht
der Globushof (Trostbrücke 2), ein
1907 errichtetes Kontorhaus im neu-
barocken Stil Schiffsmodelle und Neptun auf den Giebeln demonstrieren die
Handelsmacht der Hamburger Kaufleute. Heute residiert hier eine Versi-
cherung. Von der Brücke blickt man
auf die Ruine der St. Nikolai-Kirche.

Trostbrücke und Globushof: Eine Statue erinnert an den Stadtgründer Erzbischof Ansgar

St.-Nikolai-Kirche 22

Die 1195 gegründete St.-Nikolai-Kirche wurde vom großen Brand zerstört. Beim Neubau ab 1846 dienten der Kölner Dom und das Ulmer Münster als Vorbilder. Lediglich der 147 m hohe Turm überstand den Zweiten Weltkrieg. Man entschied, eine neue St.-Nikolai-Kirche am Klosterstern in Harvestehude zu errichten und die alte als Mahnmal und Gedenkstätte für die Opfer des Dritten Reiches in ihrem ruinösen Zustand zu belassen. Seit Mai 2005 kann man mit einem Fahrstuhl 75 m hoch zu einer Aussichtsplattform fahren, auf der sich auch eine Geschichtswerkstatt befindet.

Hopfenmarkt

Zu Füßen der Kirche liegt der Hopfenmarkt. Heute ist er ein kleiner Platz mit Parkanlage, auf dem regelmäßig ein Markt stattfindet. Wie seit Jahrhunderten, denn bereits 1256 wurde der Marktplatz erwähnt, auf dem man seit dem 14. Jh. mit Hopfen handelte. Seit dem Ende des 19. Jh. kamen nur noch die Gemüsehändler, meist aus den Vierlanden. Der Vierländer Brunnen stammt aus dem Jahr 1978.

Vom Rödingsmarkt auf die Fleetinsel

Am Rödingsmarkt wurde 1886 ein Fleet zugeschüttet, heute fahren auf der 1906–12 gebauten Trasse U-Bahnen Richtung Hafen und Rathaus. Das markanteste Gebäude am Platz ist die Oberfinanzdirektion 23, ab 1907 auf dem Gelände des Hospitals zum heiligen Geist erbaut.

Über die Heiligengeistbrücke gelangt man auf die Fleetinsel 24 zwischen Alsterfleet und Herrengrabenfleet. Seit Ende der 1980er-Jahre bildet sie die städtebauliche Verbindung zwischen City und Hafen und zeichnet sich durch etliche attraktive Neubauten

aus: Das **Steigenberger Hotel** und dahinter das **Deutsch-Japanische Zentrum**, beide aus rotem Klinker, entwarfen Gerkan & Marg. Der **Fleethof** bietet 13 000 m^2 Bürofläche zwischen Herrengrabenfleet und Admiralitätsstraße.

In der 1767–74 angelegten **Admiralitätsstraße** finden sich die letzten Beispiele der typischen Hamburger Fleetarchitektur: Nr. 77 an der Ecke zur Michaelisbrücke, das **Neidlingerhaus**, ist ein Neorenaissancebau vom Ende des 19. Jh., ein typisches Wohn- und Mietshaus jener Zeit. Nr. 74 ist der **Michaelisspeicher** von 1787, eines der letzten Beispiele eines Fleetspeichers. Das Kontor- und Lagerhaus Nr. 73 wurde für eine Papierhandlung gebaut, wie an den Plastiken am Eingang zu erkennen ist. Auf der rückwärtigen Seite zum Herrengrabenfleet befindet sich der zweitälteste Speicher Hamburgs, ein Bau aus dem Jahr 1787. Im Haus nebenan kann man in Kunstbüchern stöbern, bei der **Galerie Dörrie ∗ Priess** 1 vorbeischauen oder eine Vorstellung im **Fleetstreet-Theater** 2 besuchen.

Essen & Trinken

Nicht nur Kaviar – **Coelln's Restaurant** 1: Brodschrangen 1–5, Tel. 040 36 41 53, U-/S-Jungfernstieg, U 3 Rathaus, Mo–Sa 11.30–22.30 Uhr, Hauptgerichte ab 14 €. Das Traditionsrestaurant ist wieder da. Ein Gewinn! Bestens renoviert erstrahlen die Jugendstil-Wandfliesen und die vergoldeten Deckenornamente des Traditionsrestaurants in alter Pracht. Neben Kaviar, Hummer und Austern werden hier Köstlichkeiten der norddeutschen Küche wie Labskaus oder Tatar auf Schwarzbrot offeriert.

Fisch und noch mal Fisch – **Daniel Wischer** 2: Spitalerstr. 12, U 3 Mönckebergstraße, Mo–Fr 11–20.30, Sa 11–16 Uhr, Hauptgerichte unter 10 €. Fisch gut und preiswert. Gebackener Goldbarsch (superknusprig) mit Kartoffelsalat, Fischfrikadellen und vieles mehr. Fish & Chips am Imbiss zum Mitnehmen.

Typisch französisch – **Plat du Jour** 3: Dornbusch 4, Tel. 040 32 14 14, U 3 Rathaus, tgl. 12–22.30 Uhr durchgehend, Menü 26,50 €. Das Lokal ist ganz wie der Wirt Jacques Lemercier: charmant, verführerisch und von französischer Leichtigkeit. Mittags Spesenritter und abends Herzensbrecher – es ist immer voll.

Filetstück am Fleet – **Rialto** 4: Michaelisbrücke 3, Tel. 040 36 43 42, www.rialto-hamburg.de, S 1, 2, 3 Stadthausbrücke, Mo–Fr 12–15, 18–24, Sa 18–24 Uhr, 4-Gänge-Abendmenü 33,50 €. Ein paar Stufen nach unten und man sitzt auf Augenhöhe mit dem Fleet. Der Fisch ist frisch und lecker, aber besonders gefragt ist das tellergroße Wiener Schnitzel mit Kartoffel-Gurkensalat.

Kaffee total – **Balzac Coffee Shop** 5: Schauenburgerstr. 59, Tel. 040 808 18 30-0, www.balzaccoffee.com, Mo–Fr 9–17 Uhr. Frisch zubereitete Kaffeespezialitäten und Snacks *to go* oder für den Verzehr vor Ort.

Lieblingsort – **Café Paris** 6: s. S. 130.

Einkaufen

Inselgalerie – **Dörrie * Priess** 1: Admiralitätsstr. 71, www.doerrie-priess.de, S 1, 2, 3 Stadthausbrücke, Mi–Fr 14.30–18.30, Sa 12–15 Uhr. Die Mitgründer des Galerien-Hauses auf der Fleetinsel zeigen Kunst, zeitgenössisch und individuell.

Kostbarkeiten – **Kuball & Kempe** 2: Alter Fischmarkt 11, U 3 Rathaus, U 1 Meßberg, Mo–Fr 10–19, Sa 10–16 Uhr. Ein Concept-Store mit einer merkwür-

dig schöner Mischung aus Meißner Porzellan, Adidas, Levi's Vintage, Fauchon-Spezialitäten und Carl-Rotter-Gläsern aus Lübeck. Hier erleben handgemachte Kostbarkeiten eine Renaissance und sind auch besonders schön präsentiert.

Kunstbücher – **Sautter & Lackmann** 3: s. S. 37.

Sport total – **Sport-Karstadt** 4: Lange Mühren 14, J-/S-Bahn Hauptbahnhof, Mo–Sa 9.30–20 Uhr. Hamburgs Mekka für Sportfans und größtes Sporthaus Europas. Auf dem Dach kann man im Winter bei wunderbarer Aussicht Schlittschuh laufen.

Streetwear – **Thomas-i-Punkt** 5: s. S. 39.

Abends & Nachts

Entspannt – **Apples Bar im Park Hyatt** 1: Bugenhagenstr. 8–10, U-/S-Bahn: Hauptbahnhof, U 3 Mönckebergstraße, www.hamburg.park.hyatt.de, tgl. 17–1, Fr, Sa bis 2.30 Uhr, Lounge tgl. 9–1 Uhr. Die Bar ist toll beleuchtet und bietet eine große Cocktailauswahl. In der benachbarten Lounge gibt es Kaminfeuer und heimelige Sofas.

Avantgarde – **Fleetstreet-Theater** 2: Admiralitätsstr. 71, Tel. 040 39 99 38 83, www.fleetstreet-hamburg.de, S 1, 2, 3 Stadthausbrücke. Performance, Film und Lesung: die Fleetstreet ist ein Avantgardetheater, das auf Neues und Experimentelles setzt. Beste Lage im Galerie- und Kunstviertel.

Wild – **Sausalitos** 3: Fischertwiete 2 (im Chilehaus), www.sausalitos.de, U 1 Meßberg, Mo–Sa ab 17 Uhr, Snacks ab 5 €. Die Küche heizt zur täglichen Afterwork-Party kräftig mit Tortillas, Enchiladas und Tacos ein. Tanzen und Flirten läuft hier gut.

Speicherstadt, Hafen-City und Neustadt Süd

Highlights!

Speicherstadt und HafenCity: Zwischen der historischen Speicherstadt und der Elbe entsteht ein hypermodernes Quartier. Die HafenCity bringt die Stadt und die Menschen an den Fluss. Neuer Wohnraum, Museen, Restaurants und Büros entstehen. Einen Überblick verschafft man sich vom View Point HafenCity. S. 139

Michel: ›Michel‹ wird Hamburgs Wahrzeichen genannt, der schönste Kirchenbarockbau des Nordens. Die Besatzungen der ankommenden Schiffe sahen immer als Erstes den Michel, und von seinem Turm genießt man schönste Blicke auf den Hafen und die Stadt. 22 S. 151

Auf Entdeckungstour

Durch die Speicherstadt: Die denkmalgeschützte Speicherstadt ist der größte zusammenhängende Lagerhauskomplex der Welt. In die Gebäude im Stil neugotischer Backsteinarchitektur sind heute Museen und Medienunternehmen eingezogen. 3 S. 144

BallinStadt: Auf der Elbinsel Veddel liegt die Auswandererwelt Hamburg. Hier bekommt man Antwort auf die Fragen, warum vor rund hundert Jahren Millionen von Menschen ihre Heimat verließen und wie sich ihr Schicksal in Amerika gestaltete. S. 154

Kultur & Sehenswertes

Deichtorhallen: Vor hundert Jahren erbaut, beherbergen die beiden Hallen heute das Haus der Photographie und einen Ausstellungsraum für moderne Kunst. **1** S. 138

Internationales Maritimes Museum: Rund 27 000 Schiffsmodelle, 5000 Gemälde und vieles mehr sind in dem alten Speicherblock, der Nahtstelle zwischen HafenCity und Speicherstadt, ausgestellt. **4** S. 139

Aktiv & Kreativ

Cruise Days: Hamburg ist Hauptstadt der Kreuzfahrtschiffe. An den sommerlichen Cruise Days kann man Schiffe angucken und eine spektakuläre Lichtshow und Feuerwerk erleben. **6** S. 147

Dialog im Dunkeln: Die Welt aus einer anderen Perspektive erleben. Blinde führen Besucher durch pechschwarze Räume. Dabei werden alle Sinne beansprucht und geschärft. **12** S. 148

Genießen & Atmosphäre

Portugiesenviertel: Mediterranes Flair herrscht in den engen Gassen des hafennahen Viertels, in dem sich ein iberisches Restaurant an das andere reiht. Hier steht frischer Fisch auf der Speisekarte. S. 150

Abends & Nachts

Illuminierte Speicherstadt: Ein ganz anderes Bild von der Speicherstadt bekommt man abends, wenn die historische Anlage kunstvoll beleuchtet ist. S. 146

Hamburgs maritime Seite

Das Wasser spielt in Hamburg eine große Rolle: Elbe, Alster, Kanäle und Fleete verleihen der Stadt ein besonderes Flair. Hamburg wächst weiter am Wasser entlang, denn in unmittelbarer Nachbarschaft der historischen Speicherstadt entsteht mit der HafenCity ein hypermoderner neuer Stadtteil. In den nächsten Jahren befindet sich hier eine Baustelle, die sogar das Mammutprojekt Potsdamer Platz in Berlin in den Schatten stellt.

Vor über hundert Jahren hatte man genau hier den Hafenaktivitäten zuliebe ein ganzes Wohnviertel abgebrochen und die Speicherstadt gebaut. Mit der Belebung dieses historischen Vier-

tels entsteht nun ein neuer Erlebnisraum mit Wohnquartieren und Büros. Rund 300 Unternehmen aus verschiedenen Branchen haben die denkmalgeschützten Speicher für sich entdeckt. Museen, Erlebnisgastronomie und nächtliche Illumination – die Gegend zwischen Deichtorhallen und Landungsbrücken hat jede Menge zu bieten.

Die Landungsbrücken waren das Herz von Hamburgs altem Hafen, doch hat sich das Hafengeschehen inzwischen weiter westlich und auf die andere Elbseite verlagert: in den riesigen Containerhafen. Der Hafen brummt, und das merkt man auf diesem Rundgang ganz besonders.

Infos
Infocenter HafenCity: Im Kesselhaus, Auf dem Sande, www.hafencity.com, Di–So 10–18 Uhr, Eintritt frei

Internet: Infos zu den sommerlichen Cruise Days unter www.hamburgcruisedays.de.

Rundgang
Eine Tour zur Erkundung von Speicherstadt und HafenCity kann gut bei den **Deichtorhallen** beginnen (U-Bahn: Meßberg oder Steinstraße) und an den **Landungsbrücken** enden (U-/S-Bahn: Landungsbrücken; Beschreibung der Landungsbrücken s. S. 165). Ohne Museumsbesichtigungen lässt sich der Rundgang in etwa 2–3 Std. bewältigen. Doch gibt es so viel zu sehen, dass man besser mindestens einen halben Tag einplant.

Von den Deichtorhallen zur Speicherstadt

Deichtorhallen [1]
www.deichtorhallen.de, Di–So 11–18 Uhr, Eintritt 7 €

Nicht zu übersehen sind die beiden Deichtorhallen, weit gespannte Stahlkonstruktionen mit Backsteinausfachung. Von 1912 bis 1962 wurde hier mit Gemüse und Obst gehandelt, danach noch zwanzig Jahre mit Blumen. Insgesamt 29 000 m^2 umfasste die Marktfläche, die über einen Gleisanschluss und Kaianlagen verfügte. Jahrzehntelang legten die Schuten und Ewer mit Obst, Gemüse und Blumen aus den Vierlanden hier an. 1989 ließ die Körber-Stiftung die Hallen aufwendig restaurieren. Das viel beachtete Forum für zeitgenössische Kunst beherbergt inzwischen das Haus der Photographie.

Zugang zu Speicherstadt und HafenCity

Wenn man zwischen den Deichtorhallen steht, schaut man auf das neue **Bürohaus Deichtor** 2 . In Anlehnung an die Architektur des Chilehauses ist es wie ein Ozeanriese gestaltet – allerdings nicht aus Klinkern, sondern aus Glas und Stahl. Diese Bauweise ist eine Spezialität des Hamburger Architekten-Teams Bothe, Richter und Teherani, das hier an der Oberbaumbrücke sein Büro hat.

Die Brücke ist einer der Zugänge zur **Speicherstadt** 3 (s. Entdeckungstour S. 142) und zum Gelände der im Bau befindlichen neuen HafenCity. Die Trennlinie zwischen Speicherstadt und HafenCity bilden Brooktorkai und Sandtorkai. Nirgendwo ist der Kontrast zwischen HafenCity und Speicherstadt stärker als Am Sandtorkai. Hier stehen sich alte Backsteinspeicher und moderne Glasfassaden gegenüber.

HafenCity !

Internationales Maritimes Museum 4

Koreastr. 1, www.internationales-maritimes-museum.de, Di, Mi, Fr–So 10–18, Do 10–20 Uhr, Eintritt 10 €
Am Ende des Brooktorkais – man beachte rechts das **Fleetschlösschen** 1 (s. S. 142) – sieht man dort, wo Magdeburger Hafen und Brooktorhafen ineinander übergehen, auf der anderen Seite den **Kaispeicher B**, das älteste Lager der Speicherstadt. Er ist Sitz des nagelneuen **Internationalen Maritimen Museums**, das im Sommer 2008 inmitten der HafenCity auf einer Ausstellungsfläche von 15 000 m² eröffnete und mit über 27 000 Schiffsmodellen, 50 000 Konstruktionsplänen von Schiffen, rund 5000 Gemälden und 1,5 Mio. Fotografien aufwarten kann. Ideengeber und Hauptstifter des Gesamtpro-

Gebäude wie Container – vom Sandtorkai nach Süden entsteht die neue HafenCity

Speicherstadt, HafenCity und Neustadt Süd

Sehenswert

1 Deichtorhallen
2 Bürohaus Deichtor
3 Speicherstadt (s. Detailkarte S. 146)
4 Internationales Maritimes Museum
5 Science Center
6 Hamburg Cruise Center (Kreuzfahrtterminal)
7 View Point HafenCity
8 Klaus-Störtebeker-Denkmal
9 Elbphilharmonie
10 Sandtorhafen
11 China Shipping
12 Dialog im Dunkeln
13 Brooksbrücke
14 St.-Katharinen-Kirche
15 Neuer Krahn
16 Speicherhäuser in der Deichstraße
17 Slomanhaus
18 Gruner + Jahr
19 Museumsschiff Cap San Diego
20 Museumsschiff Rickmer Rickmers
21 Gustav-Adolf-Kirche
22 St. Michaelis-Kirche

23 Krameramtswohnungen
24 Stinfang

Essen & Trinken
1 Fleetschlösschen
2 Schönes Leben
3 C'Asia
4 Alt-Hamburger
Aalspeicher
5 Weinspeicher B

6 Fillet of Soul
7 José
8 Fischmarkt
9 Old Commercial Room

Einkaufen
1 Lewin
2 Antiquariat Reinhold
Pabel

Abends & Nachts
1 Hamburger Jedermann,
Theater in der Speicher-
stadt
2 Chilli Club

141

Lieblingsort

Fleetschlösschen [1]

Auch wenn der Hamburger zuallererst Bürger ist, Schlösser mag
er gern. Und ganz besonders,
wenn es wie das ›Fleetschlösschen‹
genau da liegt, wo in Hamburg
traditionell Handel getrieben wird:
inmitten der Speicherstadt.

Das Schlösschen, ein ehemaliges
Zollhäuschen, ist ein winziges Einraum-Café-Restaurant – eine Art
Brückenkopf der alten Speicherstadt, also des traditionellen Hamburger ›Kaufmannsadels‹. Hier
treffen sich Touristen, Bauarbeiter
und Architekten zu Pasta, Wraps,
Toast oder Cappuccino – ein kras-
ser Gegensatz zur neuen globalisierten HafenCity mit ihren Busi-
ness-Leuten. Am schönsten ist es
im Sommer, wenn man draußen
auf der Terrasse am Fleet sitzen
kann.

Fleetschlösschen: Brooktorkai 17,
Tel. 040 30 39 32 10, www.fleet
schloesschen.de, Mo–Fr 8–22,
Sa, So 10–22 Uhr, Hauptgerichte
ab 5 €.

Auf Entdeckungstour

Durch die Speicherstadt

Die denkmalgeschützte Speicherstadt **3** ist der größte zusammenhängende Lagerhauskomplex der Welt. In die Gebäude im Stil neugotischer Backsteinarchitektur sind heute Museen und Medienunternehmen eingezogen.

Zeit: ab 2 Std. bis zu einem ganzen Tag

Planung: Die meisten Museen haben tgl. 10–18 Uhr geöffnet, einige öffnen auch früher und schließen später.

Die Adressen, Telefonnummern und Websites der Museen finden sich auf den Seiten 53–57.

Tipp: Jeden Sonntag um 11 Uhr bietet das Museum der Arbeit einen Rundgang durch die Speicherstadt an. Treffpunkt ist an der Kornhausbrücke. Wer am Sonntag keine Zeit hat, kann den Rundgang auch ohne Führung machen, indem er an der gleichen Stelle beginnt und den Tafeln des Museums für Arbeit folgt.

Ab 1888 mussten die Hamburger Reichszölle zahlen, weil sie in das deutsche Zollgebiet eingegliedert wurden. Um die Waren bis zum Wiederverkauf zollfrei zwischenlagern zu können, quartierte man kurzerhand 20 000 Einwohner um und riss das Hafenarbeiterviertel am Kehrwieder und Sandtorkai komplett ab, damit an seiner Stelle die Speicherstadt entstehen konnte. Lange Zeit war das Gelände südlich des Zollkanals abgeschottet, ein von Kanälen umflossener amphibischer Backsteinriegel, nur durch kleine Brücken mit der Stadt verbunden. In den mehrgeschossigen Lagerhauszeilen, mit Erkern, Türmchen, Zinnen und schmucken Giebeln verziert und mit unmittelbarem Wasserzugang, wurden Kaffee und Tee, Obst und Gewürze, Kautschuk und Tabak, Orientteppiche und andere Waren zwischengelagert. Von Booten und Schiffen wurden sie mit Winden hinauf- und durch die typischen Ladeluken hineinbefördert. Hunderte Firmen, die von Hafen und Handel lebten, hatten hier ihren Sitz, noch bis in die 1980er-Jahre hinein – und viele auch heute noch.

Ein Museum zum Anfassen und Riechen

Die denkmalgeschützte Speicherstadt ist heute eine touristische Topattraktion. Neben der beeindruckenden Anlage selbst tragen die vielen in ihr untergebrachten Museen das Ihrige dazu bei. Wer seine Kenntnisse über den Lagerhauskomplex vertiefen möchte, kommt nicht umhin, am St. Annenufer das **Speicherstadtmuseum (1)** aufzusuchen. Im authentischen Lagerhaus sind typische Waren und Arbeitsgeräte ausgestellt, die in der Speicherstadt benutzt wurden und werden, zum Beispiel Kaffeesäcke, Teekisten und Kautschukballen. Fotos und andere Exponate dokumentieren die Geschichte der Speicherstadt. Das Museum veranstaltet auch Führungen und Wechselausstellungen.

Zum Wasserschlösschen

Nur ein paar Schritte trennen das Museum vom ›Rathaus‹ (2) der Speicherstadt an der Ecke Bei St. Annen, das im Frührenaissancestil errichtet wurde. Hier befindet sich auch die **Hamburger Hafen- und Lagerhaus-Aktiengesellschaft (3):** ein auffälliges Gebäude von 1902/03 aus rotem Ziegel und Sandstein, mit grünem Kupferdach, Arkaden und einem Uhrtürmchen. Dann führt der Holländische Brook, in dem übrigens Lessing in den drei Jahren seines Hamburger Aufenthalts lebte, zum **Wasserschlösschen (4)** an der äußersten Spitze. Dort wohnten einst die Windenwächter, die für die Wartung der hydraulischen Speicherwinden zuständig waren. Den schönsten Blick auf dieses verwunschene Gebäude hat man während der abendlichen Illumination von der Poggenmühlenbrücke (s. S. 146).

Schmucke Backsteinfassaden

Den schönsten Gesamteindruck von der Speicherstadt erhält man sicherlich vom Boot aus, bei einer Hafenrundfahrt. Doch auch ein Spaziergang durch Alten Wandrahm und Zollstraße, Neuen Wandrahm und Brook bis zum Kehrwieder lohnt. Unterwegs kann man in etliche interessante Museen einkehren. Zuallererst in das Zollgebäude, direkt am Zollkanal gelegen, wo die repräsentative Schauseite der Speicherstadt Richtung Innenstadt zeigt. Das **Zollmuseum (5)** gibt nicht weniger Einblick in die Geschichte des Zolls wie die des Schmuggelwesens. Daneben liegt das Restaurant **Schönes Leben** **2** .

Wer den Philosophen Arthur Schopenhauer (1788–1860) kennt, wird sich bei **Haus Nr. 92 im Neuen Wandrahm (6)** seiner erinnern wollen. Er verbrachte hier seine Kindheit, die nicht besonders glücklich verlief. Der Vater litt unter Depressionen und stürzte sich 1805 vom Speicher des Hauses.

Im **Speicherblock Kehrwieder 2 (7)** befinden sich gleich drei bei Besuchern besonders beliebte Museen. **Hamburg Dungeon** liefert eine Art historischer Gespensterschau, ein Gruselkabinett der Hamburger Historie, während **Miniatur Wunderland** mit der weltgrößten Modelleisenbahn und immerhin rund 12 km Schienennetz in erster Linie Eisenbahnfans anzieht. Eine Attraktion für Kinder ist das **Spielemuseum** unter dem Dach.

... und noch mehr Museen

Richtung Kehrwiederspitze, wo bereits mit dem **Hanseatic Trade Center (8)** ein moderner Bürokomplex von fünf Gebäuden mit 100 000 m² Fläche entstanden ist, geht es dann in den Sandtorkai. In einem Speicherkomplex linker Hand ist **Spicy's Gewürzmuseum (9)** untergebracht: eine Ode an die Gewürze und Aromen aus aller Welt und an den Gewürzhandel. Im selben Haus vermittelt das **Afghanische Museum** Einblicke in Kultur und Traditionen des Landes am Hindukusch.

Vom Kesselhaus zum InfoCenter

Ein Stück weiter erkennt man das **Kesselhaus (10)** an den Metallsimulationen der beiden Schornsteine. Im historischen Backsteinbau befand sich einst das Energiezentrum der Speicherstadt. Heute wird hier über die Zukunft von HafenCity und Speicherstadt informiert, u. a. anhand eines imposanten Modells der geplanten HafenCity.

Kulturerlebnis Speicherstadt

Seit einigen Jahren wird die Speicherstadt im Sommer zwischen 22 und 23.30 Uhr beleuchtet. Dank der Lichtkonzeption von Regisseur und Autor Michael Batz verwandelt sich der historische Komplex auf 1,5 km Länge in ein faszinierendes nächtliches Panorama. Michael Batz hat aber nicht nur Licht in die Speicherstadt gebracht, sondern auch den **»Hamburger Jedermann«** ⬛ – ein Open-Air-Spektakel, das jeden Sommer am Brooksfleet vor der großartigen Kulisse der historischen Lagerhäuser gezeigt wird (s. S. 50).

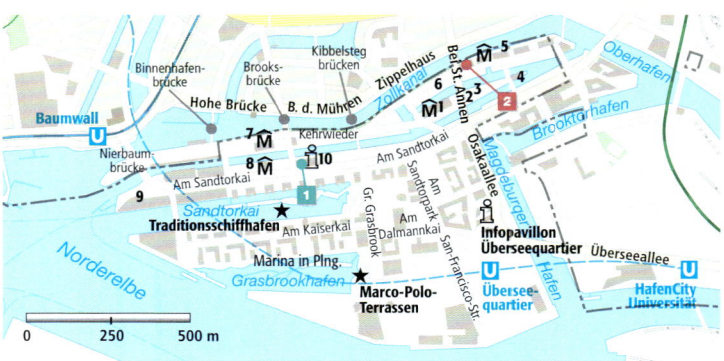

jektes ist der Verleger Peter Tamm. Er schenkte der Stadt seine Sammlung, die ihrerseits das Gebäude stellte.

Science Center 5

Richtung Süden gelangt man direkt in das neue Überseeviertel, bisher noch eine Baustelle. Rem Kohlhaas entwarf das Science Center, das aus zehn Containern, zu einem Riesenrad angeordnet, besteht. In einem rund 70 m hohen, überdimensionalen ›O‹ sollen ein Wissenschaftstheater, Laboratorien und Büros untergebracht werden. Der zunächst für 2009 geplante Baubeginn verzögert sich jedoch, da die Finanzierung neu erstellt werden muss. Die Stadt hält zwar an dem Projekt fest, aus Kostengründen jedoch ohne das ursprünglich geplante Aquarium.

Kreuzfahrtterminal 6

Am Ende der Straße San Francisco liegt an der Elbe das **Hamburg Cruise Center**, der Kreuzfahrtterminal. Hier legen regelmäßig die ›Königinnen der Weltmeere‹ an – 2010 sollen es mehr als hundert pro Jahr sein. Einige wie die ›Queen Mary 2‹ oder die ›Europa‹ kommen mehrmals pro Saison. Der Terminal ist aus den Symbolen der Schifffahrt gebaut, einem Seecontainer und weißen Segeln – architektonisch einfach und doch passend. Hier finden im Sommer regelmäßig die **Cruise Days** statt. Dann wird Hamburg zur Hauptstadt der Kreuzfahrtschiffe, die hier von Lichtshow und Feuerwerk begleitet einlaufen.

View Point HafenCity 7

Unweit des Terminals steht ein auffälliger orangefarbener Aussichtsturm: Der **View Point** ist nicht nur ein echter Hingucker, sondern von der 13 m hohen Plattform in der Form eines Schiffsschornsteins hat man auch einen ausgezeichneten Blick über die Spei-

cherstadt, die Baustelle HafenCity und den Hafen. Eine Schautafel hilft bei der Orientierung.

Klaus-Störtebeker-Denkmal 8

Über den Großen Grasbrook geht es zurück Richtung Speicherstadt. Links liegen die Marco-Polo-Terrassen. Hier kann man einen Blick auf das Klaus-Störtebeker-Denkmal werfen. 2,20 m hoch erhebt sich Hamburgs berühmtester Seeräuber, der vor über 600 Jahren gegen die Hamburger ›Pfeffersäcke‹ gekämpft hat. Bei einer großen Seeschlacht wurde der legendäre Pirat gefangen genommen und 1401 nicht weit von hier zusammen mit 70 Mitstreitern geköpft.

Elbphilharmonie 9

Links geht es den Kaiserkai entlang. Am Ende des Kaiserkais erreicht man den Höhepunkt der HafenCity, den 1875 erbauten Kaispeicher. Mit seinem Turm war er lange das Wahrzeichen des Hamburger Hafens. Den Zweiten Weltkrieg überstand er unbeschadet, doch 1963 wurde er für den Bau eines schlichten Kaffeelagerhauses gesprengt. Nun soll er aufgestockt werden, denn Hamburg bekommt hier mit der Elbphilharmonie sein neues Wahrzeichen, das allerdings zum Streitobjekt geworden ist und zu einem ›Fass ohne Boden‹ zu werden droht: Die Kosten haben sich inzwischen verdreifacht und statt 2010 ist das erste Konzert nun erst für 2013 geplant.

Sandtorhafen 10

Zurück geht es zum Sandtorhafen, in dem sich seit September 2008 der neue **Traditionshafen** befindet. Hier entstanden die ersten Wohnhäuser der HafenCity. Sie tragen dem Standort angemessene Namen wie ›Ocean's End‹, ›Harbour Cube‹ oder ›H2O‹. Die **Magellan-Terrassen,** die sich mit ihren weißen Stufen wie ein Amphitheater zum Wasser absenken, sind ein beliebter Platz. Zwei Kilometer Stufen gibt es hier, die sich als versetzte Treppen und Rampen aus weiß geschliffenem Beton auf drei Ebenen zum Hafenbecken hinunterziehen.

Vom **Chilli Club** `2`, einem Restaurant mit Barbetrieb, das sich im Gebäude des Bankhauses Wölbern befindet, hat man das alles inklusive tollem Hafenpanorama im Blick.

China Shipping `11`

Auffällig ist auch das Gebäude der Reederei China Shipping, erbaut von Bothe, Richter und Teherani (BRT). Mit den roten Stahlträgern, die über die Wasserkante ragen, erinnert das markante Gebäude an moderne Containerbrücken. Am Gebäude vorbei ist man mitten in der Speicherstadt.

Unser Tipp

Dialog im Dunkeln `12`

Ein besonderes Museum am Ostende der Speicherstadt: Blinde führen die Besucher durch pechschwarze Räume, viele Sinne werden beansprucht: Hören, Riechen, Fühlen und Schmecken. Die lichtlosen Räume vermitteln eindrucksvoll, wie schwierig es ist, sich ohne Augenlicht zurechtzufinden. Man nimmt die Welt aus einer völlig neuen Perspektive wahr. Besonders für Kinder ein Erlebnis! Der Besuch der Ausstellung ist nur im Rahmen einer 60 bis 90 Minuten dauernden Führung möglich (Alter Wandrahm 4, Tel. 0700 44 33 20 00, www.dialog-im-dunkeln.de, Di–Fr 9–17, Sa, So 11–19 Uhr).

Rund um das Nikolaifleet

Brooksbrücke `13`

Nach dem Queren der Speicherstadt kann man über die Brooksbrücke aufs ›Festland‹ zurückkehren. Sie wird von Europa und Hammonia flankiert. Die beiden Frauengestalten, die symbolisch für das damalige Deutsche Reich und Hamburg stehen, reichen sich versöhnlich über die Brücke hinweg die Hände. In das im Krieg von 1871 zerstörte Brückentor fügte Kaiser Wilhelm II. am 29. Oktober 1888 eine Gedenktafel ein, den sogenannten Schlussstein. Im alten Zollhäuschen an der Brücke gibt es im **C'Asia** `3` besten Kaffee und mehr. Von der Brücke hat man einen schönen Blick auf die Speicher am Kehrwieder und das Slomanhaus (s. S. 149).

St.-Katharinen-Kirche `14`

Nach rechts erreicht man die St.-Katharinen-Kirche mit ihrem 115 m hohen Barockturm. Mitte des 13. Jh. wurde sie erstmals erwähnt. Damals stand sie in der Mitte einer kleinen Marschinsel. Von 1755 bis 1786 predigte hier Pastor Johann Melchior Goeze, der wegen eines Streits mit Lessing (Anti-Goeze) in die Literaturgeschichte einging. Im Zweiten Weltkrieg wurde die Kirche zerstört und in den 1950er-Jahren rekonstruiert.

Neuer Krahn `15`

Gleich links der Brücke liegt der Neue Krahn, der seit 1570 in Betrieb war. Kräne brauchte man damals vor allem für nicht in Fässern gelieferte Rohstoffe wie Holz, Eisen und Kupfer. Die Hebekraft besorgten acht Männer, die im Innern der Konstruktion wie Hamster in einem Rad liefen. Auf diese Art wurde der Kran bis 1857 betrieben.

Deichstraße 16 und Cremon

Deichstraße und Cremon säumen das Nikolaifleet, den einstigen Binnenhafen Hamburgs. Um 1200 wurde dieser Teil südlich der damaligen Stadt erschlossen. Dafür war ein Deich nötig, auf dessen Krone die Deichstraße verläuft. Die noch erhaltenen Häuser und Speicher aus dem 17. und 18. Jh. standen auf dem Außen- und Binnendeich – eine typische Kombination von Wohn- und Geschäftshäusern jener Zeit. Damit die Binnendeichhäuser Wasserzugang hatten, gab es Fleetgänge, heute beispielsweise noch zu sehen zwischen Haus 39 und 41. Wenn man dort hindurchgeht, landet man auf einem Ponton im Fleet, von dem man einen schönen Blick auf die rückwärtige Seite der Deichstraße und den Cremon hat.

Einst standen hier in langen, dichten Reihen die Speicher, schmale, fünf- bis sechsgeschossige Lagerhäuser mit trüben Fenstern und großen Luken, mit spitzen oder geschweiften Giebeln. Während in der Deichstraße auch noch Bürgerhäuser aus dem 18. Jh. erhalten sind, ist am Cremon neben modernen Bürohäusern nur noch eine kleine geschlossene Gruppe von vier Speichern aus dem 19. Jh. zu sehen. Sie verloren ihre Bedeutung mit dem Bau der Speicherstadt.

In der Deichstraße Nr. 38 begann übrigens der große Brand von 1842, der drei Tage wütete und einen großen Teil der Altstadt zerstörte. Der Brand zog Richtung Nordosten, sodass der südliche Teil der Deichbebauung erhalten blieb. Von 1974 an begann man die Deichstraße zu sanieren, in der Folge wurden auch neue Häuser im alten Stil erbaut (Nr. 35 und 49). In Haus Nr. 45 gibt es noch einen selten gewordenen kleinen Tante-Emma-Laden. Der **Alt-Hamburger Aalspeicher** 4 ist ein stadtbekanntes Lokal am Fleet.

An der Hafen-promenade entlang

Slomanhaus 17

Am Baumwall liegt rechts das 1908/09 errichtete Slomanhaus, Sitz der Reederei Sloman. Der britische Unternehmer William Sloman traf 1791 in Hamburg ein, um hier eine neue Existenz zu gründen. Sein Sohn baute eine Reederei mit den ersten Liniendiensten nach New York auf. 1900 besaßen die Slomans 29 Schiffe und gaben den Backsteinrohbau am Hafen schräg gegenüber der Speicherstadt in Auftrag. Heute befindet sich hier die Redaktion der Zeitschrift Mare.

Hier, am Rand zum Binnenhafen, stand bis 1857 das Baumhaus, eine Zollstation zur Kontrolle der Zufahrt zum Binnenhafen. Wenn es dunkel wurde, schoben die Zöllner einen Baum vor die Hafeneinfahrt. Dieser Schwimmbaum existierte seit 1531 und gab dem Baumwall seinen Namen.

Verlag Gruner + Jahr 18

Das **Verlagsgebäude von Gruner + Jahr,** das wie ein Luxusdampfer im Dock zu liegen scheint, befindet sich direkt gegenüber Hamburgs Sporthafen, in dem auch das 1952 erbaute **Rote Feuerschiff** angedockt hat, ein Restaurant mit Übernachtungsmöglichkeit (s. S. 27). Der Erweiterungsbau von Gruner + Jahr steht am Fleet. Dazwischen ist wie ein Relikt aus ferner Zeit die niedrige Holzbaracke des Schiffsausrüsters Schmeding zu sehen, der nicht weichen will.

Überseebrücke und Museumsschiffe

Vom Glanz vergangener Zeiten zeugt noch die Überseebrücke. Hier begrüßten die Hamburger Max Schmeling,

Für ankommende Schiffe als Erstes zu sehen: der Michel, Hamburgs Wahrzeichen

nachdem er 1930 in New York die Weltmeisterschaft im Schwergewichtsboxen gewonnen hatte. Im 19. Jh. starteten hier die Schiffe, die Auswanderer in die ›Neue Welt‹ brachten. Heute dient die Überseebrücke als Zugang zum Museumsschiff **Cap San Diego** 19 (tgl. 10–18 Uhr). Der 1962 gebaute ›weiße Schwan des Südatlantiks‹ befuhr im Dienst der Reederei Hamburg-Süd die Weltmeere. Nun steht er für die vergangene Zeit der Frachter, die heute längst von den Containerschiffen abgelöst wurden.

Etwas weiter Richtung Landungsbrücken liegt die **Rickmer Rickmers** 20, vor Anker, einer der letzten Großsegler aus dem Jahr 1896 (tgl. 10–18 Uhr, Eintritt 3 €). Aus dem in Bremerhaven gebauten Dreimaster, der in sei-

ner aktiven Zeit unter deutscher, englischer und portugiesischer Flagge fuhr, ist ebenfalls ein Museumsschiff geworden. Es liegt seit 1987 im Hamburger Hafen.

Portugiesenviertel

Die hafennahen Gassen zwischen dem Gruner + Jahr-Haus und den Landungsbrücken sind als Portugiesenviertel bekannt. In den 1960er-Jahren war die Gegend rund um die Rambachstraße Treffpunkt portugiesischer Einwohner. Heute sitzen hier Touristen und Hamburger gleichermaßen, die den frischen Fisch zu schätzen wissen. Ein portugiesisches oder auch spanisches Restaurant reiht sich an das andere. Die

Auswahl ist groß. Mittendrin liegt der feine Herrenmodeladen von Torsten Lewin **2**.

In der Ditmar-Koel-Straße fallen einige Seemannskirchen auf, darunter – links herunter – die neugotische **Gustav-Adolf-Kirche 21**, die älteste noch erhaltene Seemannskirche in Hamburg. Sie beherbergt auch das Pastorat und das Gemeindehaus der schwedischen Gemeinde. Richtung Norden erreicht man nach wenigen hundert Metern die St. Michaelis-Kirche.

Rund um den Michel

St.-Michaelis-Kirche **! 22**
www.st-michaelis.de, tgl. Mai–Okt. 9–19.30, Nov.–April 10–16.30 Uhr
Kurz ›Michel‹ wird der schönste Kirchenbarockbau des Nordens genannt. Die St.-Michaelis-Kirche ist Hamburgs Wahrzeichen, denn die Besatzungen der ankommenden Schiffe sahen als Erstes ihren 132 m hohen Turm mit der größten Turmuhr Deutschlands, wenn sie nach Hamburg kamen. Von oben genießt man eine hervorragende Aussicht auf die Stadt und den Hafen. Täglich um 10 und 21 Uhr bläst dort der Türmer einen Choral mit der Trompete.

Die Geschichte von St. Michaelis geht zurück bis zum Beginn des 17. Jh., doch erst 1751 wurde der Grundstein für den heutigen Bau gelegt. Nach einem Brand 1906 wurde er originalgetreu wieder aufgebaut. Neben dem spätbarocken Äußeren ist vor allem der Innenraum im Stil des norddeutschen Barock mit den geschwungenen Emporen sehenswert: Weiß, Grau und Gold sind die bestimmenden Farben. In der Krypta befinden sich die letzten Ruhestätten von Carl Philipp Emanuel Bach (1714–88), der 1767 Kirchenmusikdirektor in Hamburg wurde, und von Hinrich Borkenstein (1705–77). Der

Kaufmann und Komödienschreiber war der Vater von Susette Gontard, die Hölderlin in seinen Gedichten Diotima nannte. Die Orgelkonzerte in der Kirche mit 2500 Sitzplätzen verdienen besondere Aufmerksamkeit.

Unser Tipp

Gruftiger Sound
Im Gruftgewölbe des Michel findet jeden Freitag um 21.15 Uhr ein Konzert statt. Bei Kerzenlicht ist die Atmosphäre ›unterirdisch‹ gut!
Info: Tel. 040 37 67 81 43 oder www.michel-musik.de

Krameramtswohnungen **23**
www.krameramtsstuben.de, Di–So 10–17 Uhr
Im Schatten des großen Kirchenhauses duckt sich ein Stück altes Hamburg, der Krayenkamp mit den **Krameramtswohnungen** für die Witwen der Kleinhändler. Die letzte erhaltene Hofbebauung aus dem 17. Jh. ist heute eine touristische Attraktion mit Restaurant, Museum und kleinen Shops.

Essen & Trinken

Urig – **Fleetschlösschen 1**: s. Lieblingsort S. 142.
Perfektes Ambiente – **Schönes Leben 2**: Alter Wandrahm 15, Tel. 040 180 48 26 80, www.schoenes-leben-hamburg.de, U 1 Meßberg, Mo–Sa 9–23, So 10–21 Uhr, Hauptgerichte 6–15 €. Sehr großzügiger Raum mitten in der Speicherstadt. Hohe Decken, alte Balken und riesige Lampen. Lounge-Ecke mit Sofas. Auf der Karte steht alles Mögli-

151

Unser Tipp

Aussichtspunkt Stintfang 24

Geht man vom Michel über die Böhmkenstraße Richtung Westen, gelangt man zum Aussichtspunkt Stintfang. Auf dem Hügel stand bis zum Zweiten Weltkrieg ein Neorenaissancepalast von 1881, in dem die Deutsche Seewarte untergebracht war. Dahinter blickt seit 1906 eine **Bismarck-Statue** grimmig über den Hafen. Nach dem Krieg wurde auf dem Stintfang eine Jugendherberge errichtet. Von der Aussichtsplattform blickt man auf die Landungsbrücken und den Kuppelbau des alten Elbtunnels.

che von Currywurst bis Pannfisch. Mittags Salatbuffet, So Brunch.

Orientalische Internationalität – **C'Asia** 3: Brook (Altes Zollhaus), Tel. 040 36 09 06 88, www.casia-coffeeshop.de, U 1 Meßberg, tgl. Mo–Fr ab 6.30, Sa, So 9–19 Uhr. Schon frühmorgens kann man im alten Zollhäuschen die besten Kaffees bekommen, dazu ein halbes belegtes Brötchen (0,80 €). Mittagstisch ab 4,90 €. Ansonsten wird eine breite Auswahl von Tramezzini über Bagels bis Baked Potatoes geboten. Besonders schön ist es, wenn man direkt an der Brooksbrücke draußen sitzt und die Atmosphäre der Speicherstadt genießen kann.

Für Fischköppe – **Alt Hamburger Aalspeicher** 4: s. S. 33.

Der Name ist Programm – **Weinspeicher B** 5: Am Kaiserkai 46, Tel. 64 66 14 50, www.weinspeicher-b.de, tgl. 11.30–14.30, 18–22 Uhr, U-Bahn Messberg, Hauptgerichte ab 18 €, Mittagsgerichte ab 6 €. Ob in Vanille gebrate-

ner Heilbutt oder Kalbsrücken mit Kürbiscannelloni, die Auswahl ist groß. Auch an Weinen: mit 200 Posten vor allem aus deutschen Anbaugebieten macht der Weinspeicher seinem Namen alle Ehre und die Lage mit Blick auf maritime Oldtimer ist gut.

Kosmopolitisch – **Fillet of Soul** 6: Deichtorstr. 2, Tel. 040 70 70 58 00, www.fillet-of-soul.de, U 1 Meßberg, Di–Sa 11–24, So bis 18 Uhr, Hauptgerichte 15–20 €. Sehr engagierte kosmopolitische Küche im Haus der Photographie in den Deichtorhallen, gekocht wird von Patrick Gebhard und Florian Pabst in der offenen Küche. Mittagstisch unter 10 €. Kochkurse mit wechselnden Themen werden angeboten.

Fisch an Fisch – **José** 7: Dietmar-Koel-Str. 11, Tel. 040 52 01 57 24, U-/S-Bahn: Landungsbrücken, Mo–Fr 11–24, Sa, So bis 1 Uhr, Hauptgerichte ab 9 €. Eines von vielen portugiesischen Lokalen in der Dietmar-Koel-Straße. Bei José gibt's guten Fisch zu moderaten Preisen.

Noch mehr Fisch – **Fischmarkt** 8: Dietmar-Koel-Str. 1, Tel. 040 36 38 09, www.restaurant-fischmarkt.de, U-/S-Bahn: Landungsbrücken, So–Fr 12–15, 18–22.30, Sa 18–23 Uhr, Hauptgerichte ab 15 €. Neben Hamburger Pannfisch und Scholle kommen auch Octopus und Thunfisch in die Pfanne oder Hummer in den Topf. Alles frisch und lecker! Und der Service ist auch noch nett.

Total hamburgisch – **Old Commercial Room** 9: Englische Planke 10, Tel. 040 36 63 19, www.oldcommercialroom. de, U 3 Rödingsmarkt, tgl. 12–24 Uhr, Hauptgerichte ab 14 €. Noch nie Labskaus oder Hamburger Aalsuppe gegessen? Dann bietet sich hier direkt gegenüber vom Michel eine prima Gelegenheit dazu. Wie schon der Name vermuten lässt, ist die Atmosphäre englisch-maritim, die Küche dagegen original hamburgisch.

Einkaufen

Maßkonfektion – **Lewin**  **1** : Rambach-str. 12, Tel. 040 37 50 06 60, www.le win-hamburg.de, Di–Fr 11–19, Sa 11–16 Uhr, U 3 Baumwall. Maßkonfektion für den Mann und sehr schöne Acces-soires, besonders die Reisetaschen!

Historisch – **Antiquariat Reinhold Pabel** **2** : Krayenkamp 10 und Englische Planke 6, www.antiquariat-pabel.de, U 3 Rödingsmarkt, Mo–Sa 9–18 Uhr. 1948 gründete Reinhold Pabel das An-tiquariat in Chicago und zog 1974 da-mit in die Krameramtswohnungen. Gute Auswahl seltener Bücher.

Abends & Nachts

Open-Air-Spektakel – **Hamburger Je-dermann, Theater in der Speicherstadt**

1 : Auf dem Sande 1, Tel. 040 369 62 37 (Kartenbestellung nur telefonisch!), www.speicherstadt.net. U 1 Meßberg, im Juli und Aug. Fr, Sa, So. Der Ham-burger Jedermann in der Adaption von Michael Batz Die mittelalterliche Fa-bel vom reichen Mann, der seine Seele im Angesicht des Todes vor dem Teufel retten muss, ist mehr als ein Open-Air-Spektakel vor historischer Kulisse. »Wir haben das Stück für diesen Standort geschrieben und die Speicherstadt ist gewissermaßen Co-Autor«, sagt Autor und Regisseur Batz. Er betont, dass »Der Hamburger Jedermann« keine Nachahmung der Hofmannsthal-Fas-sung von Salzburg ist, vielmehr ein Ge-genentwurf unter den spezifischen Hamburger Bedingungen des forcier-ten Kommerzes. Dieses Kulturerlebnis in der Speicherstadt ist ein Muss!

Chi-Chi – **Chil i Club** **2** : s. S. 34.

Auch bei Hamburgern beliebt – die Restaurants im Portugiesenviertel

Auf Entdeckungstour

BallinStadt – Auswandererwelt Hamburg

Schon die Anfahrt mit der Barkasse von den Hamburger Landungsbrücken zur »Auswandererwelt Hamburg« auf der Elbinsel Veddel lässt ein Gefühl aufkommen, wie vor hundert Jahren die großen Dampfer auf die Auswanderer gewirkt haben, die auf Zubringerschiffen zu den ›Pötten‹ gebracht wurden. Warum verließen die Menschen ihre Heimat und wie gestaltete sich ihr Schicksal in Amerika? Darauf gibt diese Entdeckungstour eine Antwort.

Zeitbedarf: je nach Interesse 2–4 Std.

Anfahrt: mit der Circleline ab St. Pauli- Landungsbrücken, Brücke 10 – Veddel BallinStadt, www.maritime-circle-line. de. S-Bahn S3 / S31: vom Hauptbahnhof Richtung Neugraben nach Veddel. Selbstfahrer finden einen Lageplan unter www.ballin stadt.de/de/standort.php

Infos zum Museum: Veddeler Bogen 2, www.ballinstadt.de, Mo–So 10–18 Uhr, Eintritt 9,80 €

Der südöstlich von Speicherstadt und HafenCity gelegene Veddel war für unzählige Menschen der Ort des Abschieds vom europäischen Kontinent. Durch die Fahrt auf der Barkasse in Seefahrer-Stimmung gebracht, betreten wir in der Auswandererstadt zunächst Haus I, an dessen Wänden Schwarzweiß-Videos in goldenen Bilderrahmen auf das Thema einstimmen. Außerdem kann man hier die Emigrationsgeschichte eigener Vorfahren an Computern recherchieren oder mögliche Verwandte in Amerika suchen. Dabei wird man auf Wunsch von Mitarbeitern der BallinStadt unterstützt. In Kooperation mit dem Ellis Island Immigration Museum in New York ist eine beeindruckende Geschichte der Auswanderung über Norddeutschland entstanden – sorgfältig recherchiert und spannend aufbereitet.

Das Tor zur Welt

Für etwa fünf Millionen Auswanderer wurde Hamburg im wahrsten Sinne des Wortes ›das Tor zur Welt‹. Viele kamen aus Osteuropa und hofften auf ein besseres Leben in Amerika: auf Arbeit, Freiheit und Schutz vor Verfolgung. Von Amerika träumt auch Charlie Chaplins Tramp in »Der Einwanderer«, der auf einem Schiff in die Neue Welt Optimismus verbreitet. Diesen Film kann man sich in der BallinStadt anschauen.

Lebendige Geschichte

Im zweiten Gebäude werden sämtliche Phasen der Emigration – vom Aufbruch, der Überfahrt bis hin zur Ankunft in New York und dem Beginn eines neuen Lebens – anschaulich dargestellt. Individuelle Geschichten von Auswanderern, ihren Träumen, Nöten und Hoffnungen werden präsent.

Neun Puppen erzählen mit unbewegter Holzmiene die Schicksale von Kindern und Erwachsenen. Ein 2,5 m großes Buch und die historischen Filme sind nur einige der interaktiven Elemente, die uns mit auf eine Reise in eine andere Zeit nehmen. Die Antworten auf die Frage, warum so viele Menschen auswanderten, hängen in ›Traumblasen‹ von der Decke: »Genug zu essen«, »Geld« oder »Glaubensfreiheit«. Hier wird Geschichte lebendig.

Wartesaal für die Neue Welt

Die Auswandererströme – meist aus Osteuropa – wurden für Hamburg zu einem interessanten Wirtschaftsfaktor. Das erkannte sehr schnell die Reederei HAPAG, an deren Spitze Albert Ballin stand. Zwischen 1901 und 1907 ließ er auf der Veddel eine regelrechte Auswandererstadt mit insgesamt 30 Gebäuden errichten. Hier gab es Unterkünfte für bis zu 5000 Menschen sowie eine Kirche, eine Synagoge, Speisesäle und ein Kino.

Wie die Auswanderer dort gelebt haben, wird sehr schön im dritten Gebäude deutlich: Die Barackengebäude wurden nach historischen Plänen wieder aufgebaut. Sie waren alles andere als komfortabel. Dort stehen neben schwarzen Metallpritschen acht altmodische Koffer, aus Holz und Leder, mit Schnappverschlüssen aus Metall. Neben dem Schlafsaal ist hier auch die Registratur nachgebaut.

In der 55 000 m² großen Auswandererstadt wurden die Emigranten untergebracht, bevor sie aufs Schiff kamen. Kontakt zur Hamburger Stadtbevölkerung hatten sie nicht. Für 130 Reichsmark, das halbe Jahresgehalt eines Arbeiters, war die Unterkunft vor der Abreise inklusive. Die Reederei verdiente schon, bevor die Passagiere das Schiff betraten.

St. Pauli, Reeperbahn und Elbufer

Highlight!

Reeperbahn: Tagsüber wirkt die Reeperbahn eher trostlos, abends ist die Stimmung in Hamburgs Amüsierviertel mit Weltruf ganz anders: Über die breiten Bürgersteige pilgern endlose Besucherströme. Es glitzert und leuchtet verführerisch, egal wie öde die Schuppen bei Tageslicht anmuten. S. 159

Auf Entdeckungstour

Mit dem Boot durch den Hamburger Hafen: Wer in Hamburg gewesen sein will, der muss auch den Hafen gesehen haben. Was sich nach einem unwirtlichen Industriestandort anhört, ist vom Wasser aus gesehen ein richtiges Erlebnis. Hier wehen einem das Gefühl von Freiheit und die Sehnsucht nach fernen Ländern um die Nase. S. 168

Mit dem Boot durch den Hamburger Hafen

Kultur & Sehenswertes

Beatlemania: Endlich haben die Fab-Four in der Stadt, die wegweisend für ihren Erfolg war, ein fabelhaftes interaktives Museum bekommen. Auf über 1300 m² kann man hier den Beatles durch ihre Geschichte folgen. Ein Vergnügen! 10 S.164

Alter Elbtunnel: Nicht nur wegen der mit Majolikareliefs in Jugendstildekor geschmückten Röhren, sondern auch wegen des grandiosen Blicks auf Hamburg von der anderen Seite lohnt ein Besuch. 17 S. 171

Aktiv & Kreativ

An der Elbe entlang: Von den Landungsbrücken bzw. vom St. Pauli Fischmarkt kann man an der Elbe entlanglaufen, bis Neumühlen oder noch weiter. S. 173

Genießen & Atmosphäre

Hafenstraße: Hier ist es rund um die Uhr schön. Im Sommer sorgen die unterschiedlichsten Lokale für Straßenparty-Stimmung. Und der Hafenblick lohnt. S. 171

Trattoria Cuneo: Die erste Trattoria Deutschlands stammt aus dem Jahr 1905. Seitdem hat sich wenig verändert: gutes Essen, familiäre Atmosphäre – und interessante Gäste. 1 S. 176

Abends & Nachts

Bar 20up: In 90 m Höhe genießt man bei einem kühlen Drink den Blick auf den betriebsamen Hafen und die tollen Sonnenuntergänge. 2 S. 163

Hans-Albers-Platz: Vor allem im Sommer, wenn die Bänke draußen stehen, ist hier jede Menge los. Bars und Kneipen für jeden Geschmack. S. 164

157

Amüsierviertel mit Weltruf

St. Pauli – das ist der Kiez. Jene unvergleichliche Mischung aus Erotik, Kultur und Kriminalität, aus Tanzen, Saufen, Sündigen, Herz- und Geldverschenken. Jedes Wochenende treiben Hunderttausende im Neonlicht über die Reeperbahn und verteilen sich in Kneipen und Discos, in Bars und Spielhallen, in Sex-Shops und Theatern. Der Amüsierbetrieb mitten im ärmsten Viertel Hamburgs hat Hochkonjunktur.

»Auf der Reeperbahn, nachts um halb eins, ob Du ein Mädel hast oder auch keins, amüsierst Du Dich, ja das findet sich auf der Reeperbahn nachts um halb eins ...« – Der legendäre Ohrwurm von 1912 hat seine Halbwertzeit längst nicht überschritten. Am Reeperbahn-Mythos ist immer noch etwas dran. Man genießt dort die Kleine und die Große Freiheit und lässt anderen die ihre. Dass der Stadtteil, der heute eine einzige enttabuisierte Zone zu sein scheint, ausgerechnet einem Kloster seine Entstehung verdankt, ist eine

hübsche Volte der Geschichte, die bis ins Mittelalter zurückreicht.

Damals, als die Siedlung noch Hamburger Berg hieß und außerhalb der Stadttore lag, lebten hier katholische Nonnen. Das Kloster wurde später nach Harvestehude verlegt, dorthin, wo sich heute der Klosterstern befindet. Das Grenzgebiet vor dem Hamburger Millerntor am Elbufer entlang Richtung Pinnasberg bis zum dänischen Altona am Nobistor entwickelte sich im Lauf der Zeit zu einer Arbeiter- und Handwerkervorstadt. Aber auch die stetig wachsende Zahl von Fremden, Obdachlosen, Ausgestoßenen und zwielichtigen Gestalten, die nur jenseits der Hamburger Stadtmauern geduldet wurden, bestimmten zunehmend das Milieu. Ein Teil dieser Vergangenheit ist in der sozialen Struktur des Stadtteils noch gut ablesbar. St. Pauli ist Hamburgs ärmstes Viertel, mit dem höchsten Anteil an Sozialhilfeempfängern und über einem Drittel ausländischer Mitbewohner.

1833 erhielt die Siedlung am Hamburger Berg offiziell den Namen Vorstadt St. Pauli, nach der Kirche, die noch heute am Pinnasberg steht. Als Schutzverwandte in den Vorstädten kamen die Paulianer damit auch in den Genuss des Bürgerrechts.

Im Grenzland zwischen Hamburger Festungsmauern und dem dänischen Altona entwickelte sich nicht zuletzt wegen des nahe gelegenen Hafens allmählich ein Vergnügungsviertel. Und alle kamen. Die Matrosen und Schiffsjungen suchten Abenteuer, die Hamburger Bürger Abwechslung. Seiltänzer und Feuerschlucker, Schlangenbeschwörer und Zwergwüchsige bauten ihre Bretterbuden und Zelte auf. Der Platz heißt noch heute Spielbuden-

Infobox

Reisekarte: ▶ L–O 6–8 und Karte 3

Tour-Infos
Der erste Teil des Spaziergangs durch St. Pauli beginnt am Millerntor (U 1) und führt über die Reeperbahn bis zum Israelitischen Hospital. Von dort gelangt man mit der S-Bahn (Station Reeperbahn) bis zu den Landungsbrücken und kann dort der Elbe flussabwärts bis Övelgönne folgen. Dauer insgesamt: je nach Tageszeit 3 Stunden bis *open end*.

platz. Mit der Aufhebung der Torsperre 1860 und der Verlegung des Fischereihafens aus der Innenstadt an St. Paulis Hafenrand setzte ein erneuter Bauboom ein. Arbeiterquartiere wurden gebaut, die Werften hatten Hochkonjunktur, und der Hamburger Schiffsverkehr wuchs rapide. Theater entstanden – bis zu 60 zählte man noch bis Anfang der 1940er-Jahre –, Varietés, Musikschuppen und Kneipen. In den 1960er-Jahren spielte auf der Großen Freiheit richtig die Musik – im legendären Starclub. In den 1970er- und 1980er-Jahren beherrschten vor allem Zuhälterbanden und Skandale samt Mord und Totschlag den Kiez. Die Hamburger verzogen sich nach Eppendorf oder Pöseldorf, um sich zu amüsieren. Doch Mitte der 1980er-Jahre kehrte die Szene wieder zurück nach St. Pauli. Neue Musikclubs, Theater, Bars und Diskos machten auf – und St. Pauli wieder zum Vergnügen.

Die Reeperbahn!

Vom **Millerntorplatz** (nahe der U-Bahn St. Pauli ist noch ein Teil des Tors von 1820 zu besichtigen) können Interessierte zunächst einen Abstecher zum nahen **Museum für Hamburgische Geschichte** 1 unternehmen, denn hier kann die Arbeit der Reepschläger, denen die Reeperbahn ihren Namen verdankt, an einem Modell nachvollzogen werden (s. S. 58). Eine breite Allee durch Grenz- und Niemandsland verband einst das Millerntor mit dem Nobistor der dänischen Nachbarstadt Altona. Hier spannten und verdrehten die Reepschläger (Reep = Hanfseil) ihre bis zu 1800 Fuß langen Schiffsstaue. Wo die Reeperbahn in das Nobistor einmündet, befindet sich links eine Grenzsäule, die zur Straße hin mit der Inschrift »Nobis bene, nemini male« ver-

sehen ist. Jedem, der den Grenzübergang passierte, gaben die Altonaer ihren Gruß auf den Weg: Für uns das Gute, für niemanden das Schlechte.

Tagsüber wirkt die Reeperbahn eher trostlos, eine viel befahrene Durchgangsstraße Richtung Altona. Abends ist die Stimmung ganz anders: Über die breiten Bürgersteige pilgern endlose Besucherströme. Es glitzert und leuchtet verführerisch, egal wie öde die Schuppen bei Tageslicht anmuten.

Operettenhaus 2

Eine Tour über die Reeperbahn beginnt am neu gestalteten, abends illuminierten **Spielbudenplatz**, der für diverse Open-Air-Events genutzt wird. Hier befindet sich auf der linken Seite das Operettenhaus, in dem 15 Jahre lang die weltberühmten »Cats« sangen und tanzten. Jetzt ist Udo Jürgens dran: »Ich war noch niemals in New York« heißt die romantische Musicalkomödie mit den größten Hits des Schlagermeisters, der die Zuschauer zuhauf auf die Reeperbahn lockt.

Das Theater hat Tradition. 1841 eröffnete an dieser Stelle der Circus Gymnasticus, ein prächtiger Bau für 3000 Zuschauer. Der Circus brannte 1876 ab, und im Neuen Operettentheater standen seit 1903 dann vor allem Operetten und Revuen auf dem Programm. »Auf der Reeperbahn nachts um halb eins«, das Schlusslied der Revue »Rund um die Alster« der Gebrüder Wolf, erklang hier zum ersten Mal 1912. Im Zweiten Weltkrieg wurde das prunkvolle Haus zerbombt. Das heutige Operettenhaus ist kein Schmuckstück.

Panoptikum 3

Mo–Fr 11–21. Sa 11–24, So 10–21 Uhr, 2. bis 4. Januarwoche geschlossen
Das nahe Panoptikum ist mit über 100 Figuren Deutschlands größtes Wachsfigurenkabinett. Auf vier Etagen be-

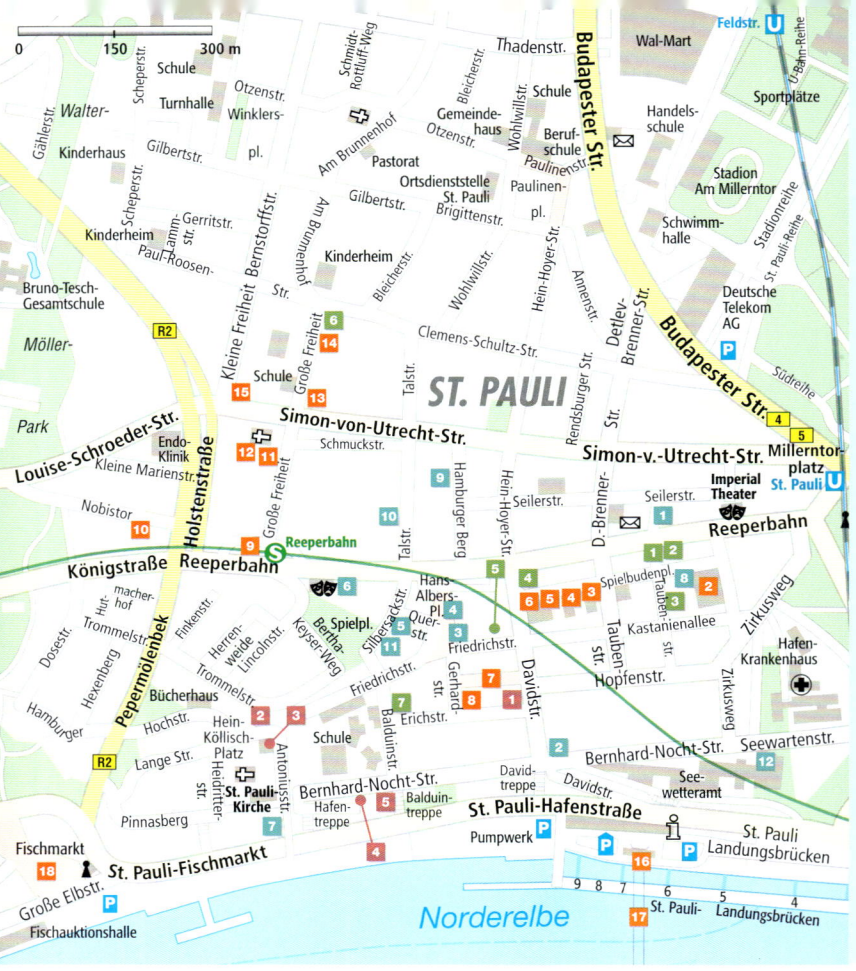

gegnet man historischen oder heutigen Prominenten auf Augenhöhe, ob Napoleon, Lady Di oder Altkanzler Helmut Kohl. Der freundliche ältere Herr am Geländer oben ist Willi Bartels, der »König von St. Pauli«. Er war der größte Immobilien-Strippenzieher auf St. Pauli. Dem Ende 2007 im Alter von 92 gestorbenen ›Paten‹ gehörten u. a. ein Drittel der Reeperbahn, zwei Drittel der Großen Freiheit und seit zwei

Jahren das gesamte Gelände der Astra-Brauerei am Hafen. Gleich nach Beginn der Währungsreform hatte Willi Bartels angefangen, ein Grundstück nach dem anderen aufzukaufen. Aus dem Besitzer von Vergnügungslokalen wurde innerhalb kürzester Zeit einer der größten Immobilienbesitzer der Stadt. Als in den 1960er-Jahren die Prostitution auf dem Kiez immer heftiger um sich griff und Hamburgs Ord-

St. Pauli

Sehenswert

1 Museum für Hamburgische Geschichte
2 Operettenhaus
3 Panoptikum
4 Schmidts Tivoli
5 St. Pauli Theater
6 Davidwache
7 Herbertstraße
8 Queen Calavera
9 Beatles Platz
10 Beatlemania (Beatles-Museum)
11 Ehemaliger Star Club
12 St.-Joseph-Kirche
13 Israelitisches Hospital
14 Ehemalige Fischräucherei Tollgreve & Co.
15 Kultwerk West
16 Landungsbrücken
17 Alter Elbtunnel
18 Fischmarkt
19 – 23 s. Cityplan S. 174

Essen & Trinken

1 Trattoria Cuneo
2 Abendmahl
3 Café Geyer
4 Amphore
5 Schauermann
6 – 9 s. Cityplan S. 174

Einkaufen

1 Spielbudenmarkt
2 Condomerie

3 Essotankstelle
4 Schuhmessmer
5 Blauer Affe
6 Goldschmiede Oro
7 Harry's Hafenbasar
8 – 9 s. Cityplan S. 174

Abends & Nachts

1 Café Keese
2 20up im Hotel Empire Riverside
3 Hans-Albers-Eck
4 Quer
5 Zum Silbersack
6 Pulverfass
7 Golden Pudel Club
8 Hörsaal
9 Bambi
10 3-Zimmer-Wohnung
11 Hasenschaukel
12 Tower Bar
13 – 14 s. Cityplan S. 174

nungshüter versuchten, die Mädels von der Straße zu bekommen, witterte Bartels eine neue Chance. Er baute 1967 das Eros-Center, das größte und modernste Bordell Europas. Zuletzt ließ Bartels das ehemalige Bavaria-Brauereigelände mit einem Hotel, Büros und Wohnungen bebauen. Regisseur Dieter Wedel setzte dem Alten in seinem TV-Mehrteiler »Der König von St. Pauli« ein Denkmal.

Café Keese 1

Hier tanzte Sophia Loren, hier tanzten Tante Gerda und Fräulein Schmidt. Hier fragte der Herr per Tischtelefon »Meine Dame, sollen wir's wagen...?« Lange ging das gut, und schön war's auch. Irgendwann verzog sich die alte Klientel und eine jüngere übernahm das Ruder. 2002 wurde das Café auf der Reeperbahn zu neuem Leben erweckt. Es strahlt stilvolle, moderne Behaglich-

Ehrwürdige Institutionen auf dem Kiez: St. Pauli-Theater und die Davidwache

keit aus. Getanzt wird immer noch, spätabends legen DJs auf und Party-Events sorgen für Abwechslung. Den alten Tanztee gibt es nicht mehr, doch dann und wann einen ›Ball Paradox‹ oder eine argentinische Tangonacht. Im breit gefächerten, höchst unterhaltsamen Clubmix sind auch häufiger bekannte Stand-up Comedians zu Gast.

Theater ...

Die Theater auf dem Kiez sind seit Ende der 1980er-Jahre wieder voll. Damals kehrten die Hamburger nicht zuletzt wegen des Kulturangebots zurück nach St. Pauli. 1991 eröffnete das **Schmidts Tivoli** 4 mit 700 Plätzen und Bewirtung an kleinen Tischen. Das ehemalige Theater aus der Gründerzeit war 65 Jahre lang Heimstatt der pseudobayrischen Bierhalle ›Zillertal‹ gewesen, ehe Theaterimpresario Corny Littmann und sein Geschäftsführer Norbert Aust den alten Theaterprachtbau wieder freilegen ließen.

Auch Hamburgs ältestes Theatergebäude, das **St. Pauli-Theater** 5, steht am Spielbudenplatz. Der Zuschauerraum von 1841 – des damaligen Urania-Theaters – ist noch erhalten. 1895 wurde das Haus nach seinem Besitzer in Ernst-Drucker-Theater umbenannt, Fassade sowie Bühnenhaus wurden erneuert. 1941 befahlen die Nazis die Änderung in den heutigen Namen St. Pauli-Theater. Nach längerer Spielpause und Umbauten eröffnete es 1970 wieder mit dem Musical »Der Junge von St. Pauli« mit Freddy Quinn in der Hauptrolle. In der damaligen Zeit herrschte gute Stimmung dank Lustspielstars wie Heidi Kabel, Marika Rökk oder Willy Millowitsch. Mit dem zeitweiligen Abstieg der Reeperbahn ging es auch mit dem Theater bergab. Seit der Jahrtausendwende kann es wieder mit Stars wie Ben Becker, Uli Tukur oder Barbara Auer punkten. Durch erfolgreiche Produktionen wie zum Beispiel die »Dreigroschenoper« hat man sich zu einer wahrhaftigen Volksbühne entwickelt.

Davidwache 6 und Davidstraße

Gleich neben dem St. Pauli-Theater liegt die Polizeiwache 15, berühmt als Davidwache durch zahlreiche Fernseh- und Kinofilme. Das Gebäude schuf Fritz Schumacher 1913/14 als Wache ›vor Ort‹ im Stil eines Hamburger Bürgerhauses. An der Seitenfront zur Davidstraße, wo das Geschäft mit der Prostitution bis heute blüht, blicken behelmte Wächter aus Keramik streng auf den Strich. Der Volksmund spricht übrigens vom Spielbudenplatz als ›St. Lustig‹ und von den Nebenstraßen jenseits der Davidstraße als ›St. Liederlich‹.

Die Davidstraße hinauf befindet sich auf der rechten Seite in einem unscheinbaren Haus mit erstaunlich hässlichen lila Kacheln, eingequetscht zwischen ›Victori Bar‹ und dem ›Anker‹, die italienische **Trattoria Cuneo** 1 . Es ist die erste und älteste italienische Gastwirtschaft in Deutschland.

Herbertstraße 7

Um die Ecke von der Trattoria liegt eine der überregional bekanntesten Straßen Hamburgs. Bei der Herbertstraße handelt es sich um eine 1797 angelegte Gasse mit Ausstellung der Huren in Schaufenstern. Um die Prostitution, die in St. Pauli auf eine lange, leidvolle Geschichte zurückblickt, besser kontrollieren zu können, ließen die Stadtväter 1900 die Gasse zu einer geschlossenen Wohnanlage umbauen. Die Sperrtore an den Kopfenden der Herbertstraße sollen in der NS-Zeit angebracht worden sein.

Heute arbeiten hier etwa 200 Huren. Sie leiten die Bordelle selbst, ohne die drohende Faust eines Zuhälters im Nacken. Domenica, dem deutschen Fernsehpublikum als eloquente, selbstbewusste Vorzeige-Hure bekannt, ar-

beitete lange in der Herbertstraße. Inzwischen ist sie jedoch als Sozialarbeiterin in Hamburg tätig. Frauen und Jugendlichen unter 18 Jahren ist seit 1984 der Zutritt zur Herbertstraße untersagt.

Queen Calavera 8

Gerhardstr. 7, Do–Sa ab 21 Uhr

Das Queen Calavera ist Deutschlands erste Burlesque-Bar. Der Mix aus Striptease, Kabarett, Varieté und Comedy wird in einem angenehmen Rockabilly-Ambiente zelebriert. Hier können auch Mädeltrupps zum Feiern und Tanzen hingehen. Die Bar ist kein Hardcore-Schuppen, sondern ganz im Stil des klassischen amerikanischen Pin-ups amüsieren hübsche Mädchen mit einer guten Portion Humor auf einer winzigen Bühne die Gäste. Regelmäßige Burlesque-Tänzerinnen sind die Harbour Girls, Eve Champagne, die Teaserettes und internationale Top-Acts.

Unser Tipp

Bar 20up 2

In 90 m Höhe über dem Elbhafen präsentiert sich St. Paulis neue Lifestyle-Bar 20up im doppelten Wortsinn als Höhepunkt des Hotels Empire Riverside. Vom 20. Stock des Gebäudes blickt man durch 7 m hohe Panoramascheiben auf das glitzernde Treiben im Hafen und genießt unvergessliche Sonnenuntergänge. Ein Weltstadtblick in Hamburgs Schluchten. Toll – und meistens voll.

20up im Hotel Empire Riverside: Bernhard-Nocht-Str. 97, Tel. 040 31 11 97 04 70, www.empire-riverside.de, U 3 St. Pauli, S 1, 3, 11 Reeperbahn

Hans-Albers-Platz

Seit 1999 posiert wieder Jörg Immendorfs bronzener Hans Albers auf dem nach ihm benannten Platz unweit der Reeperbahn. Die Hansestadt musste das Denkmal, das Immendorf als Leihgabe hier aufgestellt hatte, ein zweites Mal gießen lassen. Das Original hatte sich der Künstler, dessen Kneipe ›La Paloma‹ hier Ende der 1980er-Jahre Kult war, nach zehn Jahren zurückerbeten und im Düsseldorfer Hafen aufgestellt. Der Platz war ihm zu schäbig geworden. Inzwischen haben ihn Stadt und private Investoren wieder aufgemöbelt und mit Kneipen zum Anziehungspunkt auf dem Kiez gemacht. Im **Hans-Albers-Eck** 3 amüsiert man sich zu Schlager und Dancefloor. Das **Quer** 4 hat die ganze Nacht geöffnet. Auf zwei Ebenen wird bis zum frühen Morgen getanzt und gegessen.

Silbersackstraße und Hein-Köllisch-Platz

Vom Hans-Albers-Platz geht es durch die Querstraße in die Silbersackstraße. Vor mehr als zweihundert Jahren hingen hier die Seile zum Trocknen auf der Dröge, und es stank zum Gotterbarmen. Der touristische Hauptstrom ist hier schon ein wenig versickert. In einer garantiert glamourfreien Kneipe wie **Zum Silbersack** 5 gibt es nicht nur solide Preise (Eigenwerbung), man lernt auch das echte St. Pauli kennen.

Autos sind auf dem malerischen **Hein-Köllisch-Platz** schon lange nicht mehr zugelassen, und so kann man im Sommer im **Abendmahl** 2 oder im **Café Geyer** 3 schön im Freien speisen.

Pulverfass 6

Weiter geht es über die Trommelstraße rechts in die Finkenstraße zurück auf die Reeperbahn zu Nr. 147. Hier hat sich im ehemaligen Oase-Kino mit dem Pulverfass einer der größten Nacht-

clubs Europas niedergelassen. Kabarett- und Travestie-Shows stehen auf dem Programm.

Große Freiheit

Auf zur Großen Freiheit auf der anderen Seite der Reeperbahn. Hier überbieten sich die Leuchtreklamen, hier spielt die Musik. Noch immer gibt es diverse Sex- und Amüsierbetriebe wie das **Dollhouse** mit Tabledance oder scharfe Sex-Nummern im **Safari.** Aber seit fast einem halben Jahrhundert ist hier auch die Musikszene zu Hause.

Beatles-Platz, Beatlemania und Star Club

Daran erinnert der **Beatles Platz** 9 : Direkt an der Reeperbahn, Ecke Große Freiheit, stehen die ›Fab-Four‹ zu fünft als Schattenrisse auf dem Platz, weil sie in ihrer Anfangszeit noch zu fünft gewesen sind. Am schönsten ist der runde Platz, der an eine Schallplatte erinnert, am Abend, wenn er von bunten Lampen und einem Stroboskop beleuchtet wird.

Im neuen Museum **Beatlemania** 10 kann man nun endlich die Geschichte der Fab-Four auf insgesamt 1300 m^2, verteilt auf fünf Stockwerke, hautnah erleben. Das Museum beginnt seine Zeitreise mit den Hamburger Rock' N'Roll-Jahren, führt über die Abbey Road Studio-Periode, blickt in die ganz eigenen Welten der Sgt. Pepper-Alben, das White Album oder das Yellow Submarine Album. Herrlich anzusehen ist auch ein komplett mit Beatles-Devotionalien eingerichtetes Jugendzimmer aus jenen Jahren. Getreu des Beatles-Songs »Eight Days A Week'« ist Beatlemania täglich 10–22 Uhr geöffnet (Beatles-Museum, Am Nobistor 10, S-Bahn Reeperbahn/U 3 St. Pauli, www. beatlemania-hamburg.com).

Abends glitzert und leuchtet es auf Hamburgs Amüsiermeile

Bevor die Beatles in Hamburg auftraten, war Rock'n' Roll in der Hansestadt kaum jemand bekannt. Bis zum 13. April 1962. Ein rotes Plakat verkündete: »Die Not hat ein Ende! Die Zeit der Dorfmusik ist vorbei.« Zwei Sätze, die acht Jahre Rockgeschichte auf der Großen Freiheit einläuteten.

An jenem Tag öffnete der legendäre **Star Club** 11 in der Großen Freiheit Nr. 39 seine Pforten. Mit im Premierenprogramm waren die damals noch unbekannten Beatles, die für 500 Mark Wochengage pro Person abrockten. Die Liverpooler Jungs, damals noch zu fünft, starteten von hier aus ihre Weltkarriere. Bei den Fans gab es bald kein Halten mehr. Sie tobten, sie kreischten – das Beatles-Fieber war ausgebrochen. Bandwettbewerbe im Star Club beflügelten aber auch die Karriere deutscher Rockmusikgruppen wie der Lords oder der Rattles. Die Liste der Musiker, die auf der Bühne des Star Club spielten, liest sich wie ein ›Who is

who‹ der Rockgeschichte, doch 1970 musste der Star Club wegen schwindender Besucherzahlen dichtmachen. Das Sex-Theater Salambo zog ein, aber auch das ist inzwischen Geschichte. Eine Gedenktafel im Hausdurchgang zum Paradieshof hält die Zeit fest.

Amüsiermeile Große Freiheit

Einige Läden existieren schon seit über 30 Jahren, wie der Kaiserkeller, das Indra – in beiden traten die Beatles in ihren Anfängen auf – oder das Grünspan. Die Große Freiheit 36 im selben Gebäude wie der Kaiserkeller knüpft an die Live-Act-Tradition der legendären Clubs an. Und auch die junge Szene trifft sich hier in ihren Clubs Cult, Betty Ford Klinik, Rubin, Orange oder Location1.

St.-Joseph-Kirche 12

Vis-à-vis dem Kaiserkeller steht die katholische Kirche, die 1718–23 vom Österreicher Melchior Tatz gebaut wurde. Katholiken waren zu der Zeit in

Hamburgs Mauern nicht geduldet. Im früheren Grenzbezirk von Altona herrschte dagegen seit 1611 und ab 1664 in ganz Altona Religions- und Gewerbefreiheit. An diese Freiheit und nicht etwa an die sexuelle Freizügigkeit erinnert der Straßenname Große Freiheit. Die Kirche wurde im Zweiten Weltkrieg zerbombt und 1953–55 wieder aufgebaut. Joseph und Jesus über dem Portal sind eine Kopie. Das Original der Skulptur steht im Altonaer Museum. Sonntagsvormittags werden in St. Joseph Messen auf Polnisch gelesen, die Gläubigen stehen dann die Treppen hinunter bis auf die Straße.

Schmuckstraße

In der Schmuckstraße leben, arbeiten oder amüsieren sich vor allem Transsexuelle und Transvestiten. In den 1920er- und 1930er-Jahren war hier Hamburgs Chinatown. Als Kohlenschlepper oder Schmierer hatten die chinesischen Seemänner auf Dampfschiffen Schwerstarbeit geleistet, bevor sie in Hamburg andockten, wo sie Waschsalons, kleine Läden oder Lokale eröffneten. 1944 wurden alle in Hamburg lebenden Chinesen von den Nazis aus rassistischen Gründen in Konzentrationslager deportiert.

Israelitisches Hospital 13

In der parallel zur Schmuckstraße verlaufenden Simon-von-Utrecht-Straße steht das Israelitische Hospital. Salomon Heine stiftete es 1841. Sein Neffe, der Dichter Heinrich Heine, würdigte die Tat in einem seiner Gedichte. In der Nazi-Zeit wurde das jüdische Krankenhaus von der Stadt übernommen und als Lazarett der Wehrmacht genutzt. Heute ist im Krankenhaus u. a. ein Betsaal wiederhergestellt worden. Im Haus Nummer 4 d befindet sich das ›Leuchtfeuer Hospiz‹ für Aidsinfizierte und andere sterbenskranke Menschen.

Ehemalige Fischräucherei Tollgreve & Co und Kultwerk West

Um zum nächsten vom Mantel der Geschichte umwehten Punkt zu gelangen, muss man bis zur Großen Freiheit Nr. 70 laufen. Der Weg lohnt sich. Hier war zuletzt die **Fischräucherei Tollgreve & Co** 14 ansässig, Hamburgs letzter historischer Bau der Fischverarbeitenden Industrie Neumühlen. Sie zählte früher zu den Haupteinnahmequellen des Stadtteils. Der 42 m hohe Schornstein überragte einstmals 24 Räucheröfen. Vom Kontor-Erker aus hatte der Fabrikinhaber einen guten Überblick über den Hof und seine Arbeiter jederzeit im Auge.

Vom Hof aus kann man eine der letzten **Budenreihen** Hamburgs einse-

Blick über die St. Pauli-Landungsbrücken bei Nacht

hen. Die inzwischen unter Denkmal-schutz stehenden Buden wurden 1850 als Wohnungen für Handwerker und Arbeiter aus der Fischräucherei ge-baut. Das Geld war knapp und so wur-den die ohnehin kleinen Zimmer und manchmal auch Betten von ihren Be-wohnern untervermietet. Bis zu zehn Personen lebten auf diese Weise in ei-ner Bude.

Inzwischen hat sich auch das **Kult-werk West** 15 hier am äußersten Zipfel von St. Pauli in der Kleinen Freiheit 42/ Ecke Simon-von-Utrecht-Straße einge-funden. Ein öffentliches Wohnzimmer, in dem über Kultur und Gesellschaft diskutiert wird. Aber auch die Kunst selbst mit Ausstellungen, Filmabenden und Lesungen hat hier ihren Platz (www.kultwerkwest.de).

Landungsbrücken

Der Hafenrand, die Visitenkarte der Stadt am Strom, wird allmählich zur bewohnbaren Wasserlandschaft. Mitt-lerweile drängen alle an die Logen-plätze des Elbhafens, denn allein schon der Blick macht süchtig.

Landungsbrücken 16

Wenn man aus dem S- und U-Bahnhof Landungsbrücken auf die Fußgänger-brücke tritt, hat man einen idealen Blick auf den Hafenrand und die St. Pauli-Landungsbrücken. Ihr Standort, ur-sprünglich weit außerhalb des Hambur-ger Hafens, geht auf das Jahr 1817 zu-rück. Damals tauchten die ersten unter englischer Flagge fahrenden

Auf Entdeckungstour

Mit dem Boot durch den Hamburger Hafen

Hamburg ist ein Tor zur Welt und deshalb muss man den Hamburger Hafen einfach gesehen haben. Was sich nach einem unwirtlichen Industriestandort anhört, ist vom Wasser aus gesehen ein richtiges Erlebnis.

Planung: Dauer ca. 2 Std. ohne Zwischenstopps. Für spezielle Hafenrundfahrten vorher anmelden (s. auch S. 20). Wetterfeste Kleidung und trittsichere Schuhe sind empfehlenswert. Die meisten Touren beginnen an den St. Pauli-Landungsbrücken.

Der zweitgrößte europäische Seehafen ist so komplex und groß, dass es auch für Hamburger immer wieder spannend ist, eine Tour zu unternehmen. Nur rund 100 km vom Meer entfernt ist der Hafen in der Elbe selbst für die größten unter den Schiffsriesen erreichbar.

Rund 13 000 Seeschiffe aus aller Welt laufen hier pro Jahr ein und es werden mehr als acht Millionen Container umgeschlagen. Die Abfertigungsterminals sorgen dafür, dass die Containerschiffe den Hafen binnen eines Tages verlassen können. Über 36 Mio. Tonnen Massengut werden im Hamburger Hafen umgeschlagen. Er gehört zu den neun größten Containerhäfen der Erde.

Das Hafengebiet ist nicht nur wirtschaftlich bedeutend, sondern auch unter ästhetischen, ökologischen, industriegeschichtlichen oder architektonischen Gesichtspunkten äußerst sehenswert – und romantisch! Gerade bei Wind und Wetter bekommt man ein Gefühl dafür, was Arbeit und Leben im Hafen ausmacht. Nur dass man als Besucher vielleicht einen wärmenden Punsch in der Gewissheit trinkt, bald wieder Boden unter den Füßen zu haben.

Die passende Hafenrundfahrt

Je nach Witterung und Interessenlage gibt es unterschiedliche Hafentouren. Schon bei der Auswahl des Gefährts – Barkasse, Schiff, Schaufelraddampfer, Hafenfähre oder Luxusliner – kann man seinen eigenen Vorlieben frönen. Von der kleinen Barkasse aus bekommt man unmittelbar mit, wie beeindruckend, gewaltig und komplex der Hafen ist. Wer eine längere Hafenrundfahrt unternimmt, steigt eher in ein komfortableres Schiff, zumal wenn man nicht ganz seefest ist.

Ganz nah dran

Wussten Sie, dass Hamburg der größte Importhafen für Kaffee und einer der führenden Gewürzumschlagplätze der Welt ist? Oder dass der Elbhafen seit vielen Jahren der Hauptumschlagplatz für Rohkakao und Tee in Europa ist? Selbst die Briten erhalten ihren Tee aus Hamburg!

Diese und andere Themen werden auf der Hafenrundfahrt mit Schwerpunkt Containerumschlag, Logistik, Transport und Schifffahrt erörtert. Man fährt an den gigantischen Terminals vorbei, an denen täglich die größten Schiffe der Welt abgefertigt werden, und beobachtet den Umschlag der bunten Containerboxen, während ein kompetenter Hafenspezialist die Technik auf den Anlagen ausführlich erläutert. Besonders aufregend wird's, wenn Sie Schleppereinsätze live miterleben. Die beschriebene Tour wird von www.maritime-touren.de, Tel. 04164 87 95 25, jeweils freitags um 14 Uhr durchgeführt, sie dauert rund 2 Std. und kostet 17,50 €.

Shuttle-Service in der Barkasse

Es gibt viele unterschiedliche Barkassen mit abwechslungsreichen Angeboten. Die meisten starten an den Landungsbrücken oder etwas weiter Richtung Innenstadt am Baumwall. Für eine schöne Übersicht zwischen Speicherstadt und HafenCity empfiehlt sich die Maritime Circleline, die auf dem Wasserweg die folgenden Sehenswürdigkeiten ansteuert: die BallinStadt mit dem Auswanderermuseum, Speicherstadt und HafenCity sowie die Überseebrücke mit dem Museumsschiff Cap San Diego.

Die Tour dauert etwa anderthalb Stunden, kann aber beliebig unterbrochen werden. Die Fahrten finden ganzjährig statt, außer bei extremen Witterungsverhältnissen. Startpunkt sind die St. Pauli-Landungsbrücken, Brücke 10, Tel. 04164 87 95 25, www.maritime-circle-line.de, Fahrpreis: 8 €, bis zu 2 Kinder pro Erwachsener frei, 7–15 Jahre 5 €.

Schmuggeln für Anfänger und Fortgeschrittene

Bei der **Zoll-Hafen-Schmuggelfahrt** werden Ihnen zahlreiche wahre Schmuggelgeschichten erzählt, während Sie durch die Speicherstadt schippern. Ob Kaffee im Schuhabsatz, essbare Unterwäsche oder eine »mühevolle Mandeloperation«, auf dieser Tour erfahren Sie alles über raffinierte Betrüger und die Arbeit der Zöllner. Warum wollten die Hamburger keine Zöllner sein und was wird heute, was wurde früher geschmuggelt? Im modernen Hafen sind es Zigaretten, Drogen oder Waffen. Wie spürt der Zoll diese Verstecke auf? Was ist die Black Gang? Was tun die Gerüstschüttler? Alles rund um den Zoll! Die Barkassenfahrt dauert ca. 90 Minuten und schließt eine halbstündige Führung im Deutschen Zollmuseum in der Speicherstadt ein. Die Route ist tidenabhängig und findet nicht bei Sturm statt! Veranstalter ist KULTours, Anleger Baumwall, Ecke Niederbaumbrücke, Tel. 040 28 05 07 08, www.kultours-hamburg.de, Tickets 13 € (ermäßigt 11 €), Kinder bis 12 Jahre 6 €.

Vom Wasser aus betrachtet – die neue maritime Architektur der Hansestadt

Dampfschiffe auf, die Staunen und Bewunderung auslösten. Dampfschiffe, das erkannten auch Hamburgs Reeder schnell, waren wetterunabhängig und damit berechenbarer als Segler. Gleichzeitig herrschte die Sorge, der Funkenflug der Dampfschiffe könne eine Brandgefahr für die Segelschiffe bedeuten. Deshalb verlegte man die Dampfschiffe in sichere Entfernung vom Haupthafen elbabwärts vor die Schanze Jonas. Um die Jahrhundertwende herrschte hier lebhafter Verkehr. Sowohl die großen Schifffahrtslinien wie auch die Nah- und Seebäderverkehr wurden hier abgefertigt. So errichtete man 1907–09 ein 200 m langes Empfangsgebäude, eine Art weltstädtischen Schiffsbahnhof, nach den Plänen der Architekten Ludwig Rabe und Otto Wöhlecke. An seinem Turm wird der Wasserstand der Elbe angezeigt. Die heutige 420 m lange Pontonbrücke entstand 1953–55. Für die internationale Schifffahrt haben die Landungsbrücken keinerlei Bedeutung mehr. Die Anlegestelle wird nur noch für den Flussverkehr und Hafenrundfahrten genutzt.

Alter Elbtunnel 17

Für Fußgänger durchgehend geöffnet, für Autos gesperrt Mo–Fr 20–5.30 Uhr, Sa ab 16 Uhr, So ganztägig
Im markanten Kuppelbau der Landungsbrücken befindet sich der Einstieg zum Alten Elbtunnel. Als er 1911 eröffnet wurde, war er eine technische Sensation. Er heißt ›Alter Elbtunnel‹, da 1975 ein moderner neuer Tunnel für die Autobahn (A7) gebaut wurde.

Der Alte Elbtunnel wurde Ende des 19. Jh. nötig, weil sich schon damals immer mehr Werften auf der Südseite der Elbe ansiedelten und die Fährschiffe dem steigenden Transport der Arbeiter auf die andere Seite der Elbe nicht mehr gewachsen waren. Durch den Tunnel konnten 7000 Arbeiter in-

nerhalb einer halben Stunde unter der Elbe befördert werden. Ein moderner Lift für Fußgänger und ein altmodischer für die Autos versenken den Besucher auch heute noch 23,5 m in die Tiefe. Es lohnt sich, den 426,5 m langen Tunnel zu queren. Zum einen wegen der weiß gekachelten und mit Majolikareliefs in Jugendstildekor geschmückten Röhren, vor allem aber wegen des grandiosen Hamburg-Panoramas, das Sie von der Aussichtsterrasse in Steinwerder, hinter dem Eingangsgebäude gelegen, optimal genießen können. Gelegentlich finden hier auch Kunstaktionen statt.

Hafenstraße

In der berüchtigten Hafenstraße stehen ein paar bunt bemalte Häuser, die in den 1980er-Jahren für fast bürgerkriegsähnliche Zustände im Viertel sorgten. Damals sollten acht leer stehende Etagenhäuser aus der zweiten Hälfte des 19. Jh. in der Hafenstraße und der parallel verlaufenden Bernhard-Nocht-Straße für eine moderne Hafenrandbebauung geopfert werden. Als Ende 1981 über 120 Punks, Autonome und Alternative die Häuser besetzten, kam es über Jahre hinweg immer wieder zu heftigen Auseinandersetzungen zwischen Polizei, Besetzern und solidarischen Demonstranten. Erst 1992 fand man eine Lösung. Die Stadt verkaufte die Häuser an die Genossenschaft ›Alternativen am Elbufer‹. Inzwischen hat sich laut Verfassungsschutzbericht »das linksextremistische Sympathisantenumfeld« verzogen. Es ist mittlerweile schick, hier zu wohnen, und die Mieten sind entsprechend gestiegen – Amusement statt Protest.

Man sitzt in Decken eingemummelt mit einer Flasche Bier vor der **Amphore** 4 (Hafenstr 140) oder diniert nebenan bei gutem Rotwein im **Schauermann** 5 (Nr. 136–38). Auch der legen-

Hafenstraße – buntes Symbol einer alternativen Lebensart

däre **Golden Pudel Club** 7 ist in Sicht-
weite. Dieser Teil der Hafenstraße ist
einer der angesagten Plätze der Stadt.

Fischmarkt 18

Seit 1703 dürfen die Fischer ihre Ware
auch sonntags bis zum Beginn des Got-
tesdienstes um 8.30 Uhr feilbieten –
dank verständnisvoller Altonaer Stadtväter, die »durch sonst verdorbene
Ware Not von den Fischern« abwen-
den wollten. Heute werden hier zwar
immer noch in aller Herrgottsfrühe Fi-
sche und Krabben verkauft, die Ware
kommt aber nicht mehr vom Kutter,
sondern wird vor allem über Bremerhaven angeliefert. Der Fisch- hat sich
zum Wochen- und Trödelmarkt ausge-
weitet: Schnittblumen, Obst, Gemüse,
Haushaltswaren, Kunstgewerbe und
Socken sind ebenfalls im Angebot.

Der **Minerva-Brunnen** in der Mitte
des alten Fischmarktplatzes stand 1742
schon hier und diente ursprünglich der
Wasserversorgung. Der Sandstein-
brunnen mit Reliefs von Amor und Psy-
che wurde aber erst 1988 im Zuge der
historisierenden Neugestaltung des
Fischmarktes wieder neu gebaut. Bis
auf vier vom Zweiten Weltkrieg ver-
schonte Gebäude ist das gesamte
Fischmarkt-Ensemble in den 1980er-
Jahren in Anlehnung an die ursprüngliche Bebauung rekonstruiert worden.
Auch die Figuren der Gemüsefrau und
des Fischmannes sind bloße ›Anden-
ken‹ an die ehemalige Bedeutung des
spatenförmigen Platzes.

Die lang gestreckte, gründerzeitli-
che **Fischauktionshalle** direkt an der
Elbe wurde 1895 erbaut, und zwar im
Stil einer Kathedrale mit mächtiger
Kuppel, Hauptschiff, zwei Seitenschif-
fen und einem Querschiff. Außen

schmücken Fischmotive und ein geöffnetes Stadttor – das Wappen von Altona – die damals hochmoderne Eisen-Glas-Konstruktion. Sie dient heute als Veranstaltungszentrum. Sonntags früh ist hier *full house* bei Livemusik und Frühschoppen.

Die Große Elbstraße entlang

Industriegebäude der Gründerzeit
Elbabwärts gelangt man zur 1880 in Betrieb genommenen **Getreidegroßmühle H.W. Lange**  (Große Elbstraße 25). Sie arbeitete als eine der ersten im norddeutschen Raum mit Dampfkraft. Um 1900 luden hier 100 Arbeiter täglich rund 24 000 Zentner Getreide von Schiffen, reinigten, mahlten und la-

gerten es. Das historische Mauerwerk und die Eisenträger des heutigen Stadtlagerhauses sind original, innen wurde das denkmalgeschützte Gebäude entkernt. Der Hamburger Architekt Jan Störmer konzipierte den Umbau und setzte vier verglaste Etagen mit Wohnungen obendrauf. Direkt neben dem Stadtlagerhaus befindet sich der **Elbspeicher** (Nr. 39), 1878 für die ›Englische Waren- und Getreidespeicherniederlage‹ erbaut. Einer der Hauptmieter im heutigen Büro- und Geschäftshaus ist Greenpeace Deutschland. Auf dem Dach ist Hamburgs größte Solaranlage installiert.

Die **Malz Fabrik Naefke** an der anderen Straßenseite exportierte in ihren großen Zeiten bis nach Südamerika. Die Fassade an der Buttstraße stammt von 1860, die Backsteinfassade von 1910 und das Kontorhaus von 1913. Heute ist

Marktschreier bei der Arbeit – frühmorgens auf dem Hamburger Fischmarkt

hier auf über 11000 m² das **stilwerk** 🔲8 untergebracht, ein Design-Kaufhaus für Möbel und Einrichtungsgegenstände nach dem Shop-in-Shop-Prinzip. Im Haus befinden sich auch eine Bar, ein Café und Restaurant und ganz oben eine Galerie, ein Konferenzraum und Lounge-Bereich. Das Stilwerk ist am Wochenende das Mekka der stilbewussten Mittdreißiger.

Neben der Malzfabrik Naefke blieben zwei Gebäude des 19. Jh. unange-

Unser Tipp

FrischeParadies 🔲9

Im von außen unscheinbar aussehenden FrischeParadies ist es wie im Schlaraffenland: Die herrlichsten Austern, das schönste Obst, der beste Saft, die allerbeste Zitronentarte, das köstlichste Olivenöl, die würzigste Salami und die verführerischsten Trüffel – alles da. Und alles zum Anbeißen schön. Man kann das Angebot gleich beim Mittagstisch im Bistro-Bereich durchprobieren oder sich den Einkaufskorb für zu Hause füllen
FrischeParadies Goedeken: Große Elbstraße 210, s. S. 37.

tastet (Große Elbstraße Nr. 98/100). Auch das 2008 frisch renovierte Hafenklang-Studio (Große Elbstr. 84), in dem schon Udo Lindenberg seine Platten aufnahm, bleibt als Studio und unkonventioneller Konzertort erhalten.

Köhlbrandtreppe 🔲20

Rechter Hand gelangt man zur Köhlbrandtreppe, die an ein stattliches Fabriktor erinnert. Die neugotische Anlage von 1887 verbindet das etwa 50 m hohe Steilufer am Geesthang mit dem Wohngebiet oberhalb des Hafens. Auf dem Sandsteinrelief in der Brunnennische posiert ein geharnischter Roland mit den Wappen von Preußen und Altona. Darüber sind in den Medaillons Merkur und Neptun als Allegorien für Handel und Seefahrt zu bewundern. Von hier aus ist die an der gegenüberliegenden Hafenkante gelegene Werft Blohm & Voss zu sehen, die größte Werft Hamburgs, die 1887 gegründet wurde.

Rund um den alten Holzhafen 🔲21

Unten am Elbufer erstreckt sich der Holzhafen, die älteste erhaltene Hafenanlage der Stadt. Sie wurde zwischen 1722 und 1724 auf Anregung des dänischen Königs angelegt und vor allem als Fisch- und Getreideumschlagplatz genutzt. Die Gitterträgerbrücke wurde 1880 gebaut, als man den Ha-

Große Elbstraße

Sehenswert

18 Fischmarkt
19 H. W. Lange
20 Köhlbrandtreppe
21 Holzhafen
22 Dockland
23 Fähr- und Kreuzfahrt-
    terminal

Essen & Trinken

6 Rive

7 Fischereihafen Restaurant
8 Au Quai
9 Tafelhaus

Einkaufen

8 stilwerk
9 FrischeParadies

Abends & Nachts

13 Ballroom
14 Hafenklang

---

fen für die Dampfschifffahrt umrüstete. Um den Holzhafen herum wird in die Zukunft gebaut: kubische Bürogebäude und ein 16-stöckiger Wohnturm. Der alte Hafen bleibt als Museumshafen zugänglich.

Weiter entlang der Großen Elbstraße passiert man das 1928/29 im Stil des neuen Bauens entworfene **Christliche Seemannsheim** (Nr. 124–26) und an der Ecke Sandberg (Nr. 146) die Schiffsmaschinen-Reparatur **Groth & Degenhardt** aus dem Jahr 1772. Heute arbeitet hier eine Filmproduktionsfirma. Bei einem Blick durch die Fenster sieht man, dass Teile der alten Maschinenfabrik erhalten sind und in das moderne Büro integriert wurden.

Dockland **22**

Das Dockland, wegen seiner Form auch Dockland Parallelogramm genannt, ist ein weiterer futuristischer Bürobau von Architekt Hadi Teherani. Wie ein Schiff scheint das Gebäude mit seinem 350 Tonnen schweren Bug auf dem Wasser zu liegen. Das Besondere: Besucher können über eine recht steile Treppe auf das ›Deck‹ steigen und eine wunderbare Rundumsicht genießen.

Fähr- und Kreuzfahrtterminal **23**

Das herausragendste Gebäude im Fischereihafen ist der postmoderne Fähr- und Kreuzfahrtterminal, an dem drei bis viermal pro Woche die Englandfähre von Harwich anlegt (Überfahrtsdauer: 20 Std.). Die Stahl-Glas-Konstruktion, die an einen Schiffsrumpf erinnert, wurde 1991–93 nach Entwürfen des Londoner Architekturbüros Alsop & Lyall gebaut. In den oberen Stockwerken befinden sich Büros und das Restaurant **Rive** **6** mit fulminantem Blick auf den Hafen (s. S. 31).

Fischgroßhandel

Flussabwärts entlang der Großen Elbstraße geht es irdischer zu. In den Lagerhallen werden täglich immer noch viele Tonnen Fisch geräuchert, mariniert und verkauft. Einige Großhändler bedienen auch private Kunden (Mo–Fr bis 16, Sa 10–12 Uhr). Direkt in der Nachbarschaft befinden sich das traditionsreiche **Fischereihafen Restaurant** **7** und das elegante **Au Quai** **8**, das von der jüngeren, besser verdienenden Klientel bevorzugt wird.

Alte Gleisanlagen

Geht man den Weg weiter Richtung Neumühlen und schaut von der Brücke herab, erkennt man unten die Gleise, die vom Hafen zum damaligen Altonaer Bahnhof an der Palmaille führten. Die Anbindung des Hafens an die oben gelegene Eisenbahnstation war damals eine große verkehrstechnische Herausforderung. Zwar hatte man Schienen gelegt, aber man vertraute zunächst noch nicht auf die Dampfkraft, um die Güter hier heraufzutransportieren. Stattdessen benutzte man – ähnlich wie in Bergwerken – ein Göpelwerk, das von Pferden gezogen wurde. 1849 setzte man dann die erste Dampfmaschine ein und erhöhte den Gütertransport auf täglich bis zu 80 Waggons. 1874 wurde dann der 395 m lange ›Schellfischtunnel‹ durch den Hang gebaut, um Altonas Stellung als Güterumschlagplatz Nr. 1 gegenüber der Stadt Hamburg zu festigen. Auf der Schienenstrecke Richtung Bahnhof Altona transportierte man in den 1920er-Jahren jährlich 150 000 Tonnen Meerestiere, vor allem Schellfisch. Der Tunnel wurde erst 1993 stillgelegt.

Neumühlen

Die Elbuferstraße hat ihr Gesicht in den letzten Jahren geliftet. Anstelle der Wohnschiffe der Asylanten wurde – wie die Hamburger Oberbaudirektion stolz propagierte – eine ›Perlenkette‹ aufgezogen, ein 645 m langer Riegel teurer Glasstahlbauten mit Elbblick. Hier lässt es sich aussichtsreich und nobel speisen, zum Beispiel hinter riesiger Glasfront im **Tafelhaus** `9` mit herausragender Küche.

Vom ehemaligen Fischerdorf Neumühlen, das seit dem 15. Jh. wegen einer Wassermühle am Elbfluss als ›Nie Moel‹ geführt wurde, ist heute nur noch wenig zu erkennen. Markantes Wahrzeichen von Neumühlen war lange Zeit das 1926 erbaute, Anfang der 1990er-Jahre abgerissene Kühlhaus. An seiner Stelle entstand ein luxuriöser Altenheim-Turm. Gegenüber, hinter dem Deich, kann man an einigen alten Häuschen aus der ersten Hälfte des 19. Jh. das ehemalige Fischerdorf so eben noch erahnen.

Essen & Trinken

Buona Sera – **Trattoria Cuneo** `1`: Davidstr. 11, Tel. 040 31 25 80, U 3 St. Pauli, S 1, 3, 11 Reeperbahn, Mo–Sa ab 18 Uhr, Hauptgerichte ab 15 €. Gott sei Dank blieb der aus Genua stammende Straßenmusikant Francesco Antonio Cuneo mit seiner Frau Maria nicht in München, sondern eröffnete 1905 in St. Pauli mit dem Cuneo die allererste ›Trattoria Italiana‹ Deutschlands. Es sind nicht nur die Wände mit Bildern des befreundeten Malers Bruno Bruni oder das Mobiliar, das sich seit den Gründerjahren wenig verändert hat, die diesen Ort so einmalig machen, sondern die Menschen, die sich hier einfinden.

Gute Mischung – **Abendmahl** `2`: s. S. 31.

Für alle Tageszeiten – **Café Geyer** `3`: Hein-Köllisch-Platz 1, S 1, 3, 11 Reeperbahn, Tel. 040 31 03 18, tgl. 10–1 Uhr. Etwas abseits vom Kiezrummel liegt das Eckcafé, eine gute Adresse, um entspannt zu frühstücken, Kaffee und Kuchen zu genießen, den kleinen Hunger zu stillen oder gepflegt den Feierabend zu verbringen. Regelmäßig legen DJs auf. Im Sommer herrscht hier reges Treiben, denn dann wird das Café Geyer zur großen Freiluftkneipe.

Tolle Aussicht – **Amphore** `4`: Hafenstraße 140, Tel. 040 31 79 38 80, S 1, 3, 11 Reeperbahn, Do–So ab 10 Uhr, Frühstück ab 5,50 € bis gegen 15 Uhr oder gleich einen Eintopf oder eine Pizza ab 7,50 €. Egal zu welcher Tages- oder Jahreszeit, hier möchte man am liebsten den ganzen Tag sitzen bleiben und Schiffe gucken – in netter, unkomplizierter Gesellschaft.

Kreative Küche – **Schauermann** `5`: s. S. 35.

Hochgenuss am Wasser – **Rive** `6`: s. S. 31.

Hanseatisch – **Fischereihafen Restaurant** `7`: Große Elbstr. 143, Tel 040 38 38

16, www.fischreihafenrestaurant.de, Bus 112 bis Elbberg, S 1, 2, 3 Königstraße, So–Do 11.30–22, Fr, Sa bis 22.30 Uhr, Hauptgerichte ab 16 €. Tatar vom Gelbflossen-Tuna oder Dorschfilet auf Sauerkraut-Kartoffelpüree, die Welt ist hier ganz auf Fisch von bester Qualität eingestellt. Das Restaurant wird mittags gern von Geschäftsleuten und ihren Gästen frequentiert.

Guter Geschmack– **Au Quai** 8: Große Elbstr. 145, Tel. 040 38 03 77 30, http://www.au-quai.com, Mo–Fr ab 12, Sa ab 18 Uhr bis *open end*, Küche bis 22.30 Uhr, Bus 112 bis Elbberg oder Bus 383 bis Van-der-Smissen-Straße, S 1, 2, 3 Königstraße, Hauptgerichte ab 19 €. Liebhaber von Meeresgetier, aber auch von Spanferkelbäckchen kommen auf ihre Kosten. Geschmackvolles Ambiente vor eindrucksvoller Hafenkulisse. Für Genießer und Besserverdiener.

Dinner am Wasser – **Tafelhaus** 9: s. S. 30.

Einkaufen

Bis spätabends – **Spielbudenmarkt** 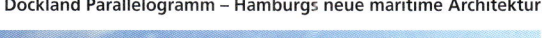: Spielbudenplatz, U 3 St. Pauli, Mi 16–23 Uhr, Mitte März bis Dezember. Neben Konzerten haben sich jetzt auch die Marktleute den Platz zurückerobert. Lockere kommunikative Atmosphäre beim Einkaufen unterm Sternenhimmel.

Anregend – **Condomerie** 2: Spielbudenplatz 18, Tel. 040 319 31 00, www.condomerie.de, U 3 St. Pauli, tgl. 12–24 Uhr. Der erste Kondomladen Deutschlands zeigt und verkauft – standesgemäß auf St. Pauli – eine skurrile Auswahl an Verhüterli. Außerdem gibt es auch scharfe Dessous, quietschende Brüste oder erotische Süßigkeiten.

Rund um die Uhr Kult – **Essotankstelle** 3: Taubenstr. 24, U 3 St. Pauli. Hamburgs bekannteste Zapfanlage und Treffpunkt von lichten und dunklen

Dockland Parallelogramm – Hamburgs neue maritime Architektur

St. Pauli, Reeperbahn, Elbufer

Gestalten. Im 24-Stunden-Shop versorgt sich die Szene mit allem, was man für eine lange Nacht braucht.

Für die Füße – **Schuhmessmer 4**: Reeperbahn 77–79, Tel. 040 31 41 82, www.schuh-messmer.de, U 3 St. Pauli, S 1, 3, 11 Reeperbahn, Mo–Sa 10–22, So 14–20 Uhr. Transvestiten, Hausfrauen, Schauspieler und Immobilienhändler: Das Geschäft mit den abgefahrensten Tigerfell-Schuhen, den höchsten Stiefeln und größten Pumps (bis Größe 46) ist für Schuhfetischisten die ideale Location. Schon Freddy Quinn hat sich hier mit fünf Zentimeter hohen Absatzschuhen zu erstaunlichen Höhen aufschwingen können. Und auch Udo Lindenberg weiß, dass man hier prima Stiefel erstehen kann.

Feinkostladen für Bücher – **Galerie und Feinbuchhandlung Blauer Affe 5**: Friedrichstr. 28, U 3 St. Pauli, S 1, 3, 11 Reeperbahn, Di–Fr 15–20, Sa 13–18 Uhr (im Sommer länger). Eine Buchhandlung mitten auf dem Kiez, die nicht nur Bestseller auf dem Tisch stapelt? Ein veritabler Spezialitätenladen für Literaturliebhaber. Auch Science-Fiction, abseitige Fachbücher und seltene Comics ...

Glanzvoll – **Goldschmiede Oro 6**: Paul-Roosen-Str. 30, Tel. 040 54 80 37 94, S 1, 3, 11 Reeperbahn, Mo–Fr 11–18, Sa bis 16 Uhr. Schmuck aus Gold, Silber oder Platin – hier kann der Besucher der Goldschmiedemeisterin Christiane Bludau beim Anfertigen der Schmuckstücke in der Ladenwerkstatt zuschauen. Sie schmiedet neben ›normalen‹ Ketten und Ringen auch erotischen Köper- und Intimschmuck oder fertigt auf Wunsch der Kunden.

Allerlei aus aller Welt – **Harry's Hafenbasar 7**: Balduinstr. 18/Ecke Erichstr., Tel. 040 31 24 82, www.hafenbasar.de, S 1, 3, 11 Reeperbahn, Di–So 12–18 Uhr. Kriegermasken, ausgestopfte Sägefische, Ashanti-Fruchtbarkeitspuppen

oder Schrumpfköpfe – in Harry's Hafenbasar kann man alles Mögliche und Unmögliche finden. Nur Harry nicht mehr. Das Hamburger Original Harry Rosenberg, ein Seemann, der sich später ganz auf den Handel mit Kuriositäten aus aller Welt konzentrierte, starb im Jahr 2000.

High Level – **stilwerk 8**: s. S. 39.

Traumhaft – **FrischeParadies 9**: s. S. 37.

Abends & Nachts

Klassiker – **Café Keese 1**: s. S. 161.

Up in the sky – **20up im Hotel Empire Riverside 2**: s. S. 163.

Absolut St. Pauli – **Hans-Albers-Eck 3**: Hans-Albers-Platz 20, S 1, 3, 11 Reeperbahn, Do–Sa 21 Uhr bis *open end*. Traditionelle Kiez-Kneipe. Feiern und Trinken durch die Nacht, bei gutem Wetter auch am Außentresen.

Partytime – **Quer 4**: Hans-Albers-Platz 8, Tel. 040 319 64 99, S 1, 3, 11 Reeperbahn, Mo–Sa 18–8 Uhr. Wenn man die Nacht durchmachen will, kreuzt man im Herzen von St. Pauli mit hoher Wahrscheinlichkeit auch irgendwann im Quer auf. Im 3. Floor gibt's von Donnerstag bis Samstag House und Black Music.

Kultig – **Zum Silbersack 5**: Silbersackstr. 9, S 1, 3, 11 Reeperbahn. Die Kultkneipe existiert bereits seit 1950. Das Publikum ist gemischt, das Bier kommt aus Flaschen und die Musik – darunter Gassenhauer und Schlager – aus der Jukebox.

Ein Käfig voller Narren – **Pulverfass 6**: Reeperbahn 147, Tel. 040 24 78 78, S 1, 3, 11 Reeperbahn, tgl. ab 19.30 Uhr, Erste Show ab 20.30 Uhr, Fr, Sa drei Shows, 7–24 €. Monatlich wechselnde Travestie-Shows von Paradiesvögeln in Schmuck und Federn, mit spitzer Zunge. Tanz und wilde Roben inklusive!

Kultclub – **Golden Pudel 7**: s. S. 41.

Nicht nur für Studenten – **Hörsaal 8**:

Spielbudenplatz 7, www.hoersaal-hamburg.de, U 3 St. Pauli, Mo–Fr ab 18, Sa, So ab 14 Uhr. Regelmäßige Location für die Lausch-Lounge Hamburger Bands unplugged! Aber auch Jazzbar, Veranstaltungsort für Party-Events oder Konzerte. Do–Sa legen DJs auf. Dann brummt der Laden. Im Sommer tummelt sich das Volk auch gern draußen vor der Tür.

Sixty-Chic – **Bambi** 9 : Hamburger Berg 14, Tel. 040 319 57 71, www.bambi-auf-st-pauli.de, U 3 Pauli, S 1, 3, 11 Reeperbahn, tgl. ab 20 Uhr. Das kleine Lokal beamt einen zurück in die die 1960er-Jahre. Ab 23 Uhr legen die DJs Funk, Hip-Hop, Trip-Hop oder Soul auf. Da hoppt der Mensch und die Tipkick-Figürchen auf der Fensterbank wackeln einfach mit im Takt.

Hamburg privat – **3-Zimmer-Wohnung** 10 : Talstr. 23, www.3-zimmer-wohnung.com, S 1, 3, 11 Reeperbahn, tgl. ab 20 Uhr. Je kleiner, desto feiner! In der 3-Zimmer-Wohnung werden täglich Partys gefeiert, bei denen sich die Leute ganz wie zu Hause in der Küche quetschen, auf dem Sofa im Wohnzimmer quatschen oder im Schlafzimmer knutschen. Ist alles so hergerichtet, wie man sich die Ausstattung einer Wohngemeinschaft so vorstellt. Tischkicker und Kultur inklusive: Beim ›Tresenlesen‹ kann jeder seine eigenen Texte zum Besten geben.

Wohnzimmerartig – **Hasenschaukel** 11 : Silbersackstr. 17, www.hasenschaukel. de, S Reeperbahn/U St. Pauli, Mi/Do 19–1, Fr/Sa 19–4 Uhr. Die Hasenschaukel schwingt zwischen Reeperbahn und Hafenstraße zu fein ausgesuchter Musik vom Plattenteller. Fernab systemgastronomischer Einheits-Sounds ist sie eine Wiege des guten Geschmacks. Die gold-grün-pinken Bodenfliesen stammen aus der Zeit, als die St. Pauli-Bäckerei hier noch produzierte. Auf dem Sofa vor dem feuer-

freien Kamin könnte man glatt zum Dauerbesucher werden. Ab und an wird live musiziert. Spätestens dann fangen nicht nur die Plastikpuppen-Lampen an zu tanzen.

Happy Hour im Tower – **Tower Bar** 12 : Seewartenstr. 9, Tel. 040 31 11 35 24, 18–2 Uhr, U 3 und S 1, 3, 11 Landungsbrücken, Happy Hour von 18–9 Uhr. Dank seines Turms ist das Hotel Hafen Hamburg, ein ehemaliges Seemannsheim bei der Landungsbrücken, schon von weitem erkennbar. Im 12. Stock ist es unabhängig vom Wetter gigantisch schön, aus 700 Cocktails wählen zu können. Aus 65 m Höhe hat man einen einmaligen Postkartenblick über den Elbhafen. Lebhafter Happy-Hour-Betrieb.

Durchtanzen – **Ballroom** 13 : Große Elbstr. 14, Tel. 040 31 59 74, www.ballroom-hamburg.com, S 1, 3, 11 Reeperbahn, Do–Di ab 20/21 Uhr. ›The Rockin' Ass Kick from the waterkant‹ steht programmatisch am Eingang in Fraktur geschrieben Und so geht es drinnen auch ab: Gothic, Heavy Metal und Hardrock. Am Wochenende sorgen auch Live-Bands für Stimmung. Wer die Nacht zum Sonntag durchmacht, kann morgens zu Heavy-Metal-Musik frühstücken.

Legendär – **Hafenklang** 14 : Große Elbstr. 84, Tel. 040 38 87 44, www.hafenklang.org, S 1, 3, 11 Königstraße oder Reeperbahn. Die in Musikerkreisen legendären Hafenklangstudios sind schon in den 1970er-Jahren entstanden. Die Einstürzenden Neubauten nahmen hier ihre ersten Alben auf, die Toten Hosen, Udo Lindenberg und weniger prominente Panik-Punker spielten hier Heute ist das Hafenklang Hot Spot der Hamburger Elektronik-Szene, aber auch für Punkbands eine gute Bühnenadresse. Und wenn dann 3000 Leute durch den Laden rocken, ist wirklich was los.

179

Schanzen- und Karolinenviertel

Auf Entdeckungstour

Modekiez im Karoviertel: Das Karoviertel, einst Hochburg im Straßenkampf und Treffpunkt der Hamburger
Punks, ist heute das Mekka der jungen
Designerszene. In den Läden der
Marktstraße kann man den großen
Modemachern von morgen quasi über
die Schulter schauen. Gute Beratung
bei Maßanfertigungen inklusive. S. 190

Kultur & Sehenswertes

Wasserturm: Die Anwohner haben lange dagegen gekämpft, dass der historische Wasserturm im Sternschanzenpark zu einem Hotel umgebaut wird. Obwohl der Wasserturm jetzt viele Luxussuiten beherbergt, wurde er als Industriedenkmal saniert und gerettet. Ein Besuch lohnt, auch innen. **5** S. 185

Genießen & Atmosphäre

Piazza: Schöne Plätze findet man eher selten in Hamburg, das können die Italiener besser. Die ›Piazza‹ im Schanzenviertel ist in Wirklichkeit nur ein großzügig verbreiterter Bürgersteig. Aber in puncto Geselligkeit liegt der Meetingpoint für die Hamburger Szene ganz weit vorne. S. 182

Schanzen-Flohmarkt: Samstagvormittag. Langes Frühstück in einem der vielen Cafés des Viertels und anschließend entspannt über den Flohmarkt im Kulturzentrum Schlachthofpassage trödeln. Bis spätnachmittags haben Sie Zeit zu überlegen, ob die schicke Tasche aus den 1940er-Jahren ihr Geld wert ist. **4**, **7** S. 188

Abends & Nachts

3001: Ein entzückendes kleines Hinterhof-Kino im Herzen des Schanzenviertels. Hier wird nicht der dicke (Cine-)Max gemacht. Das 3001 zeigt ausgesuchte Kinoschätze. **4** S. 185, 186

Die jungen Szeneviertel

Die Schanze, wie das alte Viertel liebevoll von seinen Bewohnern genannt wird, ist zum Trendquartier avanciert. Es ist der mit Abstand lebendigste Stadtteil Hamburgs.

Eine unvergleichliche Mischung aus Straßenkämpfern und Studenten, Webgewinnern und -verlierern, Lebenskünstlern, Lehrern und trendbewussten Zeitgeistern bevölkert das Viertel im Nordosten von St. Pauli. Wer hier lebt, muss Gegensätze spannend finden und fest an Toleranz glauben.

Billiger Wohnraum zog in der Nachkriegszeit Studenten und Künstler in das einstige Arbeiterviertel. In den 1970er- und 1980er-Jahren bestimmte dann zunehmend die alternative Szene die Atmosphäre der Schanze. Ein buntes Multikulti-Gemisch prägt sie noch immer, aber zur griechischen Taverne hat sich mit der New Economy inzwischen auch die Sushi-Bar gesellt, und die Schanze wurde zum Catwalk für die junge Design- und Modeszene. Wenn man vom U- und S-Bahnhof Sternschanze links unter der S-Bahn-Brücke die Schanzenstraße entlangläuft, hat man das Gefühl, irgendwo, aber nicht gerade in Hamburg zu sein. Ziemlich unaufgeräumt geht es hier zu – oder eben lebendig

Rund um das Schulterblatt

Piazza am Schulterblatt
Der Straßenname Schulterblatt leitet sich vom Wirtshaus ›Zum Schulterblatt‹ ab, das Mitte des 17. Jh. das bemalte Schulterblatt eines Wals als Erkennungszeichen verwendete (heute im Museum für Hamburgische Geschichte zu besichtigen). Bei der Neugestaltung des Viertels 2003 hat man eine Straßenseite, die zuvor zum Parken genutzt wurde, in einen lang gestreckten Platz verwandelt, der so etwas wie das Herz der Schanze geworden ist. Darum trägt er neben der hübschen und inzwischen offiziell durchgesetzten Bezeichnung ›Piazza‹ noch viele weitere Kosenamen wie ›Floraplatz‹ oder ›Galäostrich‹ – Letzteren aufgrund der gehäuften Anzahl von portugiesischen Cafés in der Umgebung. Ein bisschen multikulti, so hoffen die Anwohner, soll der Platz ruhig bleiben.

Rote Flora **1**
Gegenüber der Piazza am Schulterblatt steht die heiß umkämpfte Rote Flora in ›Kriegsbemalung‹, eine Remi-

niszenz an die bunte Widerstandskultur vergangener Jahrzehnte. Ihre Geschichte ist charakteristisch für die Stadtentwicklungspolitik des Schanzenviertels und der Hansestadt. Seit 1888 waren im Gebäude der Roten Flora das Tivoli, das Concerthaus Flora, dann das Flora-Theater und ab Anfang der 1950er-Jahre ein Kino untergebracht. Mit dem Kinosterben übernahm ein Billigmarkt den Bau, bis die Stadt das Haus 1988 an einen Musicalproduzenten verkaufte, der dort ein 2000-Plätze-Haus für das Musical »Phantom der Oper« hinstellen wollte. Die Anwohner protestierten mit Nachdruck. Sie fürchteten eine massive Belastung des Viertels durch Buskolonnen und explodierende Mieten. Straßenschlachten und Polizeiaufmärsche gehörten zum Alltag. Die Stadt fürchtete eine Eskalation wie 1985–87 in der Hafenstraße. Schließlich gab der Investor entnervt auf. Seine ›Neue Flora‹ eröffnete er an der S-Bahn Holstenwall.

Infobox

Reisekarte: ▶ N–O 5–6

Tour-Info
Unser Spaziergang beginnt im Herzen der Schanze auf der Piazza am Schulterblatt (U-/S-Bahnhof Sternschanze) und endet am Bahnhof Sternschanze. Der Rundgang durch die beiden Viertel dauert etwa 2 Std., mit Shopping natürlich open end.

Die Rote Flora war unterdessen von verschiedenen politischen und künstlerischen Initiativen in Beschlag genommen worden. 2001 verkaufte die Stadt das Haus an einen privaten Investor mit der Auflage, es kulturell zu nutzen. Nun gibt es in dem autonomen Stadtteil-Kulturzentrum Übungsräume für Bands und Platz für politi-

Das bunte Leben in der Schanze ...

Schanzen- und Karolinenviertel

Sehenswert
1. Rote Flora
2. Piano-Fabrik Steinway & Sons
3. Foolsgarden-Theater
4. Montblanc-Fabrik
5. Wasserturm
6. Karolinenhof 2–2a
7. Karolinenpassage
8. Dr. Alberto-Jonas-Haus
9. Fernsehturm
10. Schlachthof

Essen & Trinken
1. Vienna
2. Saal II

3. Café unter den Linden
4. Die Herren Simpel
5. Bok Mikawa
6. Asia Imbiss wok
7. Artisan
8. Erika's Eck
9. Das Mess
10. Freischwimmer

Einkaufen
1. Danish Daughters
2. Pianohaus Trübger
3. Funky Fashion Family
4. Antik und Nippes
5. Paul & Piske
6. Wohnkultur 66

7. Kulturzentrum Schlacht-hofpassage
8. Das Amt
9. Galerie Hinterconti

Abends & Nachts
1. Bar Rossi
2. Yoko Mono Bar
3. Uebel & Gefährlich
4. Hamburger Botschaft

sche und künstlerische Initiativen. Im Erdgeschoss finden regelmäßig Konzerte und Antirepressionspartys statt. Wegen ihres spitzenmäßigen Clubprogramms wurde die Rote Flora mehrfach ausgezeichnet. Im ersten Stock ist das ›Archiv der sozialen Bewegung‹ untergebracht, eine Dokumentation der Neuen Linken seit 1968. Im Café, das ehrenamtlich von ›Rotfloristen‹ betrieben wird, gibt es preiswertes Essen speziell für die weniger Begüterten aus der Schanze. Die heruntergekommene Fassade wirkt in dem inzwischen aufgehübschten Viertel wie eine offene Wunde, ein Mahnmal an längst vergangene, politisch bewegte Zeiten.

Kleine Rosenhofstraße

Auch die Kleine Rosenhofstraße mit den hohen Etagenhäusern, die sich im Rücken vom Schulterblatt zur Susannenstraße windet, hat Geschichte geschrieben. Als der Autor und KPD–Mann Willi Bredel das 1931 in der Reihe »Der Rote Eine-Mark-Roman« erschienene Buch »Rosenhofstraße« verfasste, saß er in Festungshaft wegen literarischen Hoch- und Landesverrats. In der »Rosenhofstraße« beschreibt er den Kampf einer kommunistischen Straßenzelle gegen die Nazis und den Mieter- und Arbeiterstreik in der **Piano-Fabrik Steinway & Sons** ◳ (Schanzenstr. 58, durch die Einfahrt). Die alte Pianoforte-Fabrik aus dem 19. Jh. wurde exzellent renoviert. Hier haben sich Designer, Werbeleute und Filmproduktionsfirmen eingemietet. Willi Bredels mehr als 5000 Bände umfassende Bibliothek wird in der Forschungsstelle für Zeitgeschichte am Schulterblatt 36 aufbewahrt.

Foolsgarden-Theater ◳

Das Schanzenviertel ist auch ein Biotop für potenzielle Bühnenstars. Hanne Mogler vom Foolsgarden, einem klei-

nen Theater in der Lerchenstraße, hat schon viele Hamburger Künstler wie Marlene Jaschke, Lilo Wanders oder Django Edwards bei ihren ersten Gehversuchen unterstützt. Seit mehr als einem Vierteljahrhundert ist die Kleinkunstbühne Sprungbrett und Versuchsfeld für Stand-up-Comedians, Musiker, Zauberer und Artisten.

Susannenstraße

Die vom Schulterblatt abzweigende Gasse säumen Klamottenläden, Stehimbisse und Cafés. Sie kreuzt die Bartelstraße, wo der zweite Innenhof von Haus Nr. 12 zum Gelände der ehemaligen **Montblanc-Fabrik** ◳ führt. Im Montblanc-Hof befinden sich heute kleinere Filmfirmen, ein alternatives ›Statt‹-Rundfahrt-Unternehmen und zur Straße hin der Hauptsitz der Volkshochschule Hamburg. Das kleine **Kino 3001** auf dem Fabrikgelände lockt mit Erstaufführungen ›kleiner‹ Filme, Filmreihen mit politischen Dokumentationen, Wiederaufführungen von Kultfilmen, Schwulen- und Lesben-Filmen auch Cineasten aus anderen Stadtteilen an (s. Lieblingsort S. 186).

Sternschanzenpark

Der Sternschanzenpark ist nach einer sternförmigen Bastion benannt, die man 1682 zusätzlich zur Stadtbefestigung gegen die Dänen errichtete, um Hamburg uneinnehmbar zu machen. Die Befestigungen waren durch einen Laufgraben verbunden, an den eine gleichnamige Straße erinnert.

Wasserturm ◳

Die 50 Wassertürme Hamburgs wurden sämtlich in einem vergleichsweise kurzen Zeitraum zwischen 1848 und 1930 erbaut. Über Jahrhunderte hinweg hatten sich die Hamburger vor al-

Montblanc-Hof 4

Kleine Fluchten gibt es selbst im Getümmel des Schanzenviertels. Der Montblanc-Hof an der Ecke Bartelsstraße und Schanzenstraße ist so ein Paradies der Stille: das altehrwürdige, denkmalgeschützte Gemäuer, das hanseatische Ruhe und Gelassenheit vermittelt, lädt zu einer Auszeit ein. In der ehemaligen Produktionsstätte für Füllfederhalter lässt es sich besonders an heißen Sommertagen im Hof des Restaurants Schanzenstern relaxen. Und Hamburgs kleines **Kino 3001** im anliegenden Hof bietet Trost an Wind- und Wettertagen.

lem durch Brunnen, Wasserträger und -wagen mit sauberem Wasser versorgt. Mit der Industrialisierung und der stark wachsenden Bevölkerung verdreckten Fleete und Alster jedoch zunehmend. Und die große Hamburger Feuersbrunst offenbarte 1842, wie unzureichend die vorhandenen Brunnen und Hydranten waren. Eine zentrale staatliche Wasserversorgung mit moderner Kanalisation löste die private Wasserversorgung ab. Um dauerhaft einen hohen Wasserdruck zu garantieren, baute man in der Nähe der Siedlungen hohe Wassertürme. Mit dem Vormarsch elektrischer Wasserpumpen verloren sie ihre Funktion. Heute sind nur noch drei Wassertürme in Betrieb. Der imposante alte Wasserturm im Sternschanzenpark ist das inzwischen denkmalgeschützte Wahrzeichen des Viertels. Durch die Umnutzung zum luxuriösen Vier-Sterne-Hotel von Mövenpick konnte das Industriedenkmal mit aufwendig sanierten historischen Details dauerhaft erhalten werden.

Schanzenstraße

Die Schanzenstraße führt nach Süden Richtung Karolinenviertel. Ausgefal-

lene Modegeschäfte wie **Paul & Piske** und jede Menge Kneipen säumen auch hier den Weg. Am Ende bei der Einmündung ins Schulterblatt ist auf dem Fußweg eine Markierung der ehemaligen Stadtgrenze zu sehen. ›A‹ steht für Altona, ›H‹ für Hamburg. An der Wand des Eckhauses Schanzenstraße prunkt das Hamburger Wappen, auf der Schulterblattseite des Hauses das Wappen von Altona. Das geschlossene Tor im Hamburger Wappen symbolisiert die Unabhängigkeit der Hansestadt. Auf dem Altonaer Wappen ist das Tor offen: Der Landesherr hatte stets freien Zugang zur Stadt.

Zwischen Schanze und Karoviertel

Die Augustenpassage aus dem 19. Jh. oder die Beckstraße mit Reihenhäusern vom Ende des 19. Jh. führen auf die Sternstraße ins Karoviertel. Hier befindet sich die **Hamburger Botschaft** 4. Musiker, Maler, Filmemacher und eine Kunsthistorikerin haben hier einen coolen Mix aus Bar, Galerie und Club geschaffen. Das **Kulturzentrum Schlachthofpassage** 7 schräg gegenüber ist Veranstaltungszentrum und zugleich Ladenpassage für Kunsthandwerk und Schmuck. Jeden Samstag findet hier zwischen Schanze und Karoviertel ein schöner Flohmarkt statt, auf dem professionelle Händler in der Unterzahl sind.

Karolinenviertel

Das Karolinenviertel (kurz: Karoviertel), im Dreieck zwischen Messe, Schlachthof und Heiligengeistfeld gelegen, hat sich zur Domäne der jungen Mode entwickelt. Auf 400 x 400 m wohnen hier knapp 4000 Menschen, rund 40 Prozent von ihnen Ausländer.

Die Stadterweiterung Hamburgs um 1900 führte zu dieser extrem dichten Bebauung des Karoviertels. Die Subkultur setzte sich hier schon in den 1970er-Jahren fest. Den Bhagwans folgte in den 1980er-Jahren die Hamburger Punkszene. Traditionell multikulturell und politisch aktiv eingestellt, hat man allen Abrissplänen für die Messeerweiterung lange beharrlich getrotzt – vergebens. Drei der neuen Messehallen wurden zwischen Karo- und Schanzenviertel gebaut und ein Teil des Schlachthofs abgerissen.

Marktstraße

Neben alteingesessenen Secondhandläden haben sich hier Hamburger Modemacher niedergelassen. Eine Markt-Straße war sie nie, man gelangte von hier aus nur geradewegs zum Neuen Pferdemarkt. Auf dem Weg dorthin, neben der alten Rinderschlachthalle (Neuer Kamp 30), konstituiert sich ein Musikzentrum, das Tonstudios, Musikgeschäfte und Büros unter einem Dach vereinigt. Junge Künstler stellen in der **Galerie Hinterconti** 9 in der Marktstraße 40a aus.

Karolinenstraße

Die Karolinenstraße ist durch viel Verkehr belastet, doch gibt es kleine Fluchten: zum Beispiel den **Karolinenhof 2–2a** 6 , einen Wohn- und Gewerbehof mit einem Dutzend Ateliers, und gleich nebenan den Jugendstil-Wohnhof Karolinenstr. 4–6. Die Nordzeile der Karolinenstraße 26, die mit Jugendstilfassaden geschmückte **Karolinenpassage** 7 , wurde 1860 nach englischem Reihenhausmuster erbaut. Nummer 35 beherbergt die ehemalige Israelitische Töchterschule, heute Gedenk- und Bildungsstätte, die seit 1998 **Dr. Alberto-Jonas-Haus** 8 heißt. Dr. Jonas leitete die Schule bis zu seiner Deportation ins KZ Theresienstadt.

Fernsehturm 9

Am Ende der Karolinenstraße ragt der Fernsehturm, auch Tele-Michel genannt, in den Himmel. Offiziell heißt er Heinrich-Hertz-Turm nach dem aus Hamburg stammenden jüdischen Physiker, der die elektromagnetischen Wellen für die Funkübertragung entdeckte. Mit seinen 271,5 m Höhe ist er der höchste Turm der Stadt. Leider ist er der Öffentlichkeit nicht mehr zugänglich. Dafür tummeln sich jetzt die Menschen zu Füßen des Turms in den erweiterten Messehallen mit ihrem schwungvollen weißen Dach. Die Ausstellungsfläche ist auf 84 000 m^2 angewachsen. Für die Messegebäude wurden das Kesselhaus und die historischen Maschinen des Ende des 19. Jh. erbauten Kohlekraftwerks Karoline geopfert. Ein fragmentarischer Rest des 1896 erbauten Verwaltungsgebäudes existiert noch und befindet sich – buchstäblich – unter dem Dach einer neuen Messehalle. Ein Baudenkmal als Implantat.

Schlachthof 10

Von hier aus geht's zurück über die Lagerstraße Richtung Bahnhof Sternschanze. Entlang der wenig pittoresken Strecke kann man gut sehen, was dieser Stadtteil einmal war, was er im Moment ist und wie er vielleicht mal aussehen wird. Vorbei an den neuen Messehaller taucht hinter einer Kurve das Gewerbegebäude des Hamburger Fleischmarkthandels auf. Am unteren Ende der Straße sieht man die heute ungenutzten Restgebäude des historischen Schlachthofgeländes. Der Sternschanzen-Schlachthof, 1867 eröffnet, wurde hauptsächlich für Schweine und Kälber genutzt. Er war durch mehrere Trift-Tunnel mit den benachbarten Viehmärkten verbunden. Diese führten unter der Lagerstraße und parallel zur U-Bahn-Linie unter der Straße

Auf Entdeckungstour

Modekiez im Karoviertel

Das Karoviertel und besonders die Marktstraße sind und machen sehr in Mode. Boutiquen gibt es hier nicht. Gerade deswegen ist die Gegend für die junge Modedesignerszene der ultimative Standort. Ein Shoppingbummel lohnt sich hier für alle, die Wert auf einen eigenen Stil legen und kleine Läden lieben.

Planung: Für den Besuch der Karolinenstraße nimmt man die U2 bis zur Station Messehallen. Für den Besuch der Marktstraße und der Glashüttenstraße bietet sich die U3 bis Feldstraße an. Die Tour kann 1 Std. oder auch einen halben Tag dauern, je nach Entscheidungsfreude, Geldbeutel oder Umzugsgeschwindigkeit.

Öffnungszeiten: Viele der Läden bleiben am Montag geschlossen. Die Öffnungszeiten sind überwiegend Di–Sa ab 11 Uhr, Ladenschluss ist Di– Fr gegen 19 Uhr, Sa zwischen 16 und 17 Uhr.

190

Die Designer, die sich im Karoviertel in eigenen kleinen Läden präsentieren, bringen Courage zum eigenen Stil mit. Ambitioniert sind sie, selbstbewusst und der Subkultur immer noch ein wenig zugeneigt, verdanken sie ihr doch einen Großteil ihrer Inspiration. In Bezug auf Qualität und Preisgestaltung ist man jedoch kein bisschen alternativ. Zwar können die Jungen den altgedienten Hamburger Star-Designern Jil Sander und Wolfgang Joop noch nicht die Hauptrolle im Modezirkus streitig machen, aber schon heute wollen sich einige von ihnen nicht mehr mit Nebenrollen begnügen.

Anna Fuchs

Die Modedesignerin in der Karolinenstraße 27 gehört auf alle Fälle zu den Big Shots der Hamburger Modeszene. Doch obwohl sie es schon zur Anerkennung im internationalen Business gebracht hat, ist Anna Fuchs dem Karoviertel treu geblieben und berät ihre Kunden selbst. Sie lernte ihr Handwerk bei der Haute-Couture-Schneiderin Marion Havel. Schlichte Extravaganz und frech gestaltete Taschen brachten ihr Wertschätzung ein. Ihre Haute-Couture-Eleganz hat ihr auch arrivierte Kundschaft gebracht. Mit Anna Fuchs können sich Stars und Jungsterne schließlich auch auf einem Filmball in der Hauptstadt oder auf einem Plattencover von Jan Delay sehen lassen (www.annafuchs.de).

Marktstraße, die erste ...

Reuker HP (Marktstr. 133) entwirft alltagstaugliche Maßanzüge, Jacken, Pullover und Hemden für Männer, Röcke, Kleider und Oberteile aus weich fallenden Stoffen für Frauen. Preislich erschwingliche Kleinstserien in einem hellen, äußerst reduziert möblierten Laden. Schräg gegenüber hat sich Kor-

nelia Heidemann zwei große Räume in Hochparterre für ihr **Lilit** (Marktstr. 12) gesichert. Sie ist zwar keine Designerin, aber ihre Modeauswahl zeugt von sicherem Geschmack: Mailand und Paris lassen grüßen.

Abstecher in die Glashüttenstraße

Bevor Sie auf der Marktstraße weiterflanieren, unbedingt (von der Karolinenstraße kommend) links einen Abstecher in die Glashüttenstraße machen! Hier werden fast alle Läden von den Designern selbst geführt. So bekommen Sie einen guten Überblick über die Kreativität und handwerkliche Kompetenz der Hamburger Modemacher. Etwa in der **Faktorei Geheim** (Nr. 5), einem ehemaligen Milchladen mit hübschen Kacheln an den Wänden, in der Britta und Detlef Klug Konfektionsstücke durch Besticken oder Bemalen in Unikate verwandeln. Oder bei **Lola** (Nr. 4), wo fünf Designerinnen ideenreiche Kollektionen, Maßanfertigungen oder das Upstyling eines Lieblingsstücks anbieten.

Das Modelabel **Prayed** in Hausnummer 3 gründete 1998 Tanja Wandrey. Sie kreiert modern-verträumte Kleidung mit nostalgischer Note; passend dazu gibt es selbstgenähte Materialmix-Taschen. Oder Stoffponys und Lavendelkissen, kuschelige ›Seelentröster‹. Die Glashüttenstraße 106 gehört den **Hausfreunden.** Jürgen Stuppats und Volker Oldenburg haben sich auf Anziehendes für zu Hause oder Heimeliges für unterwegs spezialisiert. Ihre Hausanzüge sehen nicht nur gut aus, sie fühlen sich auch so an.

In der Glashüttenstraße 102 logiert Evangeline van Niegerk mit einem Laden names **Krefeld.** Handgemachte Schnitte, edle Materialien und künstlerische Drucke sind das Markenzeichen der Kostümdesignerin.

Marktstraße, die zweite ...

Im **Garment** (Marktstr. 25) haben sich Ullinca Schröder und Kathrin Möller zusammengetan. Der Stil ist pur und gradlinig und die Woll– und Naturstoffe sind hochwertig. Im **Ladenatelier Sium** (Nr. 27) entwickelt Regine Steenbock neue Ideen: zum Beispiel die Kollektion Quick Change, ein Reißverschlusssystem, mit dem sich Tops, Rock- und Hosenmodule zu neuen Ensembles zusammensetzen lassen. Schnittarchitektur mit Überraschungseffekten. Wunderbare Wendemäntel und Kleider, die schon beim Anschauen gute Laune machen.

Pudelbroschen und Petticoats – bei **Suspect** (Nr. 28) kommt man auch nicht so leicht wieder aus dem Laden heraus. Mode der 1940er- bis 1970er-Jahre, Outfits für ein ›Frühstück bei Tiffany‹ oder Spitze und Chiffon für die ›Katze auf dem heißen Blechdach‹, Retro-Mode samt Accessoires.

Für Perlenliebhaber lohnt sich ein Abstecher zu **Nuts & Pearls** in der Turnerstraße 10. Eine Augenweide sind die Perlenketten, Ohrringe und Perlenschmuckstücke allemal.

Dann folgt in der Marktstraße 119 das **IT:** endlich Schuhe, sinnlich raffiniert, außergewöhnlich und dann noch von perfektem Sitz. Inga Thomsen hat's drauf. Sie weiß, wie gute Schuhe sitzen und aussehen müssen. Einblicke in die Herstellung werden durchaus gegeben.

In der Nr. 108, im **Alpenglühn,** regiert der Filz. Bayerischer Trachtenstoff, grobes Leinen oder bestickte Armeejacken machten den nordisch-alpinen Stilmix von Katja Gestell aus und sie berühmt. Inzwischen hat sich Frau Gestell ein eigenes Label namens ›blutkarpfen‹ zugelegt und produziert mit schöner Leichtigkeit auch etwas damenhaftere Kleidung.

Den vielleicht bekanntesten Laden im Karoviertel haben die Sprüchemacher von **Elternhaus.** »Da ist, was da ist« lautet die klare Ansage an der Tür. Hier macht Mode Sinn oder umgekehrt. Kaum ein Hamburger, der nicht ihre ironisch-philosophischen Texte wie »Alsterbarbie« oder »Das stärkste Betäubungsmittel der Welt ist das Verlangen dazuzugehören« stolz auf dem T-Shirt vor sich herträgt.

Dann folgt ein Laden, der Männer glücklich macht: **Herr von Eden** (Nr. 33) gibt's ja nicht nur in Hamburg, aber hier schon besonders lange; und wer Herr von Eden trägt, sieht darin meist sehr gut aus. Außerordentlich weiblich weich geht's bei **M39** zu (Nr. 39). In dem Modeladen für ›Märtyrerinnen und Mimosen‹ gibt's von gehäkelter Haardekoration über Pulswärmer bis zum Strickkleid alles, was das Knäuel hergibt. Tanja Görtz und Sabine Ortland lieben Gegensätze: Mustermix, Materialmix, Farbmix, Stilmix. Stilsicher!

Bei den Schuhen von **Grabbe meets Moneypenny** (Nr. 100) von Schuhdesignerin Claudia Grabbe geraten nicht nur Frauen ins Schwärmen (u. a. finden Sie hier fornarina, Fred de la Bretoniere, a pair). Und bei **Goldkind** (Nr. 100) nicht nur Menschen, die Kinder haben: dieser Laden ist einfach himmlisch.

Zum Schluss:
Maegde und Knechte

Ina Kurz in der Feldstr. 44 kann man gut am Schluss der Tour besuchen. Ehemals unter einem Dach mit Elternhaus, hat sie sich inzwischen selbständig gemacht und konzentriert sich auf Accessoires, dekoriert mit wunderschön hintersinnigen Texten. Zum Beispiel steht auf einer Seifendose: »Wie oft wäscht eine Hand die andere und beide bleiben schmutzig« ...

Neuer Kamp hindurch. Der Viehtunnel wurde 1980 wegen Einsturzgefahr aufgegeben. In nicht allzu ferner Zukunft wird hier der Fleischgroßhandel verschwinden, denn die Gegend ist unter stadtentwicklungspolitischen Gesichtspunkten hochinteressant.

Essen & Trinken

Lieblingslokal – **Vienna** 1 : s. S. 33
Gestern ist heute – **Saal II** 2 : s. S. 35
Draußen und drinnen gut – **Café unter den Linden** 3 : Juliusstr. 16, Tel. 040 43 81 40, www.cafe-unter-den-linden.de, U-/S-Bahn Sternschanze, Metrobus 3 bis Bernstorffstr., tgl. 10–1 Uhr, kleine Gerichte ab 8 €. Etwas abseits vom Schulterblatt-Trubel kann man hier wunderbar frühstücken oder zu Mittag essen und dabei internationale Magazine und Zeitungen lesen. Das von Studenten gegründete Eckcafé ist Treffpunkt von Medienleuten, Schauspielern und Menschen, die noch in der kreativen Findungsphase oder im Kinderwagen sind. Ein schönes Gemisch. Dazu selbstgebackener Kuchen und kleine, täglich wechselnde Speisen.
Extravagant – **Die Herren Simpel** 4 : Schulterblatt 75, Tel. 040 38 68 46 00, www.dieherrensimpel.de, U-/S-Bahn Sternschanze, So–Do 10–1 Uhr, Fr–Sa open end, Frühstück 5–10 €, kleine Gerichte ab 6 €. Eine Oase im teilweise abgerockten Schanzenviertel. Hohe Stuckdecken, riesige Blumenfototapeten, ein Loungebereich und der hübsche Hinterhofgarten hellen selbst dunklere Gemüter auf. Dabei war dieses Kaffeehaus mit extralanger Bar und verwinkelten Leseecken einst der ›Fixstern‹ des Therapiezentrums der Drogenszene. Hausgemachter Kuchen, opulentes Frühstück – das Café ist eine klasse Adresse. Abends verwandelt es

sich in eine lässige Bar und von Cocktails werden die Herren auch was. Abends keine Küche.
Bock auf Bok – **Bok Mikawa** 5 : Schulterblatt 32, Tel. 040 430 44 58, www.mikawa.de, U-/S-Bahn Sternschanze, tgl. 12–23.30 Uhr, Hauptgerichte ab 10 €. Hohe Wände, Stuckdecken, Kronleuchter – die Atmosphäre könnte nicht gegensätzlicher zur Imbissbude des Bok-Imperiums sein (s. u.). Und dann auch noch eine Sushi-Bar. Wer asiatische Esskultur schätzt (japanisch, thai, koreanisch) ist hier bestens aufgehoben.
Bock auf Bok II – **Asia Imbiss wok** 6 : Bartelsstr. 28, Tel. 040 43 25 27 20, U-/S-Bahn Sternschanze, Mo–Fr 12–23, Sa/So 13–22.30 Uhr, Gerichte ab 3 €. 1990 eröffnete die aus Südkorea eingewanderte Familie Kang den ersten Asia-Bok-Imbiss in der Bartelsstraße. Die Bude ist bis heute ein gastronomischer Mittelpunkt des Schanzenviertels – auch wenn die Kangs inzwischen acht Asia-Boks (allein vier in der Schanze) betreiben und der Imbiss nicht mehr Bok, sondern Asia Imbiss wok heißt. Die Kokossuppe ist Sterne-preiswürdig.
Am Anfang war Geschmack – **Artisan** 7 : Kampstr 27, Tel. 040 42 10 29 15, www.artisan-hamburg.com, U-/S-Bahn Sternschanze, Di–Sa 12–14 (Bude 1), 19–23 Uhr, Menü 32–59 €. Man sitzt auf wunderbar bequemen Stühlen an langen, kommunikativen Tischen. Denn die Gäste sollen sich gut unterhalten, manchmal sogar mit dem Küchenchef, dem Spiritus Rector des Restaurants, Thorsten Gillert. Der schätzt es zu erfahren, wie seine verwegenen kulinarischen Kombinationen, die meist lyrische und lange Namen tragen, ankommen. Mittags wandelt sich das Artisan zur Bude 1. Dann bekommt man nicht weniger gutes Essen, aber keine Menüs aus der Küche.

193

Gut für die Nacht – **Erika's Eck** 8 : Sternstr. 98 (neben dem Eingang zum Schlachthof), Tel. 040 43 35 45, U 3 Feldstraße, tgl. 7–14, Sa/So bis 9 Uhr, Mo ab 24 Uhr. Auch um 1 Uhr nachts gibt's im Erika's Eck etwas Warmes, dann kocht Erika für die Nachtarbeiter Bratkartoffeln mit Roastbeef, bis so gegen 5 Uhr die ersten von der Piste kommen, um sich endgültig von der Nacht zu verabschieden. Erika ist ein Schatz und ihr Eck *die* Hamburger Kultkneipe.

Für Weinschmecker – **Das Mess** 9 : Turnerstr. 9, Tel. 040 43 41 23, www.mess. de, U 3 Feldstraße, Mittagstisch Mo–Fr 12–15, abends tgl. ab 18, Küche bis 23 Uhr, Juli–Sept. So Ruhetag, Hauptgerichte um 20 €. Das etwas versteckt zwischen Feldstraße und Marktstraße gelegene Restaurant ist gleichzeitig eine Weinhandlung. Das zeigt sich auch im charmanten Ambiente des Gourmetrestaurants mit seinem verwinkelten Souterrain. Die mediterrane bis eurasische Küche und die riesige Weinkarte mit über 300 Angeboten machen das Mess einzigartig. Im Sommer stehen 30 Plätze im geschützten Innenhofgarten zur Verfügung.

Für Freigeister – **Freischwimmer** 10 : Fruchtallee1, Tel. 040 41 45 99, U 2 Christuskirche, Hauptgericht ab 17 €. Das Freischwimmer verbreitet dezente Wohlfühlatmosphäre. Das Ambiente ist unaufdringlich elegant, die Küche ausgezeichnet und die Kellner freundlich. Das Publikum ist entspannt, eine Mischung aus Schanze-Szene und gediegenen Eppendorfern. Unbedingt das Zitronen-Rosmarin-Risotto kosten.

Einkaufen

Nordisch gut – **Danish Daughters** 1 : Schulterblatt 92, Tel. 040 23 51 78 01, U-/S-Bahn Sternschanze, Mo–Fr 11–19, Sa 11–16 Uhr. Nomen est omen: Dänische Designer werden bevorzugt. Oder sagen wir mal skandinavisches Design wie Mads Norgaard und NoaNoa mit ausgesuchtem, sehr tragbarem Design.

Klaviere vom Feinsten – **Pianohaus Trübger** 2 : Schanzenstr. 117, Tel. 040 43 70 15 www.pianohaus-truebger.de, U-/S-Bahn Sternschanze, Mo–Fr 9.30–18.30, Sa 10–15 Uhr. Das Pianohaus Trübger ist eines der führenden Klavierhäuser Norddeutschlands und seit über 135 Jahren im Schanzenviertel angesiedelt. Es erwartet Sie eine höchst kompetente Beratung und ein Markensortiment, das von Bechstein und Schimmel bis zu Yamaha reicht. Im Pianohaus finden zahlreiche Veranstaltungen statt, darunter klassische Konzerte sowie eine eigene Jazzreihe.

Neues aus dem Norden – **Funky Fashion Family** 3 : Schanzenstr. 97, Tel. 040 34 37 41, U-/S-Bahn Sternschanze, Mo–Fr 11–20, Sa 10.30–18 Uhr, www.lillestor.de. Skandinavischer Lebensstil hat in Hamburg traditionsgemäß viele Liebhaber. Hier findet man angesagte Nordlichtmode für Frauen und Männer. Zeitgemäße Kids-Fashion präsentiert sich auf Holzmöbeln im Vintage-Stil. Wohnaccessoires wie Kissen oder Plaids komplettieren das nordisch romantische Lebensgefühl.

Antiquitäten-Allerlei – **Antik und Nippes** 4 : Schanzenstr. 69, Tel. 040 43 25 38 52, U-/S-Bahn Sternschanze, Mo 14–19, Di–Fr 13–19, Sa 12–17 Uhr. Die Fundgrube auf 50 m^2 Grundfläche hat dank hoher Wände den vorhandenen Platz optimal ausgenutzt. Hier ist gestapelt, was geht! Alles andere, darunter Dutzende Kronleuchter, hängt von der Decke. Ein Wunderladen. Alte Blechschilder ('Preußische Postkutschenhaltestelle'), altes Spielzeug, Taschenmesser, wertvolle Madonnen aus dem 19. Jh., Porzellan und was sich sonst so in den letzten 300 Jahren angesammelt hat.

Label-Mix – **Paul & Piske** `5` : Schanzenstr. 31, Tel. 040 43 46 59, U-/S-Bahn Sternschanze, Mo–Fr 11–14, 15–19, Sa 10–16 Uhr. Ein buntes Gemisch an Basics, etwa von Vero Moda, personal affairs oder drykorn, aber auch selbst geschneiderte Abendrobe.

Nordisch schön – **Wohnkultur66** `6` : Sternstr. 66, Tel. 040 43 60 02, www.wohnkultur66.de, U 3 Feldstraße, U-/S-Bahn Sternschanze, Di–Sa 12–18 Uhr. Schon der Ort ist klasse für das Konzept eines ›anderen Möbelhauses‹. Die Wohnkultur66 befindet sich in einer Halle des historischen Hamburger Schlachthofs. Designklassiker, aber auch junges Design, vor allem aus Skandinavien, dominieren die Auswahl. Darunter auch Möbelmeisterstücke von Finn Juhl bis Hans J. Wegner oder Lampen von Louis Poulsen sowie moderne Fotografie.

Alles Mögliche – **Kulturzentrum Schlachthofpassage** `7` : Neuer Kamp 30, Tel. 040 43 10 03-0, www.schlachthof-hamburg.de, U 3 Feldstraße, s. S. 188.

Extraordinär – **Das Amt** `8` : Sternstr. 21, www.rosibaetz.de, www.westermann-design.com, U 3 Feldstraße, Mo–Fr 12–19, Sa 11–16 Uhr. Das Amt teilen sich Rosi Bätz und Bernhard Westermann. Westermann, gelernter Kostümbildner, legt größten Wert auf körpergerechte Schnitte. Seine Männerkollektion wird für jeden einzelnen Kunden passgenau angefertigt. Rosi Bätz, die früher u. a. für Vivienne Westwood arbeitete, liebt leuchtende Farben und robuste Stoffe, die sie zu sehr weiblichen Musterstücken verarbeitet.

Immer abwechselnd – **Galerie Hinterconti** `9` : Marktstraße 40a, www.hinterconti.de, U 3 Feldstraße. Wechselnde Ausstellungen von Illustratoren, Grafikern und Malern, sowohl von Hamburgern als auch von Freunden aus der weiten Welt in einer kleinen Ladenwohnung.

Abends & Nachts

Flirten – **Bar Rossi** `1` : Max-Brauer-Allee 279, Tel. 040 43 25 46 39, U-/S-Bahn Sternschanze, Bus 115 bis Schulterblatt, tgl. 18–3, Fr/Sa bis 4 Uhr. Die große Bar ist meist von Typen aus der Werbe- und Medienwelt bevölkert, die sich im Sommer auch gern auf dem Vorplatz postieren. Verdammt hip! Im Loungebereich ist es vor 23 Uhr sogar gemütlich. Gute Flirt-Location.

Jederzeit – **Yoko Mono Bar** `2` : Marktstr. 41, tgl. ab 11 Uhr, www.yokomono.de, U 3 Feldstraße. Die Bar ist eine Institution im Karoviertel: Morgens lässiges Frühstück, nachmittags Café und Draußensitzen – mit oder ohne Kinderwagen. Chillen bei köstlichem Kuchen. Abends geht's dann langsam in den Barbetrieb über. Noch ein bisschen später gibt's gelegentlich Live-Acts oder DJs legen Elektro oder auch schon mal Reggae auf.

Angesagt – **Uebel & Gefährlich** `3` : Feldstr. 66, www.uebelundgefaehrlich.com, U 3 Feldstraße. Im 4. Stock des alten Bunkers am Heiligengeistfeld feierten früher Promis à la Bohlen ihre Edelevents, aber auch die Hamburger Schule (Die Sterne, Blumfeld) ließ sich hier aus. Heute wird Elektro, Indie, Rock und Pop gespielt. Lässige Sitzecken laden zum Chillen ein. Im Turmzimmer gibt's kleinere Konzerte, im Großen Ballsaal spielen Bands vor 800 Leuten. Auch Filmnächte, Lesungen und Theaterperformances.

Kultur von allen Seiten – **Hamburger Botschaft** `4` : Sternstr. 67, Tel. 040 88 88 85 60, www.hamburger-botschaft.de, U 3 Feldstraße, U-/S-Bahn Sternschanze, Mo–Do 16–20 Uhr, s. S. 188.

195

Rotherbaum, Harvestehude, Grindel

Highlight!

Westufer der Außenalster: Rund um die 164 ha große Außenalster zieht sich am fast vollständig begrünten Ufer ein 7 km langer Wanderweg. Und wenn Sie nicht mehr spazieren gehen mögen, steigen Sie um aufs Boot! Oder Sie setzen sich auf eine Bank und schauen den schmucken Segelschiffen zu. S. 198

Auf Entdeckungstour

Rudertour ab »Bobby Reich«: Von den Prachtvillen in der ersten Reihe des Alsterufers durch die idyllischen, grünen Kanäle zu den roten Klinkerfronten des Hamburger Nordens ›erfährt‹ man per Boot die unterschiedlichen Seiten der Hansestadt. **2** S. 204

Klein-Jerusalem – jüdisches Leben im Grindelviertel: In den 1920er-Jahren war das Grindelviertel das Zentrum der Hamburger Juden. Hier traf man sich in der Synagoge, in den vielen koscheren Läden, in der hebräischen Buchhandlung, in Schulen oder im Kulturverein. S. 212

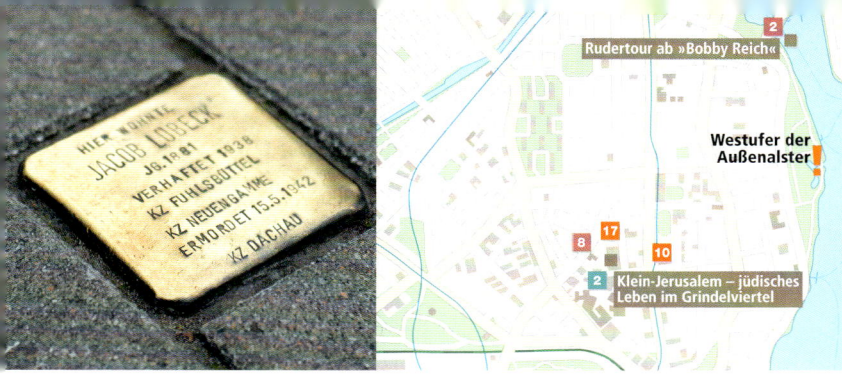

Map labels:

2 Rudertour ab »Bobby Reich«

Westufer der
Außenalster

8 17

10

2 Klein-Jerusalem – jüdisches
Leben im Grindelviertel

Kultur & Sehenswertes

Museum für Völkerkunde: Hamburg
hat durch seinen Hafen seit jeher einen
regen Austausch mit der Welt. Das Völ-
kerkundemuseum verdankt seinen Ursprung den ›Mitbringseln‹ der frühen
Handelsreisenden. 10 S. 208

Hamburger Kammerspiele: Das kleine
Privattheater im Grindelviertel hat
eine lange Tradition und ist dank eines
gut ausbalancierten Spielplans mit
prominenten Schauspielern immer
noch sehr beliebt. 17 S. 210, 214

Aktiv & Kreativ

Jogging an der Außenalster: Wer auch
im Urlaub sportlich sein möchte, kann
es den Hamburgern gleich tun und sich
auf einen der beliebtesten Trimm-
pfade der Stadt begeben: auf den Als-
terrundweg. S. 198

Genießen & Atmosphäre

Café Leonar: Hamburgs erstes kosche-
res Café mit einem großen internationalen Zeitungsangebot und besonderen kulturellen Veranstaltungen ist
auch vom Interieur her ansprechend.
8 S. 214

Abends & Nachts

Abaton-Kino: Das älteste Programmkino Deutschlands ist sich, was die
Qualität des Programms angeht, treu
geblieben: europäische Filmkunst, Retrospektiven, Filmreihen, Previews und
Erstaufführungen mit prominenten
Gästen und Gesprächen. 2 S. 215

Vornehme Quartiere

Prachtvolle Gründerzeithäuser und gepflegte Straßen – in den Stadtteilen Rotherbaum und Harvestehude, die an der Westseite der Außenalster liegen, geht es etwas gediegener zu als anderswo in Hamburg. Da stören auch die Studenten des Univiertels gleich bei der Rothenbaumchaussee nicht. Im Gegenteil. Das Flair des sogenannten Grindelviertels (gleich Univiertel) rund um Grindelallee und Grindelhof prägt die Universität nicht unerheblich mit – durch Buchhandlungen, Kinos, Cafés und Szeneläden. Das Grindelviertel war einst das jüdische Viertel Hamburgs, eine Geschichte, die in jüngster Zeit nicht nur in Erinnerung gerufen, sondern auch wiederbelebt wurde. Seit die Talmud-Tora-Schule

ihre alte Arbeit wieder aufgenommen hat, bieten Kioske in dieser Gegend hebräische Zeitungen an und eröffnete auch wieder ein jüdisches Café.

Das Viertel Rotherbaum respektive die Rothenbaumchaussee ist Sportfans vor allem durch die Tennisanlage Rothenbaum bekannt, in der internationale Wettkämpfe ausgetragen werden. In der Rothenbaumchaussee liegen auch der NDR und das besuchenswerte Museum für Völkerkunde.

Wer mit Muße durch diese Viertel spaziert, wird geschlossene Villenzeilen aus der Gründerzeit und hochherrschaftliche Prachtbauten entdecken. Das gilt besonders auch für das Westufer der Außenalster.

Tour-Info

Die Viertel Rotherbaum und Harvestehude kann man gleichsam auf drei Strängen erkunden. Zum einen durch einen Spaziergang entlang der Westseite der Außenalster mit Abstechern in das Zentrum von Pöseldorf rund um den Mittelweg. Ein zweiter ›roter Faden‹ ist die nach Norden führende Rothenbaumchaussee, die am Klosterstern in Eppendorf (s. S. 224) endet. Eine dritte Route führt entlang der Grindelallee und des Grindelhofs nach Norden. Der beste Ausgangspunkt für alle drei Routen ist der Dammtorbahnhof. Von hier fährt der Metrobus 5 die Grindelallee hoch. Für jede Teilroute sollte man 1–2 Std. rechnen.

Außenalster❗ Westufer

Gegenüber dem Dammtorbahnhof zweigt vom Mittelweg nach rechts die Straße Alsterterrassen ab, die zur Außenalster führt. Die Uferstraßen sind eine Meile der Konsulate und Prachtvillen. Die gut 150 Konsulate und konsularischen Vertretungen in Hamburg (mehr davon gibt es nur in New York) haben sich bevorzugt rund um die Alster niedergelassen, so auch am Alsterufer und Harvestehuder Weg.

Amerikanisches Generalkonsulat [1]

In einer sehr ansehnlichen Villa am Alsterufer 27/28, die Martin Haller 1881/82 errichtete und die einst im Besitz des Gründers der Esso-Petroleumsgesellschaft war, residiert das schwer bewachte Amerikanische Generalkonsulat. 1955 wurde das Gebäude mit der

Viel Grün zwischen vornehmen Häusern – hier der Innocentiapark

Nachbarvilla verbunden und mit einer Säulenhalle vor dem Haupteingang versehen, nach dem Vorbild des Weißen Hauses in Washington.

Sloman-Burg und Britisches Generalkonsulat

Ältestes Haus am Alsterufer ist die **Sloman-Villa** 2 im Harvestehuder Weg 6. Das kastellartige Gebäude mit gotischen Formen, Tudor-Fenstern, Zinnen und Türmen wurde 1848 für den reichen Reeder Robert Sloman errichtet. Gleich nebenan liegt eine klassizistische Villa, in der zu Kaiserzeiten die preußische Gesandtschaft ihren Sitz hatte. Es folgt in Nummer 8a das Haus des **Britischen Generalkonsulats** 3.

Hochschule für Musik und Theater Hamburg 4

Die Studenten der Hamburger Hochschule für Musik und Theater haben es wirklich gut. Sie studieren im Budge-Palais, einem ehemaligen Stadtpalast im Harvestehuder Weg. Er wurde von Martin Haller (1835–1925), Sohn des Hamburger Bürgermeisters Fritz Haller, entworfen und 1883/84 für Henry Budge, einen jüdischen Bankier, gebaut. Konzerte, Theater und Kunstausstellungen in einem verspiegelten Saalanbau machten das Budge-Palais in den 1920er-Jahren zu einem Treffpunkt kulturellen Lebens in Hamburg. Als Henry Budge 1928 starb, vermachte der Mäzen das Palais der Stadt. Seine Frau änderte 1933 das Testament, um den Besitz nach ihrem Tod vor den Nazis zu retten, und setzte die israelitische Gemeinde als Erben ein. Die Nationalsozialisten bemächtigten sich trotzdem des jüdischen Eigentums. Nach dem Krieg erhielten die Budge-Nachkommen ihr Erbe zurück. 1957 ging die schmucke Alstervilla in den Be-

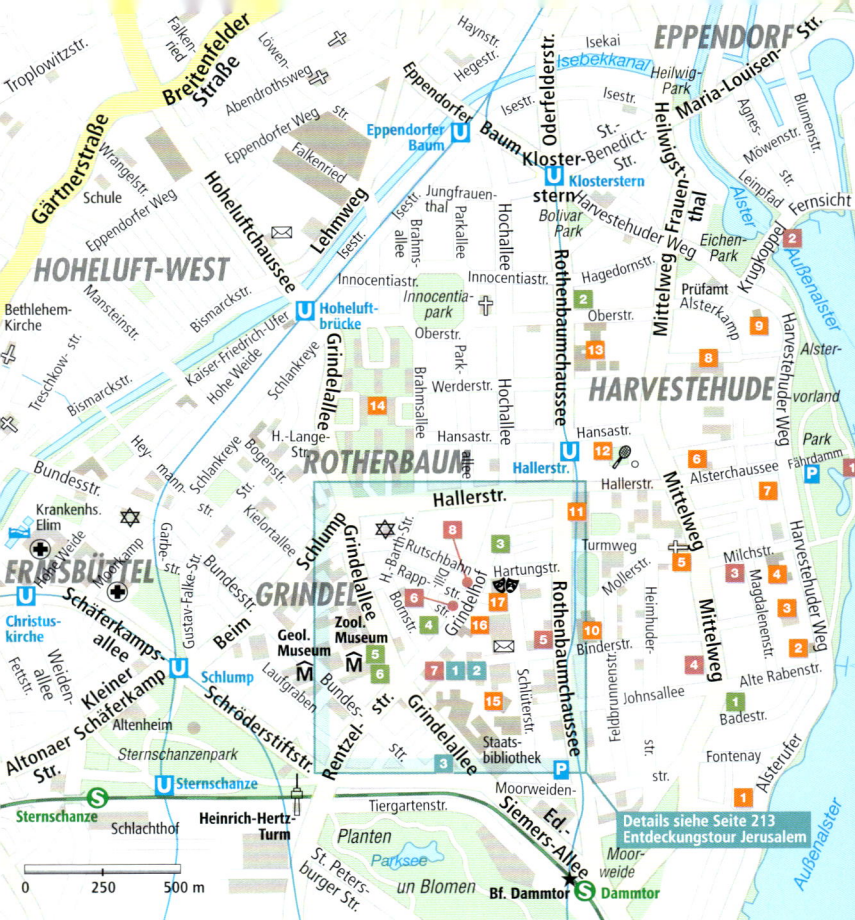

sitz der Stadt Hamburg über und wurde 1980 für die Musikhochschule komplett umgebaut.

Der einzigartige, 1905 gebaute Spiegelsaal wurde zugunsten eines Neubaus abgerissen und in 4000 Einzelteile zerlegt. Dank der Spenden der Elsbeth-Weichmann-Gesellschaft und Gertrude Reemtsmas konnte der innere Mantel des Saals im Museum für Kunst und Gewerbe am Hauptbahnhof wieder aufgebaut werden.

Abstecher nach Pöseldorf

Hinter der Hochschule führt links die Milchstraße quer durch Pöseldorf. Der Name stammt vom Anfang des 19. Jh. und beschreibt etwas überheblich die damaligen Bewohner, durchweg einfache Leute, die dort ›herumpöselten‹, soll heißen: herumwerkelten. ›Pöseldorf, Schnöseldorf‹ reimte man in den 1970er-Jahren, weil sich in diesem Viertel längere Zeit die Schickimicki-Szene herumtrieb. Aber das ist Jahre her. Ge-

Rotherbaum, Harvestehude und Grindelviertel

blieben sind exquisite Modegeschäfte, Antiquitätenhändler, Ärzte, Kunstge-werbe und Galerien. Die Milchstraße, quasi die Hauptstraße des Viertels, wird gekreuzt von der feinen, stillen Magdalenenstraße.

Mit wenigen Schritten ist, nach Que-ren des Mittelwegs, die Kirche **St. Jo-hannis 5** erreicht. Das Gotteshaus am Turmweg, 1880–82 errichtet, bietet ein Beispiel der neugotischen Backstein-baukunst. Die hier stattfindenden Chor- und Orgelkonzerte unter ande-rem des Komponisten und Musikers Claus Bantzer erfreuen sich über die Gemeinde hinaus großer Beliebtheit.

Ein paar Straßen nördlich führt die Alsterchaussee zurück Richtung Au-ßenalster. Die **Villa Alsterchaussee Nr. 30 6** ist das Beispiel eines klassizisti-schen Landhauses. Es wurde 1829 er-baut. Seit 1948 betrieben dort Hel-muth Gmelin und später seine Tochter Gerda das ›Theater im Zimmer‹. Prinzi-palin Gmelin verstarb 2002. Das Thea-ter ist inzwischen geschlossen.

Zwei weitere Villen lohnen einen Blick: die des **Französischen General-konsulats 7** im Pöseldorfer Weg 32

sowie die Villa in der **Sophienterrasse Nr. 14 8**, ein Muschelkalkgebäude mit 16 000 m^2 Grundstück, das 1936 von den Nazis als ›Zentrum der Wehr-macht‹ erbaut wurde. Heute steht das Hauptgebäude unter Denkmalschutz.

Heinrich-Heine-Villa 9

Die prunkvolle gelbe Villa im Harves-tehuder Weg 44, die 1872 im Neore-naissance-Stil von dem Architekten Martin Haller für einen Konsul erbaut wurde, ist heute Sitz des noblen **Anglo-German Club.** Der Männerclub wurde 1948 gegründet, um nach dem Krieg wieder deutsch-englische Beziehungen anzuknüpfen. Schräg gegenüber steht am Harvestehuder Weg 41 die eben-falls von Haller entworfene **Heinrich-Heine-Villa.** Hier und in benachbarten Gebäuden sitzt der Verlag Hoffmann und Campe, damals Heines Verleger. Im Vorgarten hat ein Porträt des größten Autors, den der Verlag in seiner über 200-jährigen Geschichte aufzuweisen hat, seinen Platz. »Schöne Wiege mei-ner Leiden«, schrieb der chronisch un-ter Geldmangel leidende Heinrich Heine über Hamburg.

Lieblingsort

Alsterblick von der Krugkoppelbrücke

Dieser Blick! Von hier hat man die ganze Weite der Außenalster vor sich, ganz in der Ferne das Panorama der Innenstadt. Zur anderen Seite beginnt der Alsterlauf mit einem idyllischen ›Teich‹, links flankiert vom Eichenpark und rechts vom Leinpfad, einer der schönsten und nobelsten Wohnstraßen Hamburgs. Die Krugkoppelbrücke selbst, 1927/28 von Fritz Schumacher erbaut, überspannt die Mündung des Alsterlaufs in die Außenalster und verbindet Winterhude mit dem westlich der Alster gelegenen Stadtteil Harvestehude.

Auf Entdeckungstour

Rudertour ab ›Bobby Reich‹

Die schönste und aufregendste Art, die Stadt kennenzulernen, ist vom Wasser aus. Vom weißen Hamburg, den Prachtvillen in der ersten Reihe des Alsterufers, durch die idyllischen, grünen Kanäle zu den roten Klinkerfronten des Hamburger Nordens ›erfährt‹ man in gut drei Stunden per Boot – zwischen Geld- und Arbeiterklasse – die unterschiedlichen Seiten der Hansestadt.

Hinweis: Die große Runde kann recht anstrengend werden, doch lässt sich die Tour jederzeit abkürzen. Bitte denken Sie daran, dass Schiffe immer Vorfahrt haben! Und überlegen Sie nicht zu lange, ob ein Segelschiff nicht doch nur ein Boot ist.

Start: Bobby Reich ist einfach unvergleichlich. Direkt neben der Krugkoppelbrücke (s. S. 202) hat man an diesem Bootsanleger alles auf einmal: weiße Villen im Rücken, einen herrlichen Blick über die Alster auf die Innenstadt, die Boote gleich neben dem Restaurant mit Sonnenterrasse. Ob Sie vorher einen Kaffee trinken und anderen beim Segelsetzen zuschauen oder hinterher zufrieden in die Abendsonne gucken und einen Wein trinken – als Wasserwanderer eine ideale Ausgangslage.

Sie rudern von Bobby Reich Richtung Innenstadt, eher linker Hand, die prachtvolle, mit vornehmen Villen gesäumte Ostuferpromenade entlang. Sie können entweder gleich links an der Bellevue in den Osterbekkanal einbiegen oder einen hübschen romantischen Umweg machen und erst beim Feenteich den Alstersee verlassen und dann jenseits des Feenteichs links über den Mühlenkampkanal in den Osterbekkanal rudern. Bevor Sie in den Feenteich kommen, passieren Sie links die prächtige, grüne **Ali Camii Moschee (1)** der etwa 1300 Mitglieder zählenden iranisch-schiitischen Gemeinde. Der 1960 errichtete Kuppelbau mit 20 m hohem Minarett ist die größte und schönste unter den 18 Moscheen in der Stadt. Der Umweg lohnt, weil man auch die schönen Seiten des **Stadtteils Uhlenhorst** mitbekommt.

Industrieader

Der **Osterbekkanal** wird von der Osterbek (ursprünglich bek = Bach) versorgt. Der kleine Fluss entspringt im 11 km entfernten Stadtteil Farmsen. Insgesamt vier Kilometer seines Verlaufs wurden seit Ende des 19. Jh. kanalisiert, um die Versorgung der anliegenden Industriebetriebe zu optimieren. Die SPD-Zeitung »Hamburger Echo« schilderte 1950 das Milieu um den Osterbekkanal so: »An der Nordseite liegen Industriewerke mit bekannten Namen. Hier dröhnt das Lied der Arbeit, Kräne recken sich zum eintönigen Herbsthimmel, Schuten liegen an den Kaimauern. Aus der Osterbek, diesem winzigen Rinnsal, ist ein breiter, viel benutzter Kanal geworden, eine lebenswichtige Ader für die Industrie.«

Wo Industrie war, soll nun Kultur sein: In der **Kampnagelfabrik (2)**, wo die Kampnagel AG bis 1968 riesige Hafen- und Industriekräne produzierte,

wird seit 1980 Theater gespielt (s. S. 48). Das Fabriktheater ist umbaut von mehrstöckigen Wohn- und Bürohäusern, die auch vom Kanal aus zu sehen sind. Es lohnt sich trotzdem, hier anzulegen, auch wegen eines Abstechers zur Jarrestadt. Wir sind hier nämlich im ›Roten Barmbek‹.

Jarrestadt (3)

Das geschlossene Bauensemble in rotem Backsteingewand aus der Zeit der Weimarer Republik ist Hamburgs architektonisch wichtigster Beitrag zur Moderne aus dieser Zeit. Die schlichten Fassaden und der relativ hohe Standard der nnenräume sollten den gemeinschaftlichen Geist der modernen Arbeiterbewegung widerspiegeln. Die Wohnblöcke entstanden 1928–30 nach den Entwürfen von zehn Architekten. Die Planungsaufsicht übernahm Oberbaudirektor Fritz Schumacher (s. S. 77).

Abstecher zum Museum der Arbeit

Zurück auf den Osterbekkanal und an die Ruder! Die Alsterwerft am linken Ufer erkennt man an den zwei Schiffsgaragen. D e Werft hat ihren Ursprung in der heute vornehmsten Wohnstraße Winterhudes, dem Leinpfad. Hier befand sich seit 1870 (hinter den Häusern Leinpfad 55–66) die Leinpfad-Werft. Die Anwohner, vom Lärm belästigt, setzten 1912 die Verlegung der Werft ins Arbeiterviertel Barmbek durch.

Nach der Unterquerung des Großheidestiegs liegt links die **Bootsvermietung Dornheim** mit Imbissrestaurant. Ein Stück weiter, hinter der Schleidenbrücke, zweigt links der **Barmbeker Stichkanal** ab, der die Verbindung zum Goldbekkanal und zum Stadtparksee herstellt. Bevor man in ihn einbiegt, ist je nach Interesse und Kraft noch e n Abstecher zum interessanten **Museum der Arbeit (4)** möglich. Dazu rudert man weiter auf dem Osterbekkanal, unter der Brücke Hufnerstraße hindurch, hinter der linker Hand der Osterbekweg und dahinter das Gelände mit dem Museum liegen.

Durch den Barmbeker Stichkanal zum Stadtparksee

Grün und still ist es Richtung Goldbekkanal, wenn nicht gerade Sonntag ist und die Sonne scheint. Dann tummeln sich alle anderen ebenfalls auf Hamburgs Gewässern und planen vielleicht einen ausgedehnten Zwischenstopp im Stadtpark, den auch wir jetzt ansteuern. Links unter der Saarlandstraße – dem Wendepunkt unserer Route – hindurch, gleiten wir in ein rot geklinkertes, weites Becken, in dem der ehemalige Alsterschiffanleger unschwer zu erkennen ist. Unter der Stadthallenbrücke passiert man rechts das **Café Sommerterrassen** (sommers auch nachts geöffnet), um schließlich rechts unter dem Süding hindurch in den 1912 fertiggestellten Stadtparksee einzumünden. Grüne Statuen, halb Jungfrauen, halb Rösser, bewachen das vom See abgetrennte Schwimmbecken. Gleich links sieht man die kleine **Liebesinsel,** ein Café mit Bootsverleih. Jetzt könnte man eine Pause einlegen.

Stadtpark

Der Stadtpark ist mit 150 ha fast so groß wie das Fürstentum Monaco und die größte ›grüne Lunge‹ der Stadt. Vor nicht mal hundert Jahren war er noch das persönliche Jagdrevier Adolph Sierichs, des größten Großgrundbesitzers in Winterhude. Ihm gehörte das Land rund um den Leinpfadkanal, wo prachtvolle Villen gebaut wurden. Noch heute erinnern die Straßennamen Sierichstraße, Agnesstraße, Dorotheenstraße und Maria-Louisen-

Straße an den erfolgreichen Geschäftsmann und die weiblichen Angehörigen der Familie. 1902 kaufte ihm die Stadt das Revier ab. Mitten im Volkserholungspark eingebettet liegt der Stadtparksee. Der von Hamburgs sozialpolitisch engagiertem Oberbaudirektor Fritz Schumacher konzipierte Park bietet fast alles: Liegewiesen, Grillplätze, ein Planschbecken, ein Volleyball-Areal, einen riesigen Spielplatz, einen umzäunten Hundespielplatz, einen Schachplatz, Fußballplätze, Festwiese, Restaurants. Hamburgs größten Biergarten, ein Lese-Café, einen Rosengarten, einen Blindengarten, ein Vogelschutzgebiet, eine Freilichtbühne und Joggingstrecken.

Wasserturm mit Planetarium (5)

Am anderen Ende der Sichtachse des Stadtparks steht der alte Wasserturm (1912–15), in dem seit 1930 das Planetarium seinen Sitz hat. Die Hightech-Sternenkuppel der Firma Zeiss kann den Sternenhimmel über jeder Stadt und zu jeder Zeit naturgetreu abbilden. Wer nicht (nur) in die Sterne blicken will: Schon der Rundblick über Hamburg von hier aus lohnt sich (s. S. 59).

Goldbekhof (6)

Weiter geht's auf dem Goldbekkanal zurück Richtung Alster. An den Ufern haben es sich Kleingärtner hübsch gemacht. Vor der Brücke der Barmbeker Straße lockt rechts das ›Café Uferlos‹ mit Bootsanleger, leckerem Kuchen und gelegentlichen Tanzveranstaltungen. Kurz hinter dem Moorfuhrtweg sieht man rechts das Gelände des **Goldbekhofs** samt Restaurant Marathea mit Kaffeegarten und Bootsanleger. Der Goldbekhof entstand 1889 als Spezialfabrik für Desinfektionsmittel. 1963 zog die Firma nach Norderstedt und hinterließ verseuchtes Gelände, das erst einmal gründlich saniert werden musste. Heute dient das unter Denkmalschutz stehende Areal u. a. als Stadtteilzentrum mit vielen bürgernahen Angeboten (Tel. 040 27 59 09, Mo–Fr 12–1, Sa 11–2, So 10–1 Uhr).

Rondeelteich

Man rudert nun unter der Dorotheen- und der Sierichstraßenbrücke hindurch. Hier ist der Kanal sehr schmal. Hinter der Bellevuebrücke nähert man sich dann via Rondeelkanal dem Rondeelteich – um dort eine exklusive Wohnlage zu bestaunen, die nur vom Wasser aus einsehbar ist. Am idyllischen Teich hat auch der bereits erwähnte Großgrundbesitzer Adolph Sierich residiert. Nachdem wir uns überlegt haben, wer sich auf welche Art diese fantastische Wohnlage verdient haben könnte, rudern wir linker

Hand aus dem wunderschön begrünten Rondeel heraus und treiben noch ein bisschen weiter auf den Spuren des Hamburger Großbürgertums.

Leinpfadkanal und Alster

Rechter Hand biegen wir in den Leinpfadkanal ein. Hier hat die Hamburger CDU in einer schönen Villa ihren Hauptsitz, aber auch Chefredakteure, Chefärzte oder Aufsichtsräte leben hier. Das bedeutet vorzügliche Aussicht auf imposante Anwesen vom Boot aus. Am Ende des Leinpfads, kurz hinter dem gleichnamigen, auf dem Wasser liegenden Café mündet der Kanal in den Alsterlauf, dem wir flussabwärts, also nach links folgen. Er verbreitert sich beim Eichenpark, und unter der Krugkoppelbrücke hindurch gelangen wir auf der Außenalster zurück zum Bootsanleger.

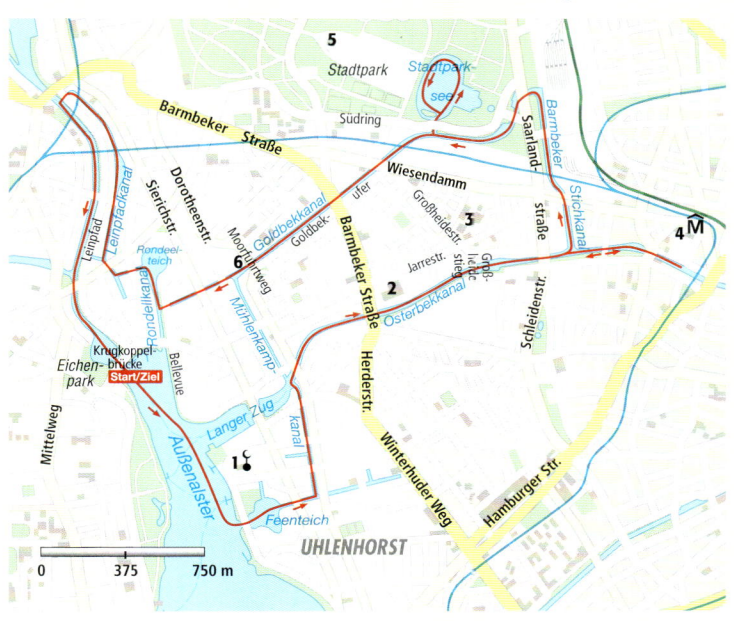

Unser Tipp

Joggen, spazieren, sonnen: Alstervorland und Alster Cliff

Das Alstervorland ist ein beliebter Park direkt am Wasser. Hier sind ständig Radfahrer und Jogger unterwegs. Am Wasser führen Damen ihre rassigen Hunde Gassi, junge Männer halten ihre Freundin im Arm oder sitzen auf der Bank und studieren Börsenkurse. Oder man sitzt in den großen weißen Holzsesseln und tankt Sonne. Im **Alster Cliff** [1] direkt am Ufer isst man nachmittags auf der Terrasse Kuchen und schaut den Alsterdampfern nach. Am Wochenende kommt hier ein Sitzplatz einem Lottogewinn gleich. Vor und hinter der Brücke beim Cliff stehen japanische Steinlaternen und japanische Kirschbäume. In Hamburg lebende Japaner haben sie Ende der 1960er-Jahre pflanzen lassen, als Dank für die Gastfreundschaft der Hamburger.

Bobby Reich [2]

Über die **Krugkoppelbrücke** erreicht man das Café und Restaurant Bobby Reich, eine Hamburger Institution. Dort lässt sich bei einem Café oder Drink eine herrliche Aussicht über die Alster genießen. Im Sommer machen viele Hamburger nach der Arbeit einen Abstecher zu Bobby Reich.

Rothenbaumchaussee

Museum für Völkerkunde [10]
Rothenbaumchaussee 64, Tel. 040 428 87 90, Di–So 10–18, Do bis 21 Uhr,

www.voelkerkundemuseum.com
Hamburgs Kaufleute mit ihren guten Verbindungen nach Übersee kehrten selten mit leeren Händen zurück. Durch die weltweiten Handelsbeziehungen der Hansestadt sowie durch Stiftungen der Kaufleute und Bürger konnte 1879 das Museum für Völkerkunde gegründet werden, ein Palast für die Kulturen aus aller Welt: aus Altägypten, Afrika, Europa, Amerika, Süd- und Ostasien, Mittlerem und Vorderem Orient, aus Ozeanien, Indonesien und der Südsee. Darüber hinaus gibt es eine Bootshalle, den Südsee-Maskensaal und ein Maori-Haus. Die Sammlungen des Museums umfassen etwa 350 000 Objekte aus aller Welt und etwa 300 000 Fotodokumente. In der Einführungsausstellung geht es um Kolonialgeschichte und weltweite Migration. Sinnlich wird hier die Veränderung von Sichtweisen dargestellt, also sowohl der Blick des Europäers auf exotische oder ›primitive‹ Fremde sowie umgekehrt der Blick der Fremden auf Europa.

Dem ›Haus Europa‹ ist eine eigene Dauerausstellung gewidmet; sie dokumentiert die kulturelle Vielfalt des Kontinents eindrucksvoll. Das Hexenarchiv zur Erforschung neuzeitlichen Hexenglaubens richtet sich an Fachleute und interessierte Laien. Eine wissenschaftliche Betreuerin steht donnerstags von 16 bis 19 Uhr für Beratung zur Verfügung (Tel. 040 428 48 25 53).

Beliebt sind inzwischen auch die großen Märkte, die hier stattfinden: der Norddeutsche Ostermarkt, der Weihnachtsmarkt und der Markt der Völker. Auf dem letztgenannten werden Kunsthandwerk und Gebrauchsgegenstände aus aller Welt präsentiert und verkauft. Die Aussteller vermitteln auch ihre Bräuche und Festtraditionen, Künstler und Handwerker lassen sich bei der Arbeit zuschauen.

Medienhaus 11

An der Rothenbaumchaussee/Ecke Hallerstraße kickten bis 1963 Uwe Seeler und sein HSV im ehrwürdigen Sportplatz am Rothenbaum. Inzwischen steht hier das von Sir Norman Foster erbaute moderne Medienhaus, in dem Johannes B. Kerner (mehr als) sein tägliches Brot verdient.

Tennisanlage Am Rothenbaum 12

Auf der Tennisanlage Am Rothenbaum an der anderen Seite der Hallerstraße schlugen sich einst Boris Becker und Michael Stich die Bälle um die Ohren. Heute finden dort unter Mitwirkung des Event-Managers Becker immer noch Tennisturniere mit Weltniveau statt.

NDR-Gebäude 13

An der Rothenbaumchaussee liegt rechter Hand (Nr.132–134) der um 1930 erbaute Hauptsitz des Norddeutschen Rundfunks (NDR). Er wurde inzwischen um einen Neubau zum Mittelweg hin erweitert. Heute werden hier die Radioprogramme des NDR produziert.

Um die Ecke befindet sich der Sendesaal des NDR (Oberstraße 116–120). Die Adresse hat eine düstere Geschichte. 1931 ließ der Israelitische Tempelverband hier enen der bedeutendsten modernen Sakralbauten Deutschlands errichten. In der Reichspogromnacht 1938 plünderten und zerstörten die Nazis die Tempeleinrichtung. Drei Jahre später ›kaufte‹ die Stadt den Bau. Nach dem Krieg überrahm der NWDR (Vorgänger

Bobby Reich – Café und Restaurant mit Bootsanleger

des NDR) das Haus und baute es zum Sendesaal um. Inzwischen wurde die hebräische Inschrift über dem Portal wieder freigelegt: »Mein Haus soll ein Bethaus genannt werden für alle Völker« (Jesaja 56,7).

Harvestehude

Innocentiastraße

Ein Stück nördlich der NDR-Gebäude zweigt die Innocentiastraße von der Rothenbaumchaussee ab. Sie wird von Hochallee, Parkallee und Brahmsallee gekreuzt. Gut restaurierte Jugendstilhäuser aus dem Kaiserreich reihen sich hier aneinander. Vom jüdischen Leben am Grindel zeugt die weiße Villa in der Innocentiastraße 37 mit ihren grünen Ornamenten, einst Synagoge der Portugiesisch-Jüdischen Gemeinde (1935 eingeweiht). Sie wurde von Nachfahren portugiesischer und spanischer Glaubensflüchtlinge gegründet, die im 17. Jh. nach Hamburg gekommen waren und hier die erste jüdische Gemeinde bildeten.

Innocentiapark

Der etwa 3 ha große Innocentiapark ist die erste nach englischem Vorbild angelegte öffentliche Grünanlage Hamburgs. Das Gelände wurde in der Zeit des großen Städtewachstums 1884/85 bewusst vom Bebauung freigehalten, um den vergleichsweise wohlhabenden Anwohnern als Erholungsraum zu dienen. Der Park ist eine kleine Oase mitten in der Stadt. Man spürt den Geist des ehemaligen Klosterlandes. Die leicht hügelige Rasenfläche nutzen im Winter die Kinder zum Rodeln. Darum herum führt kreisförmig ein Spazierweg, der gerne von Joggern genutzt wird. Hohe Bäume beschatten die Wege und dahinter blitzen weiße und pastellfarbene Villen durch.

Grindelhochhäuser [14]

Die zwölf Grindelhochhäuser, ein Karree zwischen den Straßenzügen Grindelberg, Hallerstraße, Brahmsallee und Oberstraße, waren die ersten Hochhäuser der Nachkriegszeit in Deutschland. Ursprünglich als Wohnungen für die britische Besatzungsmacht geplant, ließ die Stadt Hamburg zwischen 1950 und 1956 die bis zu 14 Stockwerke hohen Häuser mit Wohnungen für rund 5000 Menschen bauen. Der Komplex steht seit 1999 unter Denkmalschutz.

Grindelviertel

Das Grindelviertel mit der Universität war vor der Nazi-Zeit das Zentrum jüdischen Lebens in Hamburg. Heute ist es vor allem durch die Universität geprägt. Herausragend auf dem Campus ist der 14 Stockwerke hohe **Philosophenturm** [15], in dem die Geisteswissenschaftler lernen. Von außen sieht er zwar wenig einladend aus, bietet aber eine sehr gute Aussicht über die Dächer Hamburgs. Mit dem Fahrstuhl gelangt man bis zum 12. Stock, die letzten zwei Stockwerke werden zu Fuß erklommen. Einen Blick lohnen auch **Talmud-Tora-Schule** [16] und **Hamburger Kammerspiele** [17] (s. S. 212).

Für eine Pause eignen sich die zahlreichen Cafés und Bistros am Allende-Platz, rund ums traditionsreiche **Programmkino Abaton** [2]. Auch das 2008 eröffnete jüdische **Café Leonar** [8] ist empfehlenswert, ein kommunikativer Ort mit internationaler Presse und kosheren Gerichten.

Essen & Trinken

Szenetreff am Wasser I – **Alster Cliff** [1]: Fährdamm 13, Tel. 040 44 27 19, www.alster-cliff.de, tgl. ab 10 Uhr, kleine Gerichte ab 8 €, Bus 109/115 bis Alsterchaussee. Sehen und gesehen werden und dabei gemütlich Eis schlecken oder Cocktails schlürfen – das Alster Cliff ist die perfekte Location für relaxte Nachmittage und laue Nächte im Sommer. Besonders beliebt: der Holzsteg der großen Terrasse. Urlaubs-Feeling mitten in der Stadt.

Szenetreff am Wasser II – **Bobby Reich** **2**: Fernsicht 2, 040 48 78 24, www.bobbyreich.de, tgl. 10–22 Uhr, Mittagstisch unter 10 €. Restaurant-Café mit Bootssteg. Hanseatische und internationale Küche (s. S. 208).

Kein Schmarrn – **Tirol** **3**: Milchstr. 19, Tel. 040 44 60 82, www.restaurant-tirol.de, von S-Bahn Dammtor mit Bus 109 bis Alte Rabenstraße, Mo–Sa 12–15,18–23 Uhr, Hauptgerichte ab 17 €. Österreichische Küche. Ja, essen Sie dort das Wiener Schnitzel oder Kalbsravioli, beides ist exzellent. Trinken Sie Veltliner, der passt dazu. Bestellen Sie zum Nachtisch Topfenpallatschinken mit Marillenmarmelade. Sie werden zufrieden nach Hause gehen.

Buono! – **Torcello** **4**: Mittelweg 19, Tel. 040 44 19 18 60, S-Bahn/Metrobus 4/5 Dammtor, dann Bus 109 bis Böttgerstraße, Mo–Fr 12–15, 18–23, Sa 18–23 Uhr, Hauptgerichte ab 18 €. Im Souterrain muss man sich zuerst ein wenig an die etwas biedere Ausstattung gewöhnen. Die Teller an den Wänden erinnern eher an altbackene deutsche Gaststätten. Allerdings haben die meist keine so gut bestückten Weinregale, nicht so freundliche Kellner und keine so fantastischen Trüffel zum Lammfilet.

Köstlich – **Verdi** **5**: Rothenbaumchaussee 63, Tel. 040 21 00 66 60, www.verdi-ristorante.de, S-Bahn/Metrobus 4/5 Dammtor, Mo–Fr 12–24, Sa 18–24 Uhr, Hauptgerichte 18 €. Von außen sieht man die Gründerzeitvilla etwas

schmucklos aus. Doch die Tische sind draußen wie drinnen fein mit weißem Tischtuch eingedeckt. Und kochen können sie hier: Seeteufel auf Zitronenbutter oder die hausgemachten Gnocchi sind vom Feinsten.

Gehen wir zum Italiener – **Der Etrusker** **6**: Grindelhof 45, Tel. 040 410 13 05, Metrobus 5 Grindelhof, tgl. 12–24 Uhr, Hauptgerichte ab 10 €. Nach gefühlter Zeit gibt es den Etrusker schon immer. Der Familienbetrieb hat schon mehrere Studentengenerationen verköstigt und heißt den einen oder anderen inzwischen als ›Dottore‹ willkommen. Das Essen ist gut, die Stimmung in dem intimen Lokal oft sehr gut. In lauschigen Sommernächten sitzt man draußen.

After Cinema – **Abaton Bistro** **7**: Grindelhof 14, Tel. 040 45 77 71, Metrobus 5 Grindelhof, Mo–Fr 9.30–1, Sa 16–1, So 12–24 Uhr, Hauptgerichte ab 9 €. Häufig genug sind die lederbezogenen Bänke und Bistrostühle – etwa nach Filmpremieren – bis zum letzten Platz besetzt. Doch die Raumaufteilung, die lange Fensterfront, das aufmerksame Personal: Alles zusammen ergibt ein Gefühl von Gastfreundlichkeit und nicht von Massenbetrieb. Neben Abaton-Klassikern wie Maccaroni mit Fenchel, Austernpilzen und Kräutern gibt es eine täglich wechselnde Karte mit Vorspeisen und Hauptgerichten. Recht kommunikative, freundliche Atmosphäre.

Koscher – **Café Leonar** **8**: Grindelhof 59, Tel. 040 42 31 31 16, www.cafeleonar.de, Metrobus 5 Grindelhof, Mo–Fr 8–1, Sa/So 9–1 Uhr (s. S. 214).

Einkaufen

Ganz weit vorne – **Tulpen Design** **1**: Mittelweg 166, Tel. 040 41 46 80 80, www.tulpendesign.com, Bus 109 Fon-

Auf Entdeckungstour

›Klein-Jerusalem‹ – jüdisches Leben im Grindelviertel

In den 1920er-Jahren war das Grindelviertel das Zentrum der Hamburger Juden. Hier traf man sich in der Synagoge, in den vielen kosheren Läden, in der hebräischen Buchhandlung, in Schulen oder im Kulturverein. Man sprach Jiddisch, Polnisch oder Hochdeutsch, je nachdem ob sich Ostjuden, Hamburger Juden oder Christen im Viertel begegneten.

Planung: Diese Tour für gesellschaftspolitisch und historisch Interessierte dauert ca. 1 Std. Startpunkt ist die Moorweide, gegenüber vom Bahnhof Dammtor.

Klein-Jerusalem

Der jüdische Philosophieprofessor Ernst Cassirer sah in dem Viertel das ›neue Zion‹: »Die Begegnung mit dem Freund und Genossen auf engstem Raum macht diese Gegend so behaglich. Kultur, Tradition, Geist und Wohlfahrt, Kunst und Weltoffenheit bestimmen das Leben, hier ist der besondere Pulsschlag dieser Stadt.«

›Jerusalem-Express‹ hieß im Volksmund die Straßenbahn, die hier entlangfuhr, und das ganze Grindelviertel ›Klein-Jerusalem‹. Davon ist wenig geblieben. Synagogen, Schulen und Stätten jüdischer Kultur wurden abgebrannt, ausgebombt oder zweckentfremdet. Aus dem Tempel wurde ein Rundfunkstudio, aus der Synagoge eine Garage, und manches verschwand spurlos.

Bis 1931 zählte die jüdische Gemeinde in Hamburg 20 000 Mitglieder, weitere 5000 waren es in der Altonaer Gemeinde. Ein Drittel der Juden war 1925 in Harvestehude/Rotherbaum gemeldet, wobei das Grindelquartier das Zentrum des »Schtetls« darstellte. Im Herbst 1941 wurden Hamburger Juden in vier Transporten in die Gettos von Lodz, Minsk und Riga gebracht. Bis 1945 brachten 17 Deportationszüge insgesamt 6000 Hamburger Juden in die Konzentrationslager Auschwitz und Theresienstadt. Sammelplatz für die Schreckenstransporte der Nationalsozialisten war die Moorweide gegenüber dem Dammtor-Bahnhof. Von hier aus wurden in aller Öffentlichkeit ab 1941 Juden deportiert.

Ein Gedenkstein des Bildhauers Ulrich Rückriem an der Ecke Moorweidenstraße/Edmund-Siemers-Allee auf dem ›Platz der jüdischen Deportierten‹ erinnert daran, dass das Logenhaus der Freimaurer an der Moorweidenstraße 36 im Jahr 1941 Sammelpunkt der ersten Deportationen von Hamburger Juden in die Vernichtungslager war. 3200 jüdische Bürger wurden insgesamt von hier aus abtransportiert.

Talmud-Tora-Oberrealschule

Als Deportationsplatz wurde auch die Talmud-Tora-Oberrealschule am Grindelhof 30 benutzt. Sie war einst eine der bedeutendsten jüdischen Schulen in Deutschland. 1805 als ›Israelitische Armenschule der Talmud Tora‹ feierlich in der Neustadt gegründet und seit 1869 als Realschule anerkannt, zog die Schule 1911 ins beliebte Grindelviertel.

Wie stark die jüdische Gemeinde an Integration interessiert war, zeigt die Ermunterung des Direktors bei der Schuleinweihung: »Werdet tüchtige Juden, tüchtige Deutsche, tüchtige Hamburger! Das walte Gott!« Doch die optimistische Grundstimmung fand mit dem Erstarken der NSDAP in Hamburg ein jähes Ende.

Ende April 1942 wurde nach einer langen Reihe von Schikanen gegen jüdische Schulen die »Unterrichtung von Judenkindern an Schulen« von Reichsstatthalter Kaufmann verboten. Nach über 60 Jahren nahm die jüdische Schule 2002 den Betrieb wieder auf.

Joseph-Carlebach-Platz

Der Platz neben dem Gebäude erinnert an den einstigen Oberrabbiner und Direktor der Talmud-Tora-Schule. Joseph Carlebach, seine Frau und drei seiner Kinder wurden 1942 im Getto Riga ermordet. Hier stand die 1906 erbaute Hauptsynagoge, die in der Pogromnacht am 9. November 1938 verwüstet wurde. Später wurden die Juden zum Abriss ihrer Synagoge gezwungen, die Kosten mussten 1940 vom Jüdischen Religionsverband getragen werden. Auf dem Platz ist im Pflaster das Abbild der Decke der Synagoge nachgebildet.

Zufluchtsort Synagoge

Ein Bild der Synagoge hängt am Eingang des ›Alten Pferdestalls‹ am Allende-Platz 1, heute ein Universitätsinstitut. Hier suchten die jüdischen Bewohner des Grindelquartiers Schutz vor den Bomben. Der Zugang zum Bunker war ihnen verboten. Die älteste Synagoge im Viertel auf dem Gelände der Heinrich-Barth-Str. 3–5 wurde im Krieg zerstört. Die Inneneinrichtung konnte nach Skandinavien gerettet werden.

Hamburger Kammerspiele

Auch die heutigen Hamburger Kammerspiele in der Hartungstraße 9–11 gehörten zum jüdischen Kulturerbe. Da Juden der Zutritt zu öffentlichen Kultureinrichtungen von den Nazis generell untersagt war, erwarb der jüdische Kulturbund Hamburg 1937 die von Semmy Engel errichtete ehemalige Pfennigsche Villa und ließ sie umbauen. Es entstanden ein Theatersaal mit 450 Plätzen, ein Vortragssaal, eine

Bibliothek und ein Restaurant samt Kegelbahn. Einer der Redner am Tag der Premiere war der Bankier Max M. Warburg, der den Gedanken des Gemeinschaftshauses mit vorangetrieben hatte. Drei Jahre später wurde der jüdische Kulturbund Hamburg, nach Berlin der mitgliederstärkste im Reich, verboten. 1942/43 wurde das Haus als Deportationssammelstelle genutzt und dann kurzzeitig vom (zerstörten) Thalia-Theater als Ausweichquartier bezogen. 1946 bekam die jüdische Schauspielerin und spätere Hamburger Ehrenbürgerin Ida Ehre die Konzession für das Theater.

Stolpersteine

In der Straße Rutschbahn befindet sich im Hinterhof von Nummer 11 noch das Gebäude der Synagoge der ›Vereinigten Alten und Neuen Klaus‹, eine Einrichtung zum Studium des Talmud, die 1938 verwüstet wurde. 8877 jüdische Hamburger sind von den Nazis ermordet worden. Etwa 8000 emigrierten zwangsweise. ›Stolpersteine‹, in die Straße eingelassene, messingglänzende Pflastersteine, erinnern heute vor vielen Hauseingängen namentlich an die deportierten und ermordeten Bewohner.

Café Leonar 8

Mit der Eröffnung des Café Leonar, einem angeschlossenen ›Jüdischen Salon‹ und einer Buchhandlung ist 2008 gegenüber der Talmud-Tora-Schule ein weiteres Stück jüdischen Lebens im Grindelviertel zurückgekehrt. Immer öfter kommen Besucher auf ›Spurensuche‹ hierher. Wenn sie wieder gehen, lassen sie eine Geschichte zurück: vom Opa, der mal in eine Jüdin verliebt war, von der Oma aus dem Schtetl oder vom Vater, der bis zur Emigration in die Talmud-Tora-Schule ging ...

tenay, Mo–Fr 11–19 Uhr. ›Elle‹ weiß es genau: Die Mode von Tulpen Design liegt voll im Trend. Junge Wilde, die im Eiltempo den Modeolymp erklimmen könnten. Manuel Kirchners elegante Kreationen haben sich schon auf den roten Teppichen der Berlinale oder bei der Goldenen Kamera bewährt. Ob Mutter oder Tochter, Star oder Sternchen – in den Kleidern sieht (fast) jede Frau klasse aus.

Nur für Weibsbilder – **Miss Seconda** **2**: Oberstr. 1, Tel. 040 422 79 35, U 3 Hoheluftbrücke, Mo–Fr 11–18, Sa 10–13 Uhr. First-Class-Mode aus zweiter Hand. Stücke von Topdesignern wie Jil Sander, Gucci oder Dior zu günstigen Preisen.

Gute Zeiten – **Königshaus** **3**: Grindelhof 70, Tel. 040 41 46 67 01, Metrobus 5 Grindelhof oder Bus 115 bis Parkallee, Mo–Fr 11–18, Sa 11–16 Uhr. Wenn Gabriele Steentjes Mode entwirft, dann lässt sie sich vor allem von den 1920er- und 1950er-Jahren inspirieren. Im Königshaus werden nur Königinnen glücklich – Männer höchstens vom Zugucken.

Bequem & schön – **Odds and Ends** **4**: Grindelhof 29, Tel. 040 44 47 46, Metrobus 5 Grindelhof, Mo–Fr 11–18.30, Sa 11–15 Uhr. Schick sollen die Schuhe sein und trotzdem nicht drücken. Hier findet man vor allem Schuhe, die Eleganz und Bequemlichkeit verbinden, u.a. der Marken Arche, Blundstone und Redwood.

Fundgrube für Cineasten – **Kulturbuch** **5**: Grindelallee 83, Tel. 040 45 25 25, www.kulturbuch-filmshop.de, Metrobus 5 Grindelhof, Mo–Fr 11.35–18.35, Sa 11.05–16.05 Uhr. Der Laden ist bis unter die Decke vollgestopft mit Büchern über Kino und Pop-Musik. Film- und Jazzplakate, alte Fotos – das Geschäft ist über Hamburg hinaus ein heißer Tipp für Kino- und Filmfreaks. Und Inhaber Christian Klüver scheint diese

Leidenschaft auf das Ausgiebigste zu teilen.

Lange da – **Zweitausendeins** **6**: Grindelallee 71, Tel. 040 47 78 88, www.zweitausendeins.de, Metrobus 5 Grindelhof, Mo–Sa 10–19 Uhr. Der Laden hat es ins 21. Jh. geschafft. Belletristik, Filmliteratur, politische Sachbücher, DVDs, CDs, Bildbände – Zweitausendeins hat einen großen, immer wieder überraschenden Fundus zu erschwinglichen Preisen.

Abends & Nachts

Ponys am Start – **Ponybar** **1**: Allende-Platz 1, Tel. 040 428 38 78 95, Metrobus 5: Grindelhof, Mo–Sa 9 Uhr bis *open end*. Der Name Ponybar ist eine Reminiszenz an das Gebäude, das früher mal ein Pferdestall war. Hier mischen sich Geist und Schönheit, Professoren und Studenten sowie Leute, die Lust haben zu kickern. Es gibt auch Livekonzerte und Lesungen. Alles ein bisschen abgerockt, aber cool.

Kultkino – **Abaton** **2**: Allende-Platz 1, Tel. 040 41 32 03 20, Filminfo: 41 32 03 21, www.abaton.de, Metrobus 5: Grindelhof. Das erste und älteste Programmkino Deutschlands wurde 1970 im Herzen des Univiertels von Regisseur Werner Grassmann und dem Anwalt Winfried Fedder gegründet. 19 Mal wurde das Abaton mit dem Bundesfilmpreis ausgezeichnet und stand Modell für viele neue Programmkinos in Deutschland. Das Kino hat inzwischen drei Säle.

Musik live – **Logo** **3**: Grindelallee 5, Tel. 040 410 56 58, Metrobus 5: Staatsbibliothek. Einer der traditionsreichsten Clubs Hamburgs. Hier stehen immer wieder spannende Bands auf der Bühne, vielversprechende Neuentdeckungen wie international bekannte Top-Musiker.

Hoheluft und Eppendorf

Auf Entdeckungstour

Kaffeemuseum Burg: Vom aromatischen Kaffeegeruch angesteckt, lässt man sich auf eine Weltreise ein und erfährt dabei, welchen Weg die braune Bohne nimmt, bevor sie bei uns in der Tasse landet. **14** S. 232

Kultur & Sehenswertes

Generalsviertel, Isestraße, Umgebung der Eppendorfer Landstraße: So viele Straßen mit quasi geschlossenen Gründerzeitfassaden suchen selbst in Hamburg ihresgeichen. Wer sich für den Jugendstil interessiert, sollte hier auf Entdeckungsreise gehen. S. 218, 224, 225

Das Buch: Eine besondere Oase ist der hübsche Laden ›Das Buch‹, eine kleine Heimat für Bücherfreunde mit exzellenter Beratung und Café im Hinterstübchen. **5** S. 228

Aktiv & Kreativ

Holthusenbad: Ein altes Bad in schönstem Jugendstil und auf hohem Niveau renoviert. Das auch Kellinghusenbad genannte Schwimmbad ist sommers wie winters ein Vergnügen. Wellness in der Therme oder sich freischwimmen gegen die Wellen – das Bad hat Stil. **2** S. 230

Genießen & Atmosphäre

Isemarkt: Dienstags oder freitags über den Isemarkt zu schlendern ist pures Vergnügen. Das Angebot und das Ambiente passen zu Eppendorf: Viele Bioprodukte, edelste Käsesorten, handgemachte Nudeln und Marmelade aus dem Alten Land. Interessant auch die Klientel: Hier erfährt man viel über die Sozialstruktur des Viertels. S. 222

Abends & Nachts

Bermudadreieck von Eimsbüttel: Eine alteingesessene Institution und eine richtig nette Eckkneipe ist das Hardy's an der Treskowstraße. In der Nachbarschaft finden sich weitere Lokale. **2** S. 230

Stadtteile mit Stil

Zwischen das wohlhabende Eppendorf und das familiäre, bunt gemischte Eimsbüttel schiebt sich der Stadtteil Hoheluft. Die Hoheluftchaussee teilt den Stadtteil in Ost und West. Hoheluft-Ost gehörte einst zu Eppendorf, und die Anwohner fühlen sich eigentlich als Eppendorfer. Da man in Hoheluft-West deutlich nicht zu Eppendorf gehört, sprechen die einen von Eimsbüttel und die anderen, die sich auch ein wenig wie Eppendorf fühlen wollen, vom ›Generalsviertel‹. Dieses Karree, dessen Straßen nach bedeutenden deutschen Generälen benannt sind, ist tatsächlich eine ›bessere‹ Adresse.

Im Hamburger Stadtteil Eppendorf ist im Vergleich zu Hoheluft alles ein wenig schicker, die Mieten sind teurer, die Geschäfte moderner und die Restaurants edler. In den großzügigen Altbauwohnungen leben diejenigen, die es auf der Karriereleiter ein gutes Stück nach oben geschafft haben – in der Nähe des Zentrums, aber mit vielen Parks und Cafés in der unmittelbaren Umgebung. Eppendorf strahlt beruhigende Bürgerlichkeit aus – typisch Hamburg eben.

Ob Eimsbüttel, Hoheluft oder Eppendorf: Überall finden sich in diesem Teil Hamburgs wunderschöne Häuserzeilen aus der Gründerzeit, meist weiß gestrichene Gebäude mit elegantem Fassadenschmuck, hohen Eingangsportalen, schmiedeeisernen Balkonen und – im Innern – stuckverzierten Decken und verspiegelten, herrschaftlich wirkenden Eingangsfluren.

Generalsviertel und Kaifu

Generalsstraßen

An der Hoheluftbrücke, so heißt auch die U-Bahn- und Busstation, beginnt unser Spaziergang. Wenn man über die Brücke des Isebekkanals läuft, kann man linker Hand den Kanal Richtung Eimsbüttel verfolgen und rechter Hand die Enten gen Eppendorf schwimmen sehen. Wir biegen links in die **Bismarckstraße** ein, von der die nach hochrangigen Offizieren benannten Moltke-, Wrangel-, Roon-, Kottwitz-, Gneisenau- und Mansteinstraße abzweigen. Daher wird dieser Bereich von Hoheluft-West ›Generalsviertel‹ genannt.

Die Häuser in diesen Straßen stammen größtenteils vom Ende des 19. Jh. und wurden im Zweiten Weltkrieg kaum zerstört. In der **Moltkestraße** kann man auf der linken Seite noch einige der sogenannten Kapitäns- oder Offiziershäuser der damaligen Zeit besichtigen: Roter Backstein mit weißem Putz und Eingangserker, Einfamilien-Stadtreihenhäuser für Seefahrer mit

Typisches Gründerzeithaus in Eppendorf

Rang. Das Generalsviertel steht als bauliches Ensemble unter Milieuschutz.

Am Kaifu entlang

Der Spazierweg direkt am Isebekkanal entlang durch die Grünanlagen ist angenehm. Deswegen lohnt sich der Wechsel auf die andere Kanalseite über die Brücke, die Mansteinstraße und Bogenstraße verbindet. Hier führt das Kaiser-Friedrich-Ufer, vielleicht nicht gar so prachtvoll, wie der Name verheißen könnte, und von den Hamburgern ohnehin nur kurz Kaifu genannt, südwärts bis zur Bundesstraße.

Am Ufer liegt das Schiff des Theaters Zeppelin vor Anker, eine alte Schute, die zur Bühne für Kinder und Jugendliche umgebaut wurde. Die kommen auch aus der umliegenden Schulen, von denen es gleich eine ganze Reihe gibt.

Unweit der Brücke befindet sich das altehrwürdige **Bismarckgymnasium** **1**. Über dem Portal steht noch ›Oberrealschule‹. Das Gebäude schräg gegenüber, die heutige **Ida-Ehre-Gesamtschule** **2**, benannt nach der Prinzipalin der Hamburger Kammerspiele, hat Fritz Schumacher Ende der 1920er-Jahre entworfen. In der Bogenstraße

ein Stück weiter Richtung Innenstadt liegt das **Helene-Lange-Gymnasium** **3**, eine der ersten staatlichen höheren Mädchenschulen in Hamburg, das daher auch den Namen von Helene Lange trägt, einer Reformerin für Frauenbildung.

Unweit des nächsten Übergangs vom Kaiser-Friedrich-Ufer zur Bismarckstraße – gleich neben dem Kinderspielplatz – erinnern seit 1983 ein **Gedenkplatz** **4** und eine Gedenkplatte an ein Ereignis in der Zeit des Faschismus: Hier marschierten die Nazis am späten Abend des 15. Mai 1933 zur

Bücherverbrennung auf. Bücher von jüdischen, pazifistischen und linken Autoren wurden öffentlich verbrannt.

Am Ende des Kaifu steht schließlich das **Kaifu-Gymnasium** **5**, das wie Bismarck- und Helene-Lange-Gymnasium in dem damals rasch wachsenden und dicht besiedelten Viertel zwischen 1908 und 1911 vom Architekten Albert Erbe entworfen wurde.

Das in der Nähe liegende **Sommerbad Kaiser-Friedrich-Ufer** **1**, ebenfalls ›Kaifu‹ genannt, wurde als Hamburgs ›erstes Warmwasser-Freibad‹ mit 22 Grad Wassertemperatur und einer

Hoheluft und Eppendorf

großzügigen Liegewiese im Jahr 1936 eröffnet. Es ist inzwischen mit einem modernen Hallenbad kombiniert. Ans öffentliche Schwimmbad grenzt der private, in der stylischen Fitness-Szene wegen seines umfassenden Angebots angesagte Fitness-Club ›Kaifu-Lodge‹ mit gut ausgebildeten Lehrkräften.

Eppendorfer Weg

Der recht belebte Eppendorfer Weg führt uns von der Bundesstraße in Eimsbüttel geradewegs nach Nordosten gen Eppendorf. Kleine Gemüseläden, Restaurants, Weinhandlungen und Cafés säumen den Weg – und jede Menge Friseure! Und nicht zu vergessen, kurz vor der Ecke Roonstraße ›Dittsches Imbissbude‹ 1 (s. S.228).

Ehemalige Tabakfirma von Eicken 6

Der ehemalige Hamburger Sitz der Tabakfirma von Eicken aus Mülheim an der Ruhr, versteckt im Hinterhof an der Kreuzung Hoheluftchaussee, sieht aus wie ein Schloss. In der alten Verarbei-

tungsstätte für ›Feinschnittsorten und Rauchtabakmischungen in englisch-amerikanischer Geschmacksrichtung‹ wird heute höchstens noch draußen im Hof gequalmt. **Factory** nennt sich die um 1900 in ansehnlichem Backstein erbaute Fabrik in der sich inzwischen Kreative aus der Film- und Fernsehbranche niedergelassen haben (Hoheluftchaussee 95, www.factory-hamburg.de).

Seifix-Reklame 7

Von der Kreuzung Hoheluftchaussee ist rechter Hand an Fassade Nr. 83 schön die Reklame für ›Seifix‹ aus den 1920er-Jahren zu sehen. Sie wurde beim Häuserabriss entdeckt und von der Stadt restauriert.

Hoheluft-Ost

Falkenried

Jenseits der Hoheluftchaussee führen der Eppendorfer Weg und der Lehmweg – der am Isebekkanal entlang-

Lieblingsort

Isemarkt

Das Schönste an Eppendorf ist der Isemarkt. Er verläuft unter den Schienen, die, von alten Eisenträgern gestützt, ein lang gezogenes Dach durch die Isestraße zwischen den Stationen Eppendorfer Baum und Hoheluftbrücke bilden. Ein schöner Anblick und guter Schutz vor Hamburger Schmuddelwetter, früher auch ›Judenschirm‹ genannt, weil die Juden am Sabbat keinen Schirm aufspannen durften. Hier bekommt man alles, was das Herz an Kulinarischem begehrt: Fisch und Fleisch, Gemüse und Obst, Brot, Käse und Honig – vieles biologisch. Außerdem findet man Seidenschals, Kinderkleidung und Blumen für die Dachterrasse. Di und Fr 8–14 Uhr.

Unser Tipp

Jugendstilstudien in der Isestraße

Mit ihren geschlossenen Jugendstilfassaden zählt die Isestraße zu den schönsten Hamburgs. Wer daran Spaß findet, kann sehr schön, besonders nach Einbruch der Dunkelheit, mit der Hochbahn zwischen Eppendorfer Baum und Hoheluftbrücke hin- und herfahren. Der Blick in die hell erleuchteten Wohnzimmer der Jugendstilbauten lohnt sich von oben wie von unten. Deswegen ist auch das Restaurant **Brücke** 5 ein schöner Ort, um mittags zu speisen oder abends ein Wiener Schnitzel zu einem guten Wein zu essen.

führt, parallel nach Eppendorf. Zwischen beiden Straßen liegt der Falkenried. Der Name bezeichnet gleichzeitig ein besonderes Viertel mit ehemaligen Fabrikanlagen und Terrassenwohnungen. Das alte Arbeiterviertel grenzt unmittelbar an die glanzvollen großbürgerlichen Fassaden Eppendorfs. Gegenüber den niedrig gebauten Terrassen erstreckt sich ein riesiges Gelände, auf dem früher Straßenbahnen gebaut und gewartet wurden. Selbst das zaristische Russland wurde von hier beliefert. Nach Abschaffung der Straßenbahn in Hamburg Mitte der 1970er-Jahre wurde das alte Fabrikgrundstück in den 1990er-Jahren an verschiedene Investoren verkauft.

Auf mehr als 70 000 m² entstand hier das **Quartier Falkenried** 8 für Büros mit gehobenen Ansprüchen ans Wohnen. Hier tummeln sich viele Medienfirmen. Ein Teil der alten Straßenbahnhallen und das Getriebewerk, in dem

jetzt RTL arbeitet, blieben glücklicherweise erhalten. Mit der **Marsbar** 1 ist am Falkenriedzugang des Geländes sogar etwas gesellige Atmosphäre im großstädtischen Neubaukomplex entstanden.

Die alten einstöckigen Falkenriedterrassen auf der anderen Straßenseite sind genossenschaftlich organisiert, und dass hier mehr als gutnachbarschaftliche Verhältnisse herrschen, kann man vor allem im Sommer erleben. Zwischen den Terrassen werden Tische und Stühle herausgestellt, es wird gegessen, gespielt und Musik gemacht. Die Terrassenpassagen sind öffentlich, sie enden an der Löwenstraße, die uns auf den Eppendorfer Weg zurückführt.

Kaffeerösterei Burg 1

Gesäumt von exquisiten Modeläden, Restaurants und Cafés stößt der Eppendorfer Weg auf die Eppendorfer Landstraße. Vorher sollten Sie im Eppendorfer Weg 252 noch in die Kaffeerösterei Burg reinschauen. Ein wunderschöner, traditionsreicher Laden, einfach ›dufte‹ vom Geruch, vom Interieur und dem fachkundigen Inhaber Jens Burg her.

Eppendorf

Ehemals ›Legendär‹

Das Lokal an der Ecke Eppendorfer Weg und Lehmweg war mal legendär und hieß zwischenzeitlich auch so. Heute betreibt es Schweinske und nichts erinnert mehr an Onkel Pö, an die bewegten 1970er-Jahre, als die Hamburger Musikszene sich hier in Eppendorf traf.

Eppendorfer Baum

Viele attraktive Geschäfte, Schuh- und Delikatessenläden sind insbesondere am Eppendorfer Baum – benannt nach dem einstigen Schlagbaum nach Harvestehude – zu finden. Man gerät leicht in einen Kaufrausch. Im gleichnamigen Kaufhaus **2** mit Café gleich um die Ecke, gegenüber der U-Bahn-Station, haben unter einem Dach auf drei Etagen sieben kleine Läden Platz: Lederwaren, Schmuck, Dessous, ausgefallene Designer-Mode für die extravaganten Damen und Herren der Schöpfung.

Eppendorfer Landstraße

Die Eppendorfer Landstraße führte früher von der Stadt hinaus nach Eppendorf, wo Bauern lebten und manch

reicher Kaufmann aus der Stadt seinen Landsitz hatte.

Hohe Etagenhäuser der Jahrhundertwende säumen die Landstraße. Sie zeugen von alter Pracht und die zahlreichen Edelboutiquen von den heutigen formidablen Verhältnissen der Anwohner. Noch Ende des 18. Jh. war Eppendorf ein ›Kirchdorf mit 110 Feuerstellen‹, das sich Anfang des 20. Jh. rasant entwickelte. Das Dorfidyll wich beeindruckenden Gründerzeitbauten.

Grün ist der Stadtteil geblieben, zahlreiche Parks durchziehen Eppendorf. Und meist ist Wasser in der Nähe. Im Durchgang der Klinkerwohnanlage

Im Goldfisch sitzt man am Kaiufer mit Blick auf die rückwärtigen Fassaden der Isestraßenhäuser

Eppendorfer Landstraße 58–60 erstreckt sich der Kellinghusenpark mit kleinem Teich, denn dort hatte Bürgermeister Kellinghusen im 19. Jh. sein Landhaus. Am Rande des Parks liegt das **Holthusenbad** 2 (s. S. 230).

Schramms- und Marienweg

Im Schrammsweg lohnt ein Stopp in »Hamburgs klassischer Konditorei« **Café Lindtner** 3, um in gediegen-altmodischem Ambiente den berühmten Baumkuchen zu probieren. Und außerdem lohnt der Besuch des Marienwegs I: Es ist eine der ältesten Wohnhofalleen der Gründerzeit, die sich hinter den Häusern Schrammsweg 17–21 verbirgt.

Eppendorfer Marktplatz

Der Eppendorfer Marktplatz hat keinen Markt. Bis auf die Friedenseiche, glorifizierendes Symbol des Sieges über Frankreich 1871, und das danebenstehende Mahnmal, auf dem Wolfgang Borcherts nachdrücklicher Antikriegs-Aufruf »Sag nein!« zu lesen ist, gibt es wenig zu sehen. Es braust der Verkehr, viele Häuser mussten neuen Straßenführungen weichen.

Ludolfstraße

Geblieben ist in der Ludolfstraße 15 der Sitz des **Alster-Canoe-Clubs,** Deutschlands ältestem Kanu-Club von 1905. Und Hamburgs ältestes erhaltenes Landhaus in der Ludolfstraße 19, genannt das **Will'sche Palais,** aus der Zeit um 1700.

Ernst-Thälmann-Platz und Thälmann-Haus 9

Der Ernst-Thälmann-Platz an der Ecke von Tarpenbekstraße und Kegelhofstraße/Lokstedter Weg erinnert an den populären Reichstagsabgeordneten und ehemaligen Vorsitzenden der KPD. Nach der Machtübernahme der

Typisch für Eppendorfs Gründerzeithäuser – mit Stuck und Spiegeln verzierte Flure

Nazis wurde der gebürtige Hamburger im März 1933 in seinem Versteck aufgespürt. Elfeinhalb Jahre war Ernst Thälmann inhaftiert, bis er auf Anweisung von Hitler am 18. August 1944 im Alter von 58 Jahren im KZ Buchenwald ermordet wurde. Die Benennung des Thälmann-Platzes war in Hamburg sehr umstritten. Klaus von Dohnanyi, damals Hamburgs Erster Bürgermeister, setzte sich 1984 durch: »Es gilt, die Erinnerung an Menschen aus allen politischen Lagern zu bewahren, die gegen das NS-Regime kämpften.«

Im Ernst-Thälmann-Haus lebte Thälmann für einige Jahre im 2. Stock in einer Dreizimmerwohnung mit Frau, Tochter und Schwiegervater. Seit 1969 besteht hier die Ernst-Thälmann-Gedenkstätte, Eppendorfs einziges ›Museum‹, das die politische Geschichte der Arbeiterbewegung der Stadt Hamburg dokumentiert. Fast Nachbar von Thälmann und richtiger Eppendorfer war der Schriftsteller Wolfgang Borchert (»Draußen vor der Tür«), der 1921 in der Tarpenbekstraße 82 geboren wurde. Dort verbrachte er seine Kindheit, bis ein Hausbewohner Borcherts Mutter Hertha, »eine staatsfeindlich eingestellte Kraft«, beim Hamburger Reichssender denunzierte. Der Hausfrieden war dahin und die Familie zog kurzzeitig nach Winterhude und dann nach Alsterdorf.

An der Alster

Mühlenteich 10

Ein erholsamer Ort in unmittelbarer Nähe der lärmenden Tarpenbekstraße ist der Mühlenteich, der aus dem Alsterzufluss Tarpenbek aufgestaut wurde. Der Teich wie auch die Gaststätte **Zur alten Mühle** 4 erinnern an die um 1245 erstmals schriftlich erwähnte Müllerei, die 1860 eingestellt

wurde. Heute dient der Mühlenteich vor allem cen Alster-Schwänen als Winterquart er. Das Bootshaus Barmeier an der Mündung der Tarpenbek in die Alster wurde 1926 in Betrieb genommen.

Hayns Park

Der Bootsverleih Silwar im Hayns Park nebenan blickt sogar auf eine Geschichte bis ins Jahr 1874 zurück. Der Park war ehemals der glanzvolle Landsitz des Senators Max Theodor Hayn (1809–88). Ein klassizistisches Rundtempelchen, der ›Monopteros‹, ist noch erhalten. ›Senators Kaffeestuben‹, wie das Tempelchen auch genannt wurde, ist heute ein beliebter Schülertreff.

Kirche St. Johannis 11

Mo–Fr 10.30–12.30 Uhr, sonst Schlüssel im Kirchenbüro, Gottesdienste Mi 19, So 10 Uhr, anschließend Kirchencafé im Alten Pastorat, Kirchenmusik Sa 18 Uhr

Eine Oase der besonderen Art bildet St. Johannis am Ende der Ludolfstraße direkt am A sterübergang nach Winterhude. Es ist die älteste und schönste unter Hamburgs kleinen Kirchen. Seit 1267 wird sie in Urkunden erwähnt, das Fachwerk stammt von ihrem Neubau im Jahr 1622 und erinnert an eine längst untergegangene ländliche Vergangenheit. Dieses Gefühl von ›früher‹, als alles noch kleiner war und persönlicher zuging, mag dazu beitragen, dass St. Johannis unter Hamburgs Brautpaaren als ›Hochzeitskirche‹ ausgesprochen beliebt ist. Während des Dreißigjährigen Krieges wurde die Kirche stark verwüstet. Um 1660 wurde sie dann renoviert und erhielt die heute noch erhaltenen, mit Brüstungsbildern geschmückten Emporen. Gestühl und Kanzel stammen aus dem 18. Jh.

Unser Tipp

Bücheroase
Wer weiß, dass Bücher Welten eröffnen können, wird diesen wunderbaren Buchladen lieben. Das, was auf den Bestsellerlisten angesagt ist, findet man genauso selbstverständlich wie schon lange Gesuchtes. Darüber hinaus gibt es ein Antiquariat und einen Raum für Hörbücher und Literaturverfilmungen. Vor allem gibt es von den kundigen Inhaberinnen exzellente Beratung und Kaffee im Hinterstübchen. Eine kleine Heimat – auch für Literaturliebhaber auf der Durchreise.
Das Buch 5: Eppendorfer Landstr. 56, Tel. 040 47 55 80, www.dasbuchinep pendorf.de, U 1/3: Kellinghusenstraße, Mo–Fr 10–19, Sa 10–16 Uhr.

Damenstift
Kloster St. Johannis 12
Ein Langzeit-Refugium für die weibliche hanseatische – verwitwete oder ledige – Oberschicht war und ist das Damenstift Kloster St. Johannis von 1914 direkt am Alsterufer. Schon von ferne zu sehen: der 32 m hohe Uhrturm.

Warburg-Haus 13
www.warburg-haus.de
Aby Warburg ist sehr privilegiert aufgewachsen. Der Spross einer traditionsreichen jüdischen Bankiersfamilie ließ sich von seinem damals 12-jährigen Bruder Max seine Erstgeburtsrechte gegen das Versprechen abkaufen, dass dieser ihm dafür lebenslang alle Bücheranschaffungen bezahlen würde. Die riesige Bibliothek, die er aufbaute, konnte vor den Nationalsozialisten nach England gerettet werden und ist als eigenständige Sammlung (The Warburg Institute) in die Universitätsbibliothek London eingegliedert worden. Das Warburg-Haus in der Heilwigstraße ist heute Sitz eines Kultur- und Wissenschaftsinstituts, das von der Aby-Warburg-Stiftung betreut wird.

Essen & Trinken

Dittsches Imbissbude – **Eppendorfer Grillstation** 1: Eppendorfer Weg 172, Tel. 040 42 32 58 09, www.eppendor fer-grillstation.de, Metrobus 5 Eppendorfer Weg (Ost), Mo–Fr 11–21, So 14–21 Uhr, Gerichte ab 4 €. Der dank dem Comedian Olli Dittrich alias Dittsche zu Kult gewordene Grill hat tatsächlich leckere Gerichte auf der Pfanne: Bratkartoffeln wie bei Muttern, Hähnchen, Currywurst, Spiegelei, Suppen.
Industriedenkmal – **Factory** 2: Hoheluftchaussee 95, Metrobus 5 Eppendorfer Weg (Ost). Mehr Kneipe als Restaurant, liegt die Factory in einem hübschen Hinterhof auf der sonst eher öden Hauptverkehrsstraße Hoheluftchaussee, auf dem Gelände einer ehemaligen Tabakfabrik.
Kaffeehaus – **Café Lindtner** 3: Eppendorfer Landstr. 88, Tel. 040 480 60 00, Mo–Sa 8.30–20 So 10–19 Uhr, U 1, 3 Kellinghusenstraße. Dank hauseigener köstlicher Konditorei, traditionsreichem Ambiente und großer Sommerterrasse eines der besten Cafés der Stadt.
Am Wasser – **Zur alten Mühle** 4: Eppendorfer Landstr. 176, Tel. 040 51 78

20, www.zur-alten-muehle.de, Mo–Fr 11–3, Sa, So 10–1 Uhr, U 1, 3 Kellinghusenstraße, Gerichte ab 12 €, Sa, So 10–17 Uhr Brunch. Schön gelegenes Gasthaus mit deutscher Küche.

Szene-Treff – **Brücke** **5** : Isestr./Ecke Innocentiastr. 82, s. S. 33.

Alles über Niveau – **Poletto** **6** : s. S. 30.

Prima Italiener – **La Scala** **7** : s. S. 34.

Fusion-Küche – **Maral** **8** : s. S. 34.

Entspannend – **Goldfisch** **9** : s. S. 34.

Vegetarisches – **Tassajara** **10** : Eppendorfer Landstr. 4, Tel. 040 48 38 01, U 3 Eppendorfer Baum, tgl. 11.30–24 Uhr, Hauptgerichte ab 10 €. Leicht und gesund heißt die Devise beim vielfältigen Angebot von vegetarischen Spezialitäten. Gegrilltes Saitan, gefüllte Champignons auf Kapernsauce und hausgemachtes Kartoffelpüree – man braucht kein Vegetarier zu sein, um diese köstliche Küche zu genießen. Guter Mittagstisch, alle Gerichte auch zum Mitnehmen, inklusive eines ausgesuchten Teeangebots.

Aber bitte mit Kirsche – **Käppchen Kuchen Company** **11** : Eppendorfer Weg 125, www.happykappy.de, Metrobus 4 Kaiser-Friedrich-Ufer, Mo–Fr 10–19, Sa 14–18 Uhr. Die erste traditionelle Cupcake-Bäckerei Hamburgs backt ihre Minikuchen nicht wie Muffins aus Brotteig, sondern aus Rührkuchenteig. Zudem haben sie ein Käppchen aus Schokolade und als Farbtupfer – das Auge isst ja mit – eine kandierte Kirsche.

Für alle Lebenslagen – **Caffètteria** **12** : s. S. 35.

Einfach nett – **Sweet Virginia** **13** : Bismarckstr. 10, Tel. 040 40 18 96 11, tgl. 10–1 Uhr, U 2: Christuskirche. Zu jeder Tageszeit ist es hier angenehm. Leckeres, variantenreiches Frühstück (inklusive Tageszeitungen) oder Mittagstisch. Am Nachmittag empfiehlt sich der hausgemachte Kuchen und abends das Dinner (internationale Küche) mit

Kerzenlicht oder auch nur eine leckere Suppe. Im Sommer sitzen die Gäste draußen vor der Tür. Sehr freundliche nachbarschaftliche Atmosphäre. Eimsbüttel eben

Tolle Törtchen – **Conditorei Christiansen** **14** : Hoheluftchaussee 99, Tel. 040 422 67 85, Metrobus 5 Eppendorfer Weg (Ost), Mo–Sa 7–18, Café ab 8 Uhr; So 9–18, Café ab 10 Uhr. Die unwiderstehlichen Törtchen, z. B. Antigua oder Sanddorn Royal, erinnern an die Schöpfungen französischer Pâtissiers. Zur Konditorei gehören ein Café im Stil von 1900, dem Gründungsjahr von ›Christiansen‹, und ein Garten.

Gemütlich – **Petit Café** **15** : Hegestr. 29, Tel. 040 460 57 76, Mo–Fr 9.30–19, Sa 10–19, So 11–19 Uhr, U 3 Eppendorfer Baum. Ein süßes Café in jeder Hinsicht. Halb Hamburg pilgert wegen des ofenwarmen, leckeren Streuselobstkuchens und der gemütlichen Atmosphäre in das kleine verwinkelte Café. Das Porzellan ist genauso zusammengewürfelt wie das Mobiliar – gemütlich! Bei Sonnenschein dient der Bürgersteig als Terrasse. Wer mal keinen Platz bekommt, der nimmt den Kuchen für seine Lieben halt mit nach Hause.

Ein schönes Geheimnis – **Fleur de Piment** **16** : Eppendorfer Baum 34, Tel. 040 42 91 61 85, www.fleurdepiment. de, U 3 Eppendorfer Baum, tgl. 10–19 Uhr, Hauptgerichte ca. 13 €. Ein wundervolles Tagescafé mit marokkanischem Flair und einer äußerst gastfreundlicher Chefin. Schon das marokkanische Frühstück macht glücklich: Köstliche Crêpes, Café Espresso oder aromatischer Tee mit frisch gebackenen Madeleines. Zum Lunch verwandelt sich das Ladencafé in ein Feinschmeckerbistro mit marokkanisch-französischen Spezialitäten. Wirklich gastlich ist dieser Ort mit Hintergarten-Terrasse inklusive marokkanischer Fliesen!

Einkaufen

Köstlich – **Kaffeerösterei Burg** `1`: Eppendorfer Weg 252, Tel. 040 422 11 72, www.kaffeeroesterei-burg.de, U 3: Eppendorfer Baum, Mo–Fr 8–18, Sa 8–14 Uhr. Hier kauft man Kaffee, Schokolade und alles, was dazugehört, in stilvollem Ambiente (s. S. 224).

Mit Café – **Kaufrausch** `2`: s. S. 36.

Schicke Schuhe – **GO** `3`: s. S. 36.

Label-Mode – **Petra Teufel** `4`: Eppendorfer Landstr. 36, www.petrateufel. de, U 3 Eppendorfer Baum, Mo–Fr 10–18, Sa 10–13 Uhr. Der Teufel trägt Prada … – er kann sich's leisten. Der Eppendorfer Laden ist der dritte von Petra Teufels Geschäften in Hamburg (Hohe Bleichen 13, Innenstadt; Lange Reihe 50, St. Georg). Die Designerlabels Balenciaga, Prada, Burberry, Prosum sind zwar ähnlich wie in ihren anderen Läden, von der Auswahl und Tragbarkeit aber ein wenig mehr auf die Eppendorfer Klientel zugeschnitten. Großzügiges Interieur für größere Portemonnaies.

Bücheroase – **Das Buch** `5`: s. S. 228.

Kinder-Kultur – **Fuchs & Fabel und Miss Pim** `6`: Eppendorfer Weg 79, Tel. 040 40 17 21 51, U 2: Christuskirche, Mo–Fr 10–18, Sa 10–14 Uhr. Putziger kleiner Buchladen mit einer besonderen Auswahl an Kinder- und Jugendliteratur und einem Lesezirkel für Kinder. Bei Miss Pim, dem Laden im Laden, bekommt man handgefertigte Kinderkleidung und ausgesuchtes Spielzeug.

Aktiv & Kreativ

Angesagt – **Kaifu-Bad** `1`: Hohe Weide 15, Tel. 040 18 88 90, U 2 Christuskirche, Mo–Fr 9–24, Sa, So 10–23 Uhr. Hallenbad mit Sauna sowie beheiztes Freibad mit großer Liegewiese, direkt daneben der angeschlossene Fitness-Club ›Kaifu-Lodge‹, s. S. 220.

Stilvoll – **Holthusenbad** `2`: Goernestr. 21, gleich neben der U-Bahn Kellinghusenstraße, Mo–So 9–22 Uhr. Eppendorf besitzt mit dem Holthusenbad ein wunderschönes Hallenbad im üppigen Jugendstil, von altmodischer Grandezza und mit modernster Technik ausgestattet. Auch Freiluftschwimmer oder Saunafreunde kommen ganzjährig auf ihre Kosten. Jeden Freitag um 19.30 Uhr kann man bei Klassischer Musik und Kerzenschein in der wohltemperierten Therme baden und entspannen.

Yoga und Yogi – **Nanak Nivas** `3`: Eppendorfer Weg 213, Tel. 040 34 72 43 61, Metrobus 5 Eppendorfer Weg (Ost), tgl. ab 5.30 Uhr. Yogi-Tee oder Chai findet man hier in einem Gewerbehof. Die meisten hier tätigen Yoga-Lehrer oder Yogi-Teemischer sind Sikhs. Sie tragen weiße Kleidung und Wickelturbane. Auf jeder Teepackung sind eine Yogaübung und ein Sinnspruch aufgedruckt. Der ideale Weg, um nach der Yogastunde etwas vom Spirit mit nach Hause zu nehmen. Yoga und Meditation am frühen Morgen sind kostenlos.

Abends & Nachts

Angesagt – **Marsbar** `1`: Straßenbahnring 2, Tel. 040 46 00 99 50, U 3: Hoheluftbrücke, Mo–Sa 9–24 Uhr, Hauptgerichte ab 13 €. Die Marsbar sieht aus wie ein kleiner Kiosk, ist aber ein veritables Restaurant und liegt zudem im schicken Falkenried-Quartier. Auf der Karte z. B. Pennette mit Flusskrebsschwänzen, Gemüse und Kokoskoriandersauce.

Alt-68er-Charme – **Hardy's** `2`: Tresckowstr. 14, Tel. 040 49 46 00, www. hardys-kneipe.de, Metrobus 4 Kaiser-

Ein schönes Ziel an Regentagen – das im Jugendstil erbaute Holthusenbad

Friedrich-Ufer, ca. 18–1 Uhr. Das Hardy's gehört seit einer Ewigkeit zum Bermudadreieck von Eimsbüttel. Eingerichtet wie ein alter Pub, Großleinwand für St. Pauli-Fans, Ratsherrn Pilsener vom Fass und ordentliches Essen. Im Sommer sitzt man auch im kleinen Vorgarten. Dort treffen sich die Raucher – oder sie gehen gegenüber in den Fasan, der ist ein Raucherclub.
Jazz für anspruchsvolle Ohren – **Birdland 3**: s. S. 43.

Sehenswerter Bühnenvorhang – **Holi 4**: Schlankreye 69, U 3 und Metrobus 5 Hoheluftbrücke. Das 1952 eröffnete Programmkino (Hoheluft-Lichtspiele) ist besonders sehenswert, wenn gar nichts auf der Leinwand flimmert. Der von Herbert Rose und Wilfried Haase entworfene Bühnenvorhang stammt aus den 1950er-Jahren. Er ist der letzte seiner Art und schmückt ganz ungemein – vor allem nachdem er 1988 aufwendig restauriert wurde.

231

Auf Entdeckungstour

Kaffeemuseum Burg

Das Museum eines Mannes, dessen Leidenschaft dem Kaffee gilt: Vom aromatischen Kaffeegeruch angesteckt, begibt man sich hier auf eine Weltreise und erfährt, welchen Weg die braune Bohne nimmt, bevor sie bei uns in der Tasse landet. **14**

Planung: Metrobus 5 bis Station Brunsberg am Lokstedter Steindamm, dann zu Fuß (ca. 10 Min.). Erst in die Süderfeldstraße und hier die zweite Straße links (Münsterstr.). Oder U 1, 3 bis Kellinghusenstraße, dort mit Bus 22 Richtung Siemersplatz, Station Frickestraße und die zweite Straße links (3 Min. zu Fuß). Planen Sie ca. 2 Std. für den Besuch des Museums ein.

Infos: Münsterstr. 23–24, Tel. 040 55 20 42, www.kaffeemuseum-burg.de, Mo–Sa 10–16 Uhr, 10 € pro Person mit persönlicher Führung inkl. Videovortrag, Kaffeeverkostung und Kuchen.

Läuft man an den bescheidenen Reihenhäuschen am Rande Eppendorfs entlang, mag man kaum glauben, dass dort ein Museum untergebracht sein könnte. So kann es passieren, dass man an dem Kleingewerbehof vorbeiläuft – es sei denn der Wind steht günstig. Dann bläst einem von Weitem köstlicher Kaffeegeruch entgegen und führt den Besucher immer der Nase nach in die richtige Richtung.

Sammelleidenschaft

Ein Museum mit sterilen Vitrinen und Bitte-nicht-anfassen-Atmosphäre? Das glatte Gegenteil. Hier hat ›Museumsdirektor‹ Jens Burg mit Leidenschaft über die Jahre rund um das Thema ›Kaffee‹ gesammelt, sodass die circa 100 Quadratmeter inklusive Decke voll ausgenutzt sind.

Obwohl er schon im Büro über seinem feinen Kaffee- und Teeladen im Eppendorfer Weg (s. S. 224) kaum noch die Füße ausstrecken kann und deswegen seine Schätze dankenswerterweise der Öffentlichkeit zugänglich gemacht hat, schleppt er auch jetzt noch immer wieder neue Kaffeekulturgüter an: Vom handbemalten Ochsenkarren aus Costa Rica, der einst zur Kaffeeernte nützlich war, über Omas gute alte Holzdrehmühlen vom Anfang des 20. Jh. bis zur hypermodernen Espresso-Maschine. Dazwischen erblickt man junge Kaffeepflanzen neben sorgfältig angeordneten Kaffeebohnen in verschiedenen Aggregatzuständen (ungeschält, geschält, geröstet), dicke Jute-Kaffeesäcke, eine riesige Röstmaschine, eine 1950er-Jahre Puppenküche mit putzig kleinen Kaffeeprodukten, eine umfangreiche Sarottimohren-Sammlung, Kaffeeservice aus verschiedenen Zeiten und alte Porzellan- und Blech-Kaffeedosen en masse.

Geschichte zum Anfassen

Wenn man sich mit dem Thema Kaffee beschäftigt, beschäftigt man sich gleichzeitig mit der Welt: Wie und wo wurde früher Kaffee angebaut, was ist aus der arabischen Handelsstadt Mokka geworden, welcher Kaffee ist der teuerste und aus welchem Grund? Was ist eine Barista-Meisterschaft, und wie schmeckt man eigentlich die verschiedenen Kaffeesorten am besten

ab? Manche Zusammenhänge und Erinnerungen an alte Zeiten ergeben sich beim Stöbern, aber besonders unterhaltsam und aufschlussreich ist eine Führung mit Verkostung!

Endlich dürfen Sie sich ›schlecht‹ benehmen, denn beim Verkosten muss man heftig und laut schlürfen, damit neben dem Geschmackssinn auch der Geruchssinn zur differenzierten Beurteilung angeregt wird. Ob Sie beim Probieren auch das Glück haben werden, den teuersten Kaffee der Welt aus einer kleinen Espresso-Tasse zu trinken und ihn unter vier verschiedenen Sorten herauszuschmecken? Probieren Sie es aus: Dann erfahren Sie später auch, warum dieser zu Recht »ein verdammt guter Scheißkaffee« genannt wird. Zum Schluss gibt's Butterkuchen auf die Hand!

St. Georg

Highlight !

Deutsches Schauspielhaus: Das größte und schönste Sprechtheater Deutschlands wurde 1900 mit einer Inszenierung von Goethes »Iphigenie« eingeweiht. Das Geld für den architektonisch noch heute beeindruckenden weißen Prachtbau vis-à-vis dem Hauptbahnhof kam von einer Gruppe reicher Hanseaten. **2** S. 237

Kultur & Sehenswertes

Hotel Atlantic: Wie ein Stein gewordener Ozeandampfer liegt das 1909 erbaute, prachtvolle Grandhotel am Ufer
der Alster. **6** S. 239

Museum für Kunst und Gewerbe:
Kunst und Gewerbe aus aller Welt und
aus allen Zeiten. Besonders beeindruckend ist die Jugendstil-Sammlung. **14**
S. 245

Aktiv & Kreativ

Durch die Lange Reihe bummeln: Im
Sommer fühlt man sich hier wie im Süden, so bunt, vielfältig und kommunikativ ist die Atmosphäre. S. 243

Alsterschwimmhalle: Hamburg ist eine
Wasserstadt. Stürzen Sie sich selbst in
die Fluten. In der Alsterschwimmhalle
kann man sich entspannen, toben oder
kräftig lange Bahnen ziehen. **3** S. 249

Genießen & Atmosphäre

Bootsanleger Kajüte: In dem Restaurant am Ostufer von St. Georg genießt
man einen grandiosen Panoramablick
über die gesamte Breite des Westufers
der Alster und an heiteren Tagen
traumhafte Sonnenuntergänge bei angenehmer Gesellschaft und guter Küche. **2** S. 240

Literaturhaus-Café: Ein kleiner Spaziergang entlang der Außenalster und
dann ein leichtes Mittagessen oder ein
Kaffee mit köstlichem Kuchen in dem
wunderschön restaurierten Jugendstil-
Haus – das hat Stil! Passionierte Zeitungsleser werden den Aufenthalt
doppelt genießen. **15** S. 244

Abends & Nachts

Max & Consorten: Aufgrund der Nähe
zum Hauptbahnhof ist die legendäre
Rock-Kneipe ideal für ein Warm-up-
Bierchen, bevor man durch die Lange
Reihe oder in einen anderen Stadtteil
zieht. **5** S. 249

Vielfalt und soziale Gegensätze

St. Georg ist ein Bahnhofsviertel mit billigen Absteigen, bietet aber aufgrund seiner alsternahen Lage auch Schönheit und Pracht. Das alte Dorf hat sich trotz und wegen der Gegensätze zu einem Szeneviertel mit großstädtischem Flair entwickelt. Die Lange Reihe, St. Georgs Renommier- und Flaniermeile, strahlt langsam, aber sicher auf das ganze Viertel ab. Deutlich sichtbar ist das Ost-West-Gefälle. Im schickeren Westen entstehen zwischen Außenalster und Langer Reihe teure Penthouse-Wohnungen und Altbauten werden aufwendig renoviert. Szenebars wechseln sich ab mit Hairstylisten, Geschenke- und Modeläden. Im Ostteil des Viertels bestimmen dagegen immer noch Drogenelend und Prostitution das Bild. Der Ausländeranteil ist hier mit 35 % besonders hoch. Im östlichen St. Georg stehen die meisten der gut ein Dutzend muslimischen Gebetshäuser. Eines von ihnen ist die zu traurigem Ruhm gekommene Al-Quds-Moschee (Steindamm 103), in der Mohammed Atta Allah vor dem fatalen 11. September 2001 um Vergebung bat.

Regisseur Christoph Schlingensief hat diese explosive Mischung auf den Punkt gebracht, als er 1997 für ein Projekt am Schauspielhaus eingeladen wurde. Am liebsten, erklärte er, würde er die Fassade des Schauspielhauses runterreißen, das Gestühl wenden und den Zuschauern so Ausblick verschaffen auf St. Georgs Hauptbahnhofs-Vorplatz. Denn dort spiele ›Reality Theatre‹: Drogenhandel, Kinderprostitution, Obdachlosigkeit – um Vertreibung bemühte Polizisten inklusive.

St. Georg ist bunt und vielfältig. Manche Bewohner befürchten allerdings, dass ihr 1,8 ha großes Viertel allmählich sozial auseinanderbricht. Innerhalb eines knappen Jahrzehnts ist die Anzahl der Einwohner um fast 3000 auf rund 10 000 gesunken. Mit 67,8 % Einpersonenhaushalten ist St. Georg zur Single-Hochburg Hamburgs geworden. Nur in jedem zehnten Haushalt leben Kinder, denn wegen der hohen Mieten und des fehlenden Spielraums ziehen viele Familien weg.

Das Faszinierende an St. Georg ist, dass hier völlig verschiedene Menschen leben und arbeiten – auch die dominante Schwulenszene ist in sich sehr heterogen. Dementsprechend vielfältig ist die Kneipenkultur: von cool bis kuschelig. Glanz und Elend – positive wie negative Energie – liegen in St. Georg nah beieinander. Jenseits der Gleise liegt die ›Kunstmeile‹, die Straße der großen Hamburger Museen. Am Außenalsterufer kann man repräsentative Altbaufassaden und Hotels wie das altehrwürdige Atlantic oder das modern-minimalistische Le Royal Méridien bewundern. Weniger einladend zeigen sich die vierspurige gesichtslose Sechslingspforte und der architektonisch wie auch gesellschaftlich vernachlässigte Steintordamm, die das Viertel umgrenzen.

Vom Hauptbahnhof zur Außenalster

Hauptbahnhof 1

Beginnen wir mit Pracht: Der 1906 erbaute Bahnhof, überdacht mit einer eindrucksvollen Stahl-Glas-Konstruktion, strahlt Metropolenflair aus. Täglich wieseln rund 450 000 Reisende im Lärm der Züge und Lautsprecherdurchsagen hektisch durch den Bahnhof. Wenn der Hamburger am Sonntag Blumen oder sonst etwas braucht, versucht er es hier in der Einkaufspassage.

Deutsches Schauspielhaus ! 2

Kirchenallee 39, Tel. 040 24 87 13 (Kasse), www.schauspielhaus.de
Gegenüber vom überdachten Bahnhofsvorplatz erhebt sich an der Kirchenallee das **Deutsche Schauspielhaus:** »Man möchte es anbeißen und aufessen, so appetitlich ist es«, schrieb der Hamburger Schriftsteller Hubert Fichte. Er war obendrein Schauspieler und stand nach dem Zweiten Weltkrieg auf der Bühne des Schauspielhauses mit seinen »geschmackvollen Verzierungen an den Wänden. Kirschenrot und Erdbeerenrot. Haferflockentortenfarbener Plüsch.«

Im Jahr 1900 wurde das Deutsche Schauspielhaus, Deutschlands größtes Sprechtheater, mit Goethes »Iphigenie auf Tauris« eröffnet. Das Privattheater, gegründet von einer Gruppe reicher Hanseaten und entworfen von den Architekten Ferdinand Fellner und Hermann Helmer, wurde 1933 von den Nazis in ein Staatstheater verwandelt. Internationale Bedeutung erlangte es während der Intendanz von Gustaf Gründgens (1955–63) mit der legendären Inszenierung des »Faust«, in der er selbst den Mephisto spielte. Gründgens folgten etliche Intendanten – mit wechselndem Erfolg. Zu den prägenden gehörer Ivan Nagel (1972–79) und Peter Zadek, der in den 1980er-Jahren mit seinem provokanten, sozial engagierten Theater das Haus übernahm. Frank Baumbauer (1993–2000) reüssierte mit einem starken Akzent auf zeitgenössischem Theater. Nun versucht Intendant Friedrich Schirrmacher das Theaterpublikum glücklich zu machen. Das ›Junge Schauspielhaus‹ im kleineren Malersaal des Theaters spielt in jedem Fall in der ersten Liga.

Hotel Maritim 3

Direkt neben dem Schauspielhaus liegt das Reichshof Hotel Maritim mit prachtvollen Kristallleuchtern, kleinem Café und Bar. Es war bei seiner Eröffnung 1910 das größte Hotel Deutschlands.

St. Georgs Kirchhof

Auf der anderen Seite der Kreuzung Kirchenallee/Lange Reihe gelangt man ins kleinbürgerliche St. Georg. Handwerksbetriebe und einfache Häuser prägen das Straßenbild. Die legendäre Kneipe **Max & Consorten** 5 am Spadenteich 7 auf der rechten Seite des St. Georgs Kirchhof wurde 1896 als Destille gegründet. Neben der etwas abgerockten Kneipe haben sich inzwischen neue Cafés und Bistros etabliert, darunter das **Westwind** 1 mit seiner großen Zeitungsauswahl oder gegenüber am Kirchhof ein Hotel, eine Kunsthandwerkgalerie und ein italienisches Restaurant.

Der Blick auf ein umstrittenes Kunstwerk im offenen Raum eint auf diesem Platz alle Anlieger. Das 1986 von Horst Hellinger entworfene **Denkmal aus Schiffswrackblechen,** gedacht als mahnendes Symbol für das Schiffs- und Werftensterben, bietet immer wieder Zündstoff für Diskussionen. Das soll Kunst sein? Volksvertreter aller Parteien forderten die Kulturbehörde im-

mer wieder auf, es zu entfernen. Bislang vergeblich.

Die evangelische **Dreieinigkeitskirche** 4 aus dem 18. Jh. begrenzt den Platz am St. Georgs Kirchhof, dem historischen Dorfkern von St. Georg. Die Siedlung rund um das Siechenhaus für Aussätzige, das hier um 1200 von Graf Adolf III. von Schauenburg gegründet wurde, die St. Georgs-Kapelle, an der heute die Kirche steht, und das Armenhaus wurden 1679 als Vorort in die Hamburger Festung eingemeindet.

Auf der Spitze des Kirchturms strebt der heilige Drachentöter St. Georg in den Himmel, im Kirchhof ist ein moderner Georg des Bildhauers Gerhard Marcks aus dem Jahr 1958 zu sehen. Die Gemeinde ist seit Jahren in der Aidshilfe engagiert. Ein Kreuz aus Pflastersteinen des Berliner Künstlers Tom Fecht erinnert namentlich an Hamburger Aidsopfer. Angehörige und Freunde können einen Stein für ihre Verstorbenen erwerben und ihn am Weltaidstag in einer Zeremonie dem Kreuz hinzufügen.

St. Georg

Kattenhof 5

An dem roten Fachwerkhaus in der St. Georgstraße 5–7 sollte man nicht achtlos vorbeigehen. Hinter einer Holzpforte im Hinterhof verborgen befindet sich ein Wohnhof, auch ›das Dorf‹ genannt. Die Fachwerkbebauung mit Behelfswohnungen für Witwen nach Art der Hamburger Gängeviertel entstand 1842 nach dem großen Brand. Das Schild ›Privat‹ am Eingang soll verhindern, dass die örtliche Szene den Hof zum Drücken oder Dealen missbraucht. An der Ecke Rautenbergstraße/Holzdamm begegnet man dem anderen, vornehmeren St. Georg.

An der Alster

Der Holzdamm steht mit seinen vielen Biedermeier-Gebäuden fast zur Hälfte unter Denkmalschutz. An seinem unteren Ende präsentiert sich das Hauptquartier der Reichen und Schönen, das Hotel Atlantic (s. u.), ganz in Weiß, an der Außenalster. Hier blickt man auf die Kennedy-Brücke, die über die Alster führt. Quer über die Brücke verläuft der 10. Längengrad östlich von Greenwich. Er ist am Brückenbeginn deutlich mit einem Messingstreifen markiert.

Wegen der sechsspurigen Straße ist das Alsterufer nicht gerade eine Ruhezone. Dennoch ist es herrlich – von Bäumen geschützt – am Wasser in einem der Cafés zu verweilen und Segel- oder Ruderboote an sich vorbeiziehen zu lassen.

Hotel Atlantic 6

Das Hotel Atlantic liegt wie ein Stein gewordener Ozeandampfer am Ufer der Alster. Es wurde 1909 als Grandhotel für Passagiere von Überseedampfern erbaut. Der Prachtbau bietet Zimmer unterschiedlichster Art. Sensationell schön ist die James-Bond-Suite im

Lieblingsort

Kajüte 2

Im Sommer nach der Arbeit gibt es nichts Schöneres als ›unseren‹ Bootsanleger an der Außenalster. Er heißt Kajüte und ist ein schickimicki-freies Restaurant am Ostufer der Außenalster, vor dem Viertel St. Georg gegenüber dem Endstück der Lohmühlenstraße. Der Eingang liegt etwas versteckt hinter Büschen. An heiteren Tagen gibt es hier traumhafte Sonnenuntergänge mit einem grandiosen Panoramablick über die gesamte Breite des Westufers der Alster, von der Innenstadt bis zur Krugkoppelbrücke. Mehr Alster geht nicht. Man sitzt gemütlich draußen auf dem Bootssteg (bei Bedarf auch hinter halbhohem Windschutz aus Glas), gluckerndes Wasser unter sich. Blick auf die Stadt, Segelboote und Schwäne, dazu angenehme Gesellschaft und gute Küche – wunderbar.

Kajüte: An der Alster 10, Tel. 040 28 05 56 63, www.kajuete.de

Schauspieler Hans Albers stammt aus St. Georg

4. Stock direkt unter dem Wahrzeichen, den Kyriatiden mit dem nachts leuchtenden Globus. Hier wurden mit Pierre Brosnan 1997 spektakuläre Szenen für »Der Morgen stirbt nie« gedreht. Ein paar Jahre später residierte der russische Ex-Präsident Wladimir Putin in den Räumen und Luciano Pavarotti ließ sich für seinen Aufenthalt eine komplette Küche installieren. Auch Michael Jackson wohnte ebenso wie Madonna, Michail Gorbatschow und Gerhard Schröder in der Präsidentensuite. Zu seinem ständigen Wohnsitz hat sich der deutsche Sänger Udo Lindenberg das Hotel auserkoren.

Gurlitt- und Schmilinskystraße
Eine verkehrsreiche Straße führt an der Ostseite der Außenalster entlang, dennoch lohnt es sich, hier ein Stück zu laufen. Durch die **Gurlittstraße,** die mehrere denkmalgeschützte Gebäude säumen, gelangt man ins Zentrum von St. Georg. Gleiches gilt für die parallele Schmilinskystraße. Hier verblieb im Hinterhof von Nr. 6 der Schornstein einer **ehemaligen Brotfabrik 7** und eine Gedenktafel erinnert an Carl von Ossietzky, der hier zeitweilig wohnte. Der von den Nazis verfolgte kritische Publizist und Friedensnobelpreisträger hatte acht Jahre lang unter wechselnden Adressen im Viertel gewohnt. 1938 starb er an den Folgen der KZ-Haft in Berlin. Der Name eines Platzes in St. Georg, auf dem donnerstags ein Markt stattfindet, erinnert an ihn.

Koppel und Lange Reihe

Koppel 66 8
Lange Reihe 75, Tel. 040 43 27 09 34, www.koppel66.de, Läden Mo–Fr 10–18, Café tgl. 10–23 Uhr

Typisch für St. Georg sind die vielen Passagen, Terrassen und Hinterhöfe, die an vielen Stellen die Straße Koppel mit der Langen Reihe verbinden. Zum Haus des Kunsthandwerks Koppel 66 in einer ehemaligen Maschinenfabrik von 1924 gelangt man beispielsweise auch von der Langen Reihe 75 aus. Neben dem Kunstforum der Gemeinschaft der Künstlerinnnen und Kunstfreunde (GEDOK) hat sich die Kunsthandwerkerelite der Stadt mit einem Dutzend Ateliers, Werkstätten und Präsentationsräumen für Modedesign, Buchbinderei, maßgefertigte Schuhe, Malerei und Fotografie niedergelassen. Neben Ausstellungen und Veranstaltungen ist das vegetarische **Café Koppel** zu empfehlen. Frühjahrs- und Adventsmessen sind publikumswirksame Highlights der Koppel.

Fachwerkhaus Lange Reihe 61 `9`

Das älteste Fachwerkhaus Hamburgs steht in der Langen Reihe 61. Es wurde 1621 erbaut und beherbergt heute das Hamburger Nähmaschinenhaus, das Näh- und Strickkurse in historischem Ambiente anbietet. Bemerkenswert ist die florale Deckenmalerei, die 1987 zufällig entdeckt wurde.

Geburtshaus von Hans Albers `10`

Unauffällig ist der mehrgeschossige, eher unprätentiöse Altbau mit Bäckerei im Erdgeschoss in der Langen Reihe 71. Im ersten Stock wurde Hans Albers 1891 geboren. Der ›Blonde Hans‹, den die meisten für einen Seemann aus St. Pauli hielten, war ein waschechter Junge aus St. Georg. Sein Vater, im Viertel als »der schöne Wilhelm« bekannt, hatte für Hans eine andere Karriere vorgesehen: Er sollte die elterliche Großschlachterei übernehmen. Hans wusste, was besser für ihn sein würde, und nahm Schauspielunterricht. Recht hatte er!

Am Ende der Langen Reihe

Die 1890 eingeweihte, denkmalgeschützte **ehemalige Volksschule** `11` am oberen Ende der Langen Reihe ist von der Stadt samt Turnhalle verkauft worden. Unter dem Namen Saint George sind hier Neubauten mit Eigentums-

Unser Tipp

Durch die Lange Reihe bummeln

Hamburg, das Tor zur Welt, ist keine Einbahnstraße. Das spürt man besonders, wenn man die Lange Reihe entlanggeht. Im Sommer fühlt man sich wie im Süden, so bunt, vielfältig und kommunikativ ist die Atmosphäre. Das liegt an den Läden, die Gewürze, Chutneys und Kochbücher aus Indien, Räucherstäbchen, Sitzkissen und Schmuck aus dem Himalaya, einen guten Mittagstisch aus Kroatien, Griechenland oder Ungarn oder solide italienische Küche anbieten.

Aus dem nordöstlichen Teil der Langen Reihe ist der Schwulen-Kiez geworden. Mit dem Schwulen-Café **Gnosa** `2` fing Mitte der 1980er-Jahre alles an. Inzwischen ist die St. Georg Gay Community ein Anziehungspunkt für Homosexuelle aus aller Welt. Hier gibt es einen schwulen Buchladen, eine schwule Videothek, einen schwulen Wäscheladen sowie diverse Cafés und Nachtbars für Homosexuelle.

Unser Tipp

Das Literaturhaus 15
In rund 15 Minuten können Sie am Alsterufer entlang Richtung Norden zum Literaturhaus spazieren. Es residiert in einem 1868 für eine reiche Hamburger Kaufmannsfamilie gebauten Jugendstilhaus und ist das prächtigste Kaffeehaus Hamburgs. Der Festsaal mit Stuck und Deckenmalereien wurde in ein Restaurant und einen Veranstaltungsraum für Lesungen verwandelt. Bar und Café im Foyer halten neben deutschen auch internationale Tageszeitungen bereit. Im Erdgeschoss befindet sich die Buchhandlung Samtleben mit ausgesuchtem Sortiment. Im ersten Stock kann man im stilvollen Ambiente essen und von einer kleinen Terrasse den Blick auf die Alster genießen.
Literaturhaus: Schwanenwik 38, Tel. 040 220 13 00, www.literaturhaus-hamburg.de, Mo–Fr ab 9.30, Sa, So ab 10 Uhr

wohnungen für Besserverdienende und Edelrestaurants entstanden. Die Turnhalle wurde zum **Stadtteilzentrum Saint George** ausgebaut, ein ›Eventhaus‹ mit Ladenpassagen und Restaurants.

Neben einem Bürger- und Einwohnerverein hat sich in der Langen Reihe 111 ein Kulturverein formiert, der die Veredelung des Stadtteils kritisch unter die Lupe nimmt. Hier, am unteren Ende, hat man mit der **Turnhalle St. Georg** 3 bereits angesehene Nachbarn bekommen: No Sports! Speisen ist in der neudeutschen Trendküche mit Loungebereich und Bar angesagt.

Das 1823 gegründete **Allgemeine Krankenhaus St. Georg** 12 am Ende der Langen Reihe ist das älteste Hospital der Stadt. Zur Langen Reihe hin wurde hier 2001 der Lohmühlenpark angelegt.

Domkirche St. Marien 13
Wer zwischendurch ein wenig Ruhe sucht, sollte von der Langen Reihe rechts in die Danziger Straße einbiegen. An einem schön gestalteten Vorplatz erhebt sich der doppeltürmige neoromanische Dom St. Marien. Der erste katholische Kirchenbau nach der Reformation in Hamburg entstand 1890–93 aus Backstein nach dem Vorbild des Bremer Doms. Die Eisenskulptur von Karlheinz Oswald auf dem Platz stellt Ansgar, Hamburgs ersten Erzbischof, dar

Hansaplatz

Über die Rostocker Straße gelangt man allmählich in die aktuellen Problemzonen des Viertels. Auch wenn auf dem Brunnen des Hansaplatzes seit 1878 Hamburgs Stadtgöttin ›Hammonia‹ thront, war die einschlägige Klientel des Platzes schon für manchen ein Grund wegzuzuziehen.

Einst wohnten hier Zimmerleute. Nach der gründerzeitlichen Sanierung im 19. Jh. wurde der Platz wieder erneuert. Sozialer Wohnungsbau. Die Menschen, die sich hier nicht »Guten Tag«, sondern »Wie viel?« sagen, sind vor allem nachts deutlich in der Überzahl. Trotz rigider Anti-Drogenpolitik und massiver Polizeipräsenz gibt es noch immer genug ›Stoff‹ im Viertel. Kaum 250 m von der hübschen Langen Reihe entfernt steht man mitten im sozialen Brennpunkt St. Georgs, der in den 1990er-Jahren die höchste Polizistendichte Europas aufwies.

Museum für Kunst und Gewerbe **14**

Di–So 10–18, Do 10–21 Uhr, s. S. 55
Hoch lebe die Kunst und das Gewerbe! Welch ein Reichtum ist in diesem Museum versammelt: Angewandte Kunst und Plastik Europas vom Mittelalter bis zur Gegenwart, Kunst der Antike, des Nahen und Fernen Ostens, grafische und fotografische Sammlungen, Volkskunst-, Mode- und Textilsammlungen, Forum Fotografie und das Forum K/Design-Labor Spiegelsaal aus dem Budge-Palais. Besonders beeindruckend ist die Jugendstilsammlung. Und ein Erlebnis ist der japanische Teeraum, in dem man nach Voranmeldung an einer Teezeremonie teilnehmen kann.

Essen & Trinken

Für alle Lebenslagen – **Café Westwind** **1**: Spadenteich 1, Tel. 040 41 92 43 44, U-/S-Bahn Hauptbahnhof, Mo–Fr ab 10, Sa, So ab 9 Uhr bis open end, einige Hauptgerichte unter 10 €. Das Westwind am oberen Ende der Langen Reihe nennt sich zwar Café, bietet aber nicht nur eine leckere, frische Kuchenauswahl, sondern auch ein exzellentes Speisenangebot – vom Frühstück bis zum Nachtmahl. Hohe Räume, helle Fensterfront und harmonische Raumaufteilung laden zum Bleiben ein. Zeitungsleser dürfen sich über eine reiche

Auswahl freuen. Angenehme unprätentiöse Atmosphäre, in der man nicht mit Musik zugedröhnt wird.
Schickimickifrei – **Kajüte** **2**: s. S. 240.
Für Mädels und Jungs – **Turnhalle St. Georg** **3**: Lange Reihe 107, Tel. 040 28 00 84 80, Metrobus 6 AK St. Georg, Mo–So 9.30 Uhr bis open end, Pasta ab 15 €, Hauptgerichte ab 20 €. Die Räumlichkeit wurde einst als Mädchenturnhalle genutzt. Heute befindet sich in der Halle, in der als Erinnerung alte Turnringe und Kletterseile von der hohen Decke hängen, ein italienisch angehauchtes Restaurant. Die Einrichtung ist sehr geradlinig und modern, wirkt aber trotz der großen Halle durch den lässigen Loungebereich und die lange Bar beinahe gemütlich. Hier gibt's nicht nur die Möglichkeit, zum Frühstück, Mittag- und Abendessen zu schlemmen, sondern auch im Loungebereich einfach nur Cocktails zu schlürfen. Die leckeren, knusprigen Pizzen probieren!
Alt und gut – **Bodega Nagel** **4**: Kirchenallee 57, www.bodega-nagel.de, U-/S-Bahn Hauptbahnhof, tgl. ab 10 Uhr, ein Schnitzel kostet um die 10 €. Ein angemessener Abschluss einer Tour durchs Viertel, wenn man von der Ostseite kommt und es langsam Abend wird. Bierkneipe auf angenehm altmodische Art.
Wo schon die Urväter soffen – **Zur Alten Flöte** **5**: Koppel 6, Tel. 040 25 32 87 37, U-/S-Bahn Hauptbahnhof, Mo–Sa ab 18 Uhr, Hauptgerichte ab 10 €. Hamburgs älteste eingetragene Schank- und Speisewirtschaft. Eine Inschrift über dem Eingang nennt das Jahr 1661. Der hauseigenen Chronik zufolge wurde sogar bereits 1610 reichlich Bier ausgeschenkt. Solide, gutbürgerliche Küche.
Liebe auf den ersten Blick – **Casa di Roma** **6**: Lange Reihe 76, Tel. 040 280 30 43, www.casa-di-roma.de, U-/S-

St. Georg

Bahn Hauptbahnhof, tgl. 11.30–24 Uhr, Hauptgerichte ab 17 €. Beim Eintreten in den lang gestreckten Gastraum fühlt man sich sofort freundlich empfangen. Das liegt an der stilvollen Atmosphäre: den rotgoldenen Tönen, den bequemen Lederbänken und nicht zuletzt am aufmerksamen Personal, das bei Speisen- und Weinwahl kennt-

nisreich hilft. Auch die Küche hält, was das Ambiente verspricht.

Vorne und hinten gut – **Restaurant Cox 7**: Lange Reihe 68/Greifswalder Str. 43, Tel. 040 24 94 22, www.restaurant-cox.de, Metrobus 6 Gurlittstraße, Mo–Fr 12–15, Mo–So 19–23.30 Uhr, Hauptgerichte ab 16 €. Ein Lagerraum und eine historische Fischhandlung sind zu

Das Café Gnosa in der Langen Reihe

einem stilvoll eingerichteten Bar- und Bistroambiente auf mehreren Ebenen verschmolzen, ausgestattet mit roten Lederpolstern im Vorderhaus und im hinteren Teil mit hohen Decken und Terrazzoboden mit cremefarben gewischten Wänden. Gekocht wird jung, deutsch und weltoffen mit Anleihen rund ums Mittelmeer und in Fernost.

Feines Lammbeuscherl mit frittiertem Liebstöckel und kleinem Semmelknödel oder warmes Ferkelkopf-Carpaccio in Schnittlauch-Vinaigrette mit Apfel-Meerrettich-Sorbet und Eisbergsalat findet man nicht überall.

Variatio delectat – **Sgroi** 8: s. S. 30.

Oase – **Café Koppel:** Koppel 66 8, Tel. 040 24 92 35, www.cafe-koppel.de, Metrobus 6 Gurlittstraße, tgl. 10–23 Uhr, Hauptgerichte ab 7 €. Ein schöner Rückzugsort im trubeligen St. Georg. Hier kommen Vegetarier voll auf ihre Kosten und lauschen beim Essen Klassik und Jazz. Im Sommer sitzt man im Garten.

Einkaufen

Allerlei – **Lagerhaus** 1: Lange Reihe 27, Tel. 040 24 14 16, www.lagerhaus-hamburg.de, Metrobus 6 Gurlittstraße, Mo–Fr 10–20, Sa bis 19 Uhr. Shop-in-Shop-Konzept. Hübsches Ambiente mit allerlei Wohnutensilien, die das eigene Zuhause verschönern. Geschenkartikel für die besten Freunde oder den guten Nachbarn inklusive. Besonders empfehlenswert ist der Laden von Jutta Holling. Sie hat Geschmack, führt Markenware von drykorn bis personal affairs und ist darüber hinaus eine gute Beraterin. Sie können sich hier aber auch die Haare schneiden lassen oder erstmal einen Kaffee trinken.

Skurril mit Profil – **1000 Töpfe** 2: Lange Reihe 104–118, www.1000 toepfe.de, Metrobus 6 AK St. Georg, Mo–Fr 10–19, Sa 10–18 Uhr. Außen pfui, innen hui: Dieses Kaufhaus ist eine wahre Fundgrube. Hier findet man alles, was man schon lange gesucht und nie gefunden hat, oder man findet etwas, was man noch nie gesucht hat! Eine Mischung aus Elektrogeschäft, Porzellanladen und Inneneinrichtung unter einem Dach.

Kleine Heiligkeiten – **Geschenkbasar Everest** **3** : Lange Reihe 46, Tel. 040 48 24 67 24, www.everest-hh.de, Metrobus 6 Gurlittstraße, Mo–Sa 10–19 Uhr. Räucherstäbchenduft liegt in der Luft. Buddhafigürchen, Klangschüsseln und diverse andere rituelle Kostbarkeiten kann man in diesem heimeligen Laden finden. Neben tibetischem, nepalesischem und indischem Kunsthandwerk gibt es auch ein großes Angebot an Silberschmuck aus dem asiatischen Raum.

Es grünt – **Projekt.Raum.Objekt** **4** : Koppel 20, Tel. 040 28 00 79 93, www.projektraumobjekt.com, U-/S-Bahn: Hauptbahnhof, Mi–Fr 11–19, Sa bis 16 Uhr. Der herrliche Laden von Alexandra ist mehr als nur eine Gärtnerei. Die Floraldesignerin macht Bühnendekorationen für Veranstaltungen, Hochzeiten und Events wie beispielsweise den Besuch des Dalai Lama. Entsprechend vielfältig ist auch das Innenleben ihres Ladens: Hier findet man ungewöhnliche Pflanzen wie Bananen- oder Ananasblüten und exotisches Grün aus nah und fern.

Von der Seidenstraße – **Himalaya** **5** : Lange Reihe 55, Tel. 040 24 71 88, www.himalaya-shop.de, Metrobus 6 Gurlittstraße, Mo–Fr 10–19, Sa bis 18 Uhr. Damals als man noch lange Haare trug und VW-Bus fuhr, hat Alexander Frieborg das erste Mal Nepal angesteuert. Und kam zurück mit einem Bus voll Seide, Leinen und Schmuck. Seitdem ist sein Laden mit dem Sortiment vom ›Dach der Welt‹ eine gefragte Adresse bei Nachwuchs- und alten Hippies. Neben Samt und Seide stehen auch kleinere Möbel, Wohnaccessoires und Wellnessprodukte zur Mitnahme bereit.

Fernweh – **Mahtabi Indian Store** **6** : Lange Reihe 7, Tel. 040 24 69 69, U-/S-Bahn Hauptbahnhof, tgl. 10–19 Uhr. Chinesische Köstlichkeiten, Curry- und Reissorten, Gewürze und Musik – Asienfans kommen hier auf ihre Kosten.

Jugo-Nostalgie – **Balkan-Magazin** **7** : Lange Reihe 34, Tel. 040 24 35 63, U-/S-Bahn Hauptbahnhof, tgl. 10–19 Uhr. Jugoslawien wurde aufgelöst. Tito ist tot. Es lebe die Salami! Die Wurst schmeckt …

Räucherstäbchen – **Tibet** **8** : Lange Reihe 76, Tel. 040 28 05 00 26, Metrobus 6 Gurlittstraße, tgl. 10–19 Uhr. Beruhigender Tee, anregende Gewürze und kleine Buddhas lohnen einen Abstecher.

Auch vom Fass – **Weinkauf** **9** : Lange Reihe 73, Tel. 040 280 33 87, Metrobus 6 Gurlittstraße, tgl. 10–19 Uhr. Landweine, Sherry, Sekt – Weinkenner lieben diesen Laden.

Aktiv & Kreativ

Auf der Glatze Locken drehen – **a.haargenau** **1** : Lange Reihe 82a, Tel. 040 24 71 68, www.a-haargenau.de, Metrobus 6 Gurlittstraße, Do, Fr 9–18, Di, Mi, Do 9–20 Uhr, Sa nach Vereinbarung. Für Menschen mit ›Problemhaar‹ und auch für solche, die mit nur ganz wenig oder gar oben ohne durchs Leben gehen, ist a.haargenau exakt das Richtige. Aber auch Schauspieler und andere (Lebens-)Künstler, die etwas mehr aus sich machen wollen, sind hier richtig. Das Team um Gerhard Westermann besteht aus Maskenbildnern und Frisören, deren Kompetenz über das normale Friseurhandwerk hinausgeht.

Rauf aufs Rad – **Fahrradladen St. Georg** **2** : Schmilinskystr. 6, Tel. 040 24 39 08, Metrobus 6 Gurlittstraße, Mo–Fr 10–19, Sa 10–13 Uhr. Nur wenige Meter von der Außenalster entfernt gibt es das Rundum-Paket für Fahrradfreunde mit angeschlossener Repara-

Unser Tipp

Schwimmen und Fitness bei jedem Wetter!

Die architektonisch interessante Alsterschwimmhalle am nordöstlichen Ende von St. Georg ist das größte Schwimmbad der Stadt. Die Hamburger nennen den 1973 eingeweihten Bau wegen seiner eigenwilligen Form gern auch ›Schwimmoper‹. Das Bad verfügt über ein 50-Meter-Becken, einen 10-Meter-Sprungturm und eine Tribüne. Hier werden auch große Schwimmwettkämpfe ausgetragen. Kinder haben eine Bade-Spiellandschaft für sich und die Erwachsenen entspannen im Whirlpool. Ein großes beheiztes Außenbecken, das moderne Easy-Fit Studio und eine geräumige Sauna sind ebenfalls vorhanden. Schwimmkurse, Tauchlehrgänge, Aquatics, Rheumagymnastik und Aqua-Jogging werden angeboten. Ein Bistro kümmert sich um den Hunger danach. Im Sommer wird es in nicht allzu ferner Zeit eine attraktive Alternative geben: Der Senat plant ein Freischwimmbad an der Außenalster in St. Georg.

Alsterschwimmhalle 🟦: Ifflandstr. 21, Tel. 040 18 88 90, www.baederland.de, U 1 Lohmühlenstraße; U2, U 3, S 1 Berliner Tor, Mo–Fr 6.30–23, Sa, So 8–23 Uhr, Eintritt 4,25–7,50 €, mit Easy-Fit 6,25–8,50 €, Kinder 2,10–3,75 €, Familienermäßigung.

---

turwerkstatt. Das Radangebot reicht von gutem Standard bis lustvoll luxuriös. Man kann hier aber auch ein entsprechendes Gefährt ausleihen und zum Beispiel einmal rund um die Außenalster radeln.

Abends & Nachts

Hot hot hot – **G-Bar** 🟦: s. S. 43.

Guck mal, wer da kommt – **Café Gnosa** 🟦: s. S. 43.

Klassisch homosexuell – **GayHouse/ P.I.T.&Male** 🟦: s. S. 43.

Cooles Nightlife – **Bar Hamburg** 🟦: Rautenbergstr. 6–8, Tel. 040 28 05 48 80, U-/S-Bahn: Hauptbahnhof, So–Mi 19–2, Do–Sa 19–3 Uhr. Eine der zahlreichen Hamburger Brücken verbindet in der raffiniert gestalteten Bar die verschiedenen Ebenen des Lokals. In der ›Bel Etage‹ wählt man aus dem reichen Angebot an exzellenten Cocktails, im Untergeschoss aus der verlockenden Sushi-Palette. Hier trifft sich die coole, stilbewusste Jugend.

Jedermannkneipe – **Max & Consorten** 🟦: Spadenteich 7, Tel. 040 24 56 17, U-/S-Bahn: Hauptbahnhof, Do–So 10 Uhr bis open end, Hauptgerichte 5–10 €. Günstig gelegen, lockere Atmosphäre. Kein Gourmet-Laden! Eher trinken in lockerer Runde.

Kabarett in St. Georg – **Polittbüro** 🟦: s. S. 50. Auf dem Steindamm hat sich mit dem Polittbüro ein kleines, sehr engagiertes Theater etabliert. Mit seinem doppeldeutigen Namen weist es nicht nur auf die Inhaberin Lisa Politt hin, sondern auch auf die lokalen politischen Verhältnisse. Themen wie Asyl- oder Integrationspolitik haben in St. Georg mit seinem hohen Ausländeranteil eine besondere Bedeutung.

Altona und Ottensen

Kultur & Sehenswertes

Kulturzentrum Fabrik: Das Kultur- und Kommunikationszentrum veranstaltet seit den 1970er-Jahren Jazz- und Rock-Livekonzerte und hat die Atmosphäre jener Jahre bewahrt. **5** S. 254

Altonaer Museum: Neben Bauernkate und Trachtensaal gibt es auch Galionsfiguren, Gemälde und Schiffsmodelle zu sehen. **15** S. 258

Aktiv & Kreativ

Eine schöne Radroute führt am Elbufer entlang bis Övelgönne, Blankenese und noch weiter.

Genießen & Atmosphäre

Ökomarkt auf dem Spritzenplatz: In der ursprünglichen Atmosphäre im Herzen von Ottensen bieten Bauern aus dem Umland ihre Produkte an. **2** S. 253

Eintauchen in das Ottenser Lebensgefühl: Im Umfeld der ehemaligen Fabrikhallen hat sich eine alternativ angehauchte Kulturszene angesiedelt. Sie prägt neben den vielen türkischen Läden die Atmosphäre. S. 254–256

Il Vagabondo: Hier genießt man italienische Küche vom Feinsten! Umfangreiche Abendkarte – die Wahl fällt schwer. **9** S. 264

Abends & Nachts

La Douche: Sehr angesagter Treffpunkt für die Szene bei Latte-Macchiato und Cocktail. Drinnen unterwassermäßig, draußen Strandkorb. **1** S. 254

Das Dorf in der Metropole

Ottensen ist ein pulsierender Stadtteil, der sich weltoffen und gemütlich, aber auch großbürgerlich und proletarisch zeigt. Die immer gegenwärtigen Gegensätze reichen von stattlichen Villen an der Elbchaussee bis hin zu kleinen türkischen Gemüseläden, Coffeeshops und zahlreichen Restaurants.

Ottensen ist der schönere Teil von Altona. Doch lange verband man mit ihm alle ›A's‹, die weiter westlich verpönt waren: Arbeitslose, Alternative, Ausländer und Arbeiter. Heute ist es schick, in Ottensen zu wohnen; steigende Mieten und Immobilienpreise zeigen das. Typisch ist die Bebauung mit Gründerzeithäusern, Gewerbehöfen und mittlerweile häufig zu Lofts umgebauten Fabriken. Ottensen kann seinen Ursprung als Dorf nicht verbergen. Die engen, krummen Straßen bereiten Autofahrern Kopfzerbrechen. Die 1310 erstmals erwähnte Siedlung befand sich zusammen mit Altona zweihundert Jahre unter dänischer Herrschaft. 1889 wurde Ottensen Altona zugeschlagen, und erst seit 1937 gehört es zu Hamburg.

Der Stadtteil wird oft ›Mottenburg‹ genannt, denn bis in die 1960er-Jahre konnte man hier die ›Motten‹, gemeint ist Tuberkulose, kriegen. Seit Mitte des 19. Jh. war Ottensen ein eng bebauter Industriestandort. Vielen Wohnungen fehlte bis weit in die 1960er-Jahre jeglicher sanitärer Komfort: Toiletten gab es nur im Treppenhaus, Badezimmer Fehlanzeige. Die Ottenser waren vor allem in der Maschinenbau-, Glas-, Tabak- und Fischindustrie beschäftigt. Heute zeugen nur noch die alten Fabrikgebäude von der industriellen Vergangenheit. Sie wurden durch Umnutzung in Bürgerzentren, Lofts, Ateliers oder Büros größtenteils erhalten.

In das Zentrum von Ottensen

Altonaer Bahnhof [1]

Der Bahnhof ist mit tgl. rund 100 000 Reisenden ein wichtiger Knotenpunkt der Bundesbahnen – die meisten Fernzüge enden hier – und der S-Bahnen sowie auch ein wichtiger Busbahnhof. 1895 errichtete man hier ein Backsteingebäude im neoromanischen Gründerzeitstil. Es prägte Altona viele Jahrzehnte, bis Anfang der 1970er-Jahre die Abrissbirne kam und aus dem geschäftigen Kopfbahnhof ein Kaufhaus mit Gleisanschluss machte.

Ottenser Hauptstraße

Vom Bahnhof führt die Ottenser Hauptstraße als Fußgängerzone direkt

Die alten Zeisehallen beherbergen heute ein Kino, Läden und das Restaurant Eisenstein

in das Zentrum von Ottensen. Vorbei am 1911 fertiggestellten Bismarckbad an der rechten Seite kommt man zum **Einkaufszentrum Mercado** **2** . Als die Bagger 1994 mit dem Bau beginnen wollten, protestierten orthodoxe Juden gegen die Störung der Totenruhe. Denn seit 1666 hatte sich an dieser Stelle ein jüdischer Friedhof befunden, den die Nazis in den 1930er-Jahren zerstört hatten. Zuletzt verzichteten die Investoren auf eine Tiefgarage und errichteten im untersten Stockwerk des Mercado eine Gedenktafel zur Geschichte des Friedhofs mit den Namen der auf ihm bestatteten Menschen. Im Einkaufszentrum haben die Altonaer nun Supermärkte, Modeshops, eine Buchhandung, Blumen- und Gemüseläden sowie Imbissstände unter einem Dach.

Spritzenplatz

Im ›Herzen‹ von Ottensen kreuzen sich Ottenser Hauptstraße und Bahrenfelder Straße. Die Fußgängerzone endet an dieser Stelle. Hier am Spritzenplatz findet viermal wöchentlich ein Markt, mittwochs und samstags ein **Ökomarkt** **2** statt. Man sitzt draußen in Cafés und Restaurants, Punks hängen mit ihren Hunden 'um, und vor den Wahlen stellen die Parteien ihre Infostände am ›Ottenser Kreuz‹ – wie der Spritzenplatz auch genannt wird – auf. Vom Platz geht es weiter die Ottenser Hauptstraße hinunter. Hier wechseln sich Läden, Restaurants und Cafés ab.

Zeisehallen **3**

Nach rechts führt die Bahrenfelder Straße zur Friedensallee, bei gutem Wetter und an schönen Abenden eine

belebte Gegend mit vielen Kneipen und Bistros. In der Friedensallee zeugen die alten Hallen der ehemaligen Schiffsschraubenfabrik Zeise von fast 150 Jahren Industriegeschichte. Unter dem Dach der Zeisehallen sind ein Kino, ein Filmbüro, das Institut für Film-, Theater- und Musiktheaterregie, Läden und Restaurants – darunter das empfehlenswerte **Eisenstein** **2** und die **Filmhauskneipe** **5** vereint. Gegenüber liegt das **Theater Monsun** **4**, ein kleines Hinterhoftheater, das auch Kurse anbietet.

Kulturzentrum Fabrik **5**

Es ist nicht weit bis zur nächsten ›Fabrik‹. Der Kran von Menck und Hambrock, der ehemals größten Maschinenfabrik Ottensens, ist auf dem Dach des Kulturzentrums Fabrik an der Ecke Barnerstraße nicht zu übersehen. Seit Beginn der 1970er-Jahre wurde die Fabrik zu einer festen Institution im Hamburger Kulturleben und zu einem Treffpunkt der Rock-, Jazz- und Politszene. 1977 brannte das Gebäude ab, es wurde jedoch originalgetreu wieder aufgebaut.

Auf der Bühne in der alten Werkshalle standen schon viele international bekannte Jazzer sowie andere Musiker und Bands. Livemusik in fast intimer Atmosphäre ist eine Spezialität der Fabrik.

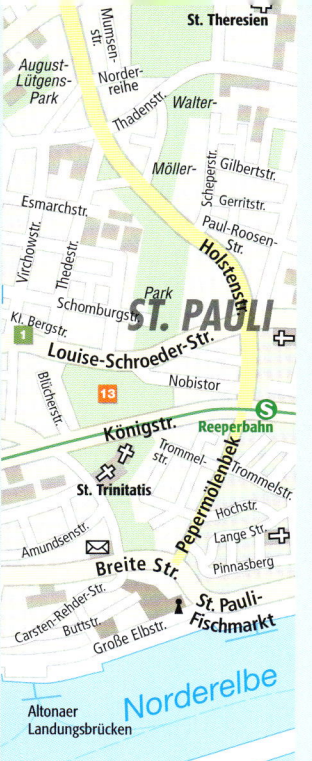

Altona und Ottensen

Sehenswert

1 Bahnhof Altona
2 Einkaufszentrum Mercado
3 Zeisehallen
4 Theater Monsun
5 Kulturzentrum Fabrik
6 Werkstatt 3
7 Werkhof
8 Stadtteilarchiv Ottensen
9 Stadtteilzentrum Motte
10 Ottenser ›Nase‹
11 Sahlhäuser Am Felde
12 Große Bergstraße
13 Jüdischer Friedhof
14 Stuhlmannbrunnen
15 Altonaer Museum
16 Altonaer Theater
17 Altonaer Rathaus
18 Altonaer Balkon
19 Christianskirche und Klopstocks Grab
20 Galerie Elbchaussee

Essen & Trinken

1 Marilu
2 Eisenstein
3 Café Alte Welt
4 Eisliebe
5 Filmhauskneipe
6 König & König
7 Pastelleria Faro
8 Schweizweit
9 Il Vagabondo
10 Zur Traube

Einkaufen

1 Claus Kröger
2 Ökomarkt auf dem Spritzenplatz
3 Druckwerkstatt
4 Vergissmeinnicht

Abends & Nachts

1 La Douche
2 Raum 43
3 Reh

Zwischen Barnerstraße und Großer Rainstraße

Nernstweg, Zeißstraße, Abbestraße und Hohenesch – dieses Gassengeflecht ist durch traditionelle Wohnstraßen, Kleingewerbe und einige typische Sahlhäuser aus der Mitte des 19. Jh. geprägt. Den Bautypus der Sahlhäuser erkennt man an den drei Eingängen, wobei zwei Türen in die unteren Wohnungen führten und die dritte über eine Treppe zu den oberen Wohnungen.

Diese Gegend hieß früher ›Kleinheringsdorf‹ wegen ihrer zahlreichen Fischräuchereien und Fischindustriebetriebe. Um 1913 waren in Altona und Ottensen an die hundert Fischkonservenfabriken ansässig. Bis 1945 kamen 40 % aller in Deutschland hergestellten Fischkonserven aus Altona und Ottensen.

Am Ende des Nernstwegs befand sich die ehemalige Dralle Haarwasserfabrik. Nun hat hier die alternativ angehauchte **Werkstatt 3** 6, ein Zentrum für Dritte-Welt-Arbeit, ihren Dienst aufgenommen (Nr. 32–34, www. werkstatt3.de). Der nahe **Werkhof** 7 (Nr. 19) ist eine alternative Handwerker- und Bildungswerkstatt. Engagierte Einrichtungen wie Werkstatt und Werkhof finden sich gleich eine ganze Reihe in Ottensen.

Eine junge, leicht alternativ angehauchte Szene prägt Ottensen ...

In der Zeißstraße Nr. 28 bietet das **Stadtteilarchiv Ottensen** 8 u. a. spezielle geführte Rundgänge (Di, Mi 9.30–13, 14–16.30, Do 14–19 Uhr, www.stadtteilarchiv-ottensen.de). Das Archiv übernahm die Räumlichkeiten der ehemaligen Drahtstiftefabrik Feldtmann, die im Jahr 1985 ihren Betrieb einstellte.

Mit wenigen Schritten gelangt man von hier wieder zum Spritzenplatz oder zum Bahnhof Altona.

Südlich des Spritzenplatzes

Auch zur anderen Seite lohnt sich ein Bummel durch die von kleinen Geschäften, Cafés und Restaurants gesäumten Gassen rund um den Spritzenplatz. Die Bahrenfelder Straße führt zum **Stadtteilzentrum Motte** 9 in der Eulenstraße 43 (Tel. 040 399 26 20). Die 1885 für einen Zuckerwarenfabrikanten erbaute Fabrik ist eines der gelungenen Beispiele für Umwandlungen von Fabriken. In der Motte finden Ver-

Grundstücken sind keine Seltenheit in Ottensen. In der kleinen Straße **Am Felde,** eine Verbindungsgasse zwischen Lobuschstraße und Ottenser Hauptstraße, sind noch dreitürige **Sahlhäuser** 11 erhalten. Buden und Sähle nannte man die Wohnungen der kleinen Leute, die hier um 1850 für Arbeiter und Handwerker entstanden.

Auf der Großen Bergstraße nach St. Pauli

Eine Meile im Umbruch

Vom Bahnhof Altona sollte man unbedingt einen Abstecher in die Richtung St. Pauli führende **Große Bergstraße** 12 unternehmen. Die Fußgängerzone mit ihren hässlichen Gebäuden, Bausünden der 1960er-Jahre, befindet sich im Umbruch. Künstler nutzten das leerstehende Karstadt-Gebäude, doch inzwischen sieht es so aus, dass nach dieser Zwischennutzung durch Künstler und Clubs die erste City Filiale von IKEA 2012 hier ihre Pforten öffnen wird. Ein Stück weiter beachte man links den speziellen Tee- und Kaffeeladen von **Claus Kröger** 1 .

Jüdischer Friedhof 13

Okt.–März Di, Do, So 14–17, April–Sept. Di, Do 15–18, So 14–17 Uhr
Kurz nach dem Einmünden der Großen Bergstraße in die Louise-Schröder-Straße befindet sich rechts mit dem im 17. Jh. angelegten Jüdischen Friedhof das vielleicht älteste Kulturdenkmal Altonas. Sephardische und aschkenasische Gräber liegen hier direkt nebeneinander. Der seit 1960 unter Denkmalschutz stehende Friedhof ist seit 2007 wieder der Öffentlichkeit zugänglich.

anstaltungen und Kurse statt, es gibt ein Restaurant und – interessant für Kinder – einen Hühnerhof.

Ottenser Nasen und Sähle

Nach links zweigt hier die Klausstraße ab, die in die Lobuschstraße einmündet. Auf dem dreiecksförmigen Eckgrundstück steht ein hübsch verziertes, spitz zulaufendes Mietshaus, das **Ottenser Nase** 10 genannt wird. Solche Eckhäuser auf tortenähnlichen

Fortuna schiebt das Schiff Altona durch die Wellen – Giebel am Rathaus Altona

Rund um das Rathaus Altona

An der Südseite des Bahnhofs Altona liegt der Paul-Nevermann-Platz mit dem im Jahr 1900 eingeweihten **Stuhlmannbrunnen** 14. Er zeigt eine Skulpturengruppe zweier gewaltiger Kentauren im Kampf um einen im Netz zappelnden Fisch – ein Symbol des jahrhundertelangen Streits zwischen den Häfen Hamburg und Altona. Dahinter dehnt sich eine kleine Grünanlage bis zum Rathaus Altona aus.

Altonaer Museum 15

www.altonaermuseum.de,
Di–So 10–17 Uhr, 6 €
An der rechten Seite der Anlagen liegt das Altonaer Museum. Es wurde im Stil der nordischen Renaissance am Ende des 19. Jh. errichtet. Der maritime Teil des Museums zeigt Schiffsmodelle, nautische Instrumente und einen reichen Schatz an Galionsfiguren. Außerdem gibt es Landschaftsgemälde und Exponate zur Geschichte Altonas zu sehen. Eine rekonstruierte Bauernkate von 1745 hat man zum Café umfunktioniert.

Gleich hinter dem Museum befindet sich das **Altonaer Theater** 16. Direkt gegenüber vom Rathaus fällt an der Museumsstraße der schwarze Steinquader des 1989 errichteten **Holocaust-Mahnmals** mit der Inschrift »Dedicated to the missing Jews« auf. Es stammt vom amerikanischen Künstler Sol LeWitt. Die jüdische Gemeinde Altonas war die älteste im Hamburger Raum. Ihre Geschichte reicht zurück bis ins 17. Jh.

Rathaus Altona [17]

Aus dem 1844 fertiggestellten Kopfbahnhof der Linie Kiel–Altona wurde fünfzig Jahre später das Rathaus, als man den neuen Bahnhof weiter entfernt von der Elbe errichtete. Die Nordfassade und die beiden Seitenflügel baute man im Neorenaissancestil um. Im Dreiecksgiebel über den Säulen am Eingangsportal schufen die Bildhauer Ernst Barlach und Karl Garbers Fortuna, die steinerne Glücksgöttin, die das ›Schiff Altona‹ durch die Wellen schiebt. Vor dem Eingang wurde 1898 feierlich ein Reiterdenkmal für Kaiser Wilhelm I. enthüllt. Der Bronzekaiser ist von Heldenfiguren des siegreichen Preußen und symbolischen Darstellungen von Handel und Industrie umgeben. Heute beherbergt das Rathaus das Bezirksamt Altona, dessen Standesamt bei Hamburger Hochzeitspaaren besonders beliebt ist: Vor dem fotogenen Gebäude wird oft ein Schluck Champagner mit Blick auf die Elbe getrunken. Schon der Dichter Stendhal schwärmte von der »Elbe bei Altona« und meinte genau diesen erhabenen Ausblick auf den Fluss.

Palmaille

Hinter dem Rathaus führt die Palmaille Richtung Fischmarkt und St.-Pauli-Landungsbrücken. Die stark befahrene Allee mit Schatten spendenden Lindenbäumen im Mittelstreifen hat ihren Namen dem ›Pall a maglio‹ zu verdanken, einem Spiel mit Kugel und Hammer aus dem 17. Jh. Darüber kann man am Eckhaus Palmaille/Max-Brauer-Allee nachlesen. Zu Beginn des 19. Jh. wurde die Palmaille durch den dänischen Architekten Christian Frederik Hansen mit klassizistischen Häusern im Stil des italienischen Baumeisters Palladio bebaut. Kaufleute, Adlige und königliche Beamte des dänischen Hofes zogen hier ein. Einige Häuser wur-

den im Zweiten Weltkrieg zerstört, aber die Nummern 116–120 bilden nach wie vor ein geschlossenes architektonisches Ensemble. Unterhalb der Palmaille liegt der nach dem Zweiten Weltkrieg angelegte **Altonaer Balkon** [18] (s. Lieblingsort S. 260).

Christianskirche [19] und Klopstocks Grab

Ottenser Marktplatz 6, Tel. 040 398 61 70, www.kirche-ottensen.de

Die 1735 erbaute Christianskirche wurde nach dem dänischen König Christian IV. benannt. Der Friedhof ist mit seinem angrenzenden idyllischen Park seit 1929 geschlossen. Hier liegt der Dichter Friedrich Gottlieb Klopstock begraben.

»Die Ufergegenden der Elbe sind wunderlieblich. Besonders hinter Altona, bei Rainville. Unfern liegt Klopstock begraben. Ich kenne keine Gegend, wo ein toter Dichter so gut begraben liegen kann, wie dort. Als lebendiger Dichter dort zu leben, ist schon weit schwerer«, schrieb Heinrich

Unser Tipp

Galerie Elbchaussee [20]

Seit dem Jahr 2000 stellt Wolf Maack seine Künstler gegenüber der Christianskirche im alten dänischen Zollhaus aus. Zu den Vernissagen trifft sich ›tout le monde de West‹. Maack zeigt Realismus in Bild und Skulptur, zum Beispiel Harald Duwe, aber auch die Holzfiguren von Georg Schulz. Ein Ort, der sich für Kunstliebhaber lohnt! Klopstockstr. 29, Tel. 040 39 90 62 80, www.galerie-elbchaussee.de, Mi–Fr 17–21, Sa 14–18 Uhr

Lieblingsort

Altonaer Balkon 18

Tief unter sich blickt der Besucher auf die Elbe mit dem Dockland-Parallelogramm, das wie ein gläserner Luxusliner rund 40 m über das Wasser des Hamburger Fischereihafens ragt. Die Konstruktion des renommierten Architektenbüros Bothe Richter Teherani scheint über der Elbe zu schweben (s. S. 175). Dahinter liegt ein Wald von Kränen, am Horizont sieht man die Köhlbrandbrücke, und gelegentlich fährt ein Riesenschiff in den Hafen. Auf dem ›Balkon‹ flaniert man in den Grünanlagen oder schaut von Bänken dem Treiben auf der Elbe zu. Kinder können sich auf einem Riesenspielplatz austoben. Im Rücken des Aussichtspunkts liegt das weiße Rathaus, einst ein prachtvoller Bahnhof.

Heine 1834 nach einem Besuch an Klopstocks Grab auf der Südseite der Christianskirche. 31 Jahre zuvor hatte die Beerdigung Klopstocks alles bisher in Hamburg Dagewesene übertroffen: 25000 Menschen begleiteten den Leichnam unter dem Geläut aller Hamburger Hauptkirchen zur Christianskirche, darunter alle Hamburger Ratsherren und das diplomatische Corps. 33 Jahre hatte der Dichter in Hamburg gelebt und sich das Grab »unter Bäumen weiter die Elbe hinauf« gewünscht, wo er nun gemeinsam mit seinen beiden Ehefrauen die letzte Ruhe fand. Der 1724 geborene Friedrich Gottlieb Klopstock war vor allem durch seinen »Messias« berühmt geworden, in dem er in 20 Gesängen die Leidensgeschichte Christi erzählt.

Kirche und Friedhof markieren auch den Beginn der Elbchaussee, Hamburgs nobelster und teuerster Wohnstraße.

Essen & Trinken

Frisch italienisch – **Marilu** **1**: Bahrenfelder Str. 67, Tel. 040 88 17 54 75, www.ristorante-marilu.de, S-Bahn Altona, Di–So 11.30–22.30 Uhr. Mittags gibt es (wöchentlich wechselnd) ein 2-Gänge-Menü für 9,90 €. Noch ein wenig unentdeckt kommt hier beste italienische Küche auf den Tisch, egal ob Pizza, Pasta, Fisch oder Fleisch. Alles ist frisch zubereitet.

Pizza für die Szene – **Eisenstein** **2**: Ottensen, Friedensallee 9, Tel. 040 390 46 06, www.restaurant-eisenstein.de, S-Bahn Altona, Mo–Sa 11–23, So ab 10 Uhr Frühstücksbuffet, Hauptgerichte ab 8 €, 3-Gänge-Menü 26,50 €. Speisen mit Industriecharme in den Zeisehallen. Die Pizza ist legendär, aber die Küche schafft noch mehr, zum Beispiel gefüllte Wachteln oder Zander. Vielfältiges Dessertangebot.

Verwunschen – **Café Alte Welt** **3**: Palmaille 41 (im Park), Tel. 040 41 09 41 76, S-Bahn Königstraße, April–Okt. tgl. ab 14 Uhr (bei Regen geschlossen). Zwischen Altonaer Balkon und Rathaus liegt in einer kleinen Senke im Park die Alte Welt, eine Mischung aus Biergarten und Café unter hohen Bäumen. Hier bedient man sich selbst, genießt die Parkruhe, das kühle Pils oder den guten Milchkaffee.

Kalt – **Eisliebe** **4**: Bei der Reitbahn 2, S-Bahn Altona, tgl. 12–21 Uhr. Manchmal ist die Schlange vor dem Eisladen so lang, dass sie bis zur Ottenser Hauptstraße reicht. Qualität statt Quantität: Die wenigen Geschmacksrichtungen haben es in sich!

Cineastisch – **Filmhauskneipe** : Ottensen, Friedensallee 7, S-Bahn Altona, Tel. 040 39 90 80 25, www.filmhaus kneipe.de, tgl. 12–1, Küche bis 23 Uhr, Vorspeisen ab 4,60 €, Hauptgerichte ab 6,80 €. Saisonale Speisen mit frischen Produkten werden an den großen Tischen in der ehemaligen Schiffsschraubenfabrik serviert, im Sommer auch auf der lauschigen Terrasse im Hof zum Kino Zeise (s. S. 45).

Klein, aber fein – **König & König** 6: Ottenser Hauptstr. 28, Tel. 040 41 35 88 77, www.kkwd.de, S-Bahn Altona, Mo–Fr 8–18, Sa 10–16 Uhr. Hier schmeckt nicht nur der Caffè Latte ausgezeichnet, auch die kleinen Brötchen und die Muffins sind vom Allerfeins-

ten. Darüber hinaus gibt es eine große Weinauswahl für den Abend zum Mitnehmen!

Süß und milchig – **Pastelleria Faro** 7: Mottenburger Twiete 14, Tel. 040 28 66 97 18, S-Bahn Altona, tgl. 8.30–19.30 Uhr. Statt Latte gibt es hier Galão (ein portugiesisches Heißgetränk aus Milch und Espresso), belegte Croissants, Toast oder süße Kalorienbomben. Am besten sitzt man zur Frühstückszeit draußen bei Sonnenschein, denn trotz der engen Ottenser Gassen kommt die Sonne hier morgens hin!

Nostalgisch – **Schweizweit** 8: Große Rainstr. 20, Tel. 040 39 90 70 00, www. schweizweit.de, S-Bahn Altona, Di–Sa 10–20 Uhr, Hauptgerichte ab 6 €. Im

Im Sommer ist die Terrasse der Filmhauskneipe beliebt

vorderen Teil werden Schweizer Spezialitäten verkauft: Schokolade, Rivella und rare Sorten kleiner Käsereien. Im Nebenraum für etwa 20 Gäste werden Risotto mit Maronenpilzen, Hörnli und Schmetterlingsnuedli mit Safranfenchel und Kirschtomaten serviert. Einfach und gut!

Ein Traum – **Il Vagabondo** **9**: Bahrenfelder Str. 242, Tel. 040 390 35 98, www.ilvagabondo.de, S-Bahn Altona, Di–Fr 12–15, 18–24, Sa 15–24, So 12–24 Uhr, Mittagstisch zwischen 6 und 9 €. Abends hat man ohne Vorbestellung keine Chance, denn das turbulente Restaurant ist immer voll. Auf einer Schiefertafel präsentiert Besitzer Ricardo die umfangreiche Abendkarte. Die Wahl fällt schwer, denn alles ist extrem gut. Babycalamaris mit Artischocken – ein Traum!

Nicht nur Wein – **Zur Traube** **10**: Karl-Theodor-Str. 4, S-Bahn Altona, Tel. 040 39 90 82 36, www.zur-traube-ham burg.de, tgl. 18–1 Uhr, Hauptgerichte um 15 €. Seit 1884 Weinhandlung, dann ab 1925 Weinlokal. Die historische Einrichtung ist im unteren Stockwerk erhalten geblieben. Zum Weintrinken sitzt man in holzvertäfelten Sitznischen. Die Karte bietet leckere kleine und große Gerichte – alles von bester Qualität.

Einkaufen

Buntes Vielerlei – **Claus Kröger** **1**: Große Bergstr. 241, www.claus-kroe ger.de, S-Bahn Altona, Mo–Fr 9–18, Sa 9–15 Uhr. Wenn man erst mal in dem Laden steht, will man aus der Tee- und Kaffeewelt von Klaus Kröger gar nicht wieder raus, so viel gibt es zu gucken: handgemachte Pralinen, diverse Schokoladensorten, Tee und Kaffee vom Feinsten und dazwischen allerlei Schönes zum Verschenken: Tassen, Dös-

chen, Teekannen, Gläser und vieles mehr.

Alles bio – **Öko-Wochenmarkt in Ottensen** **2**: Spritzenplatz, www.oeko-wochenmarkt.de, S-Bahn Altona, Mi 15–18.30, Sa 9.30–14 Uhr. Ob Fleisch oder Fisch, Gemüse oder Käse – hier ist alles von bester Qualität und Frische. Angeboten von Landwirten aus der Region.

Viel Papier – **Druckwerkstatt** **3**: Ottenser Hauptstr. 44, www.druckwerk statt-ottensen.de, S-Bahn Altona, Mo–Fr 10–19, Sa 10–16 Uhr. Wunderschönes Papiersortiment und andere Accessoires rund um das Schreiben. Auch Visitenkarten und Briefpapier kann man hier drucken lassen. Schon allein der Blick in das Schaufenster bereitet Vergnügen!

Versteckt – **Vergissmeinnicht** **4**: Ottenser Hauptstr. 44, www.vergissmein nicht-hamburg.de, S-Bahn Altona, Mo–Fr 10–18, Sa 11–16 Uhr. Im Hinterhof werden Baby- und Kindersachen in ganz besonderer Auswahl von kleinen Manufakturen angeboten. Dazu ausgewähltes Spielzeug, schöne Taschen, Oblaten und Bücher.

Abends & Nachts

Duschbar – **La Douche** **1**: Bahrenfelder Str. 168, S-Bahn Altona, tgl. ab 13 Uhr bis zum letzten Gast. Ein lang gezogener, enger Raum mit Duschen an der Wand. Das Ambiente ist sehr unterwassermäßig. Wem das denn doch zu viel ist, der sitzt besser im Strandkorb vor der Tür. Entspannte Musik, gute Drinks, Treff für die 20- bis 30-jährigen Latte-Macchiato- und Cocktail-Trinker.

Retro-Chic – **Raum 43** **2**: Ottenser Hauptstr. 43, S-Bahn Altona, Mo–So ab 12 Uhr. Große, im Sommer zur Straße hin offene Fensterfront. Die Szene will schließlich sehen, was abgeht auf der Straße. Innen ausgesuchter Retro-Chic der 1970er und ein stets sehr verlockend leuchtender Tresen. Kaffee, selbstgemachter Kuchen und Cocktails für die späteren Stunden.

Wie im Wald – **Reh** 3: Ottenser Hauptstr. 52, www.rehbar.de, S-Bahn Altona, Mo–Fr ab 10, Sa, So ab 11 Uhr bis *open end*. Braun und grün, man fühlt sich wie im Wald. Aber nicht altbacken rustikal, sondern ziemlich schick. Rehe oder Hirsche gibt's nur auf Fotos. Oder? Wem das zu viel ist, der kann sich am maritimen Gegenprogramm mit vier Seepferdchen im Aquarium erfreuen. Zwischen 18 und 21 Uhr günstige Cocktails.

Europa-Cinema – **Zeise Kinos** 3: Friedensallee 7, Tel. 040 390 87 70, www.zeise.de, S-Bahn Altona. Mitten in Ottensen in einer ehemaligen Schiffsschraubenfabrik gelegenes ›Europa-Cinema‹, mindestens die Hälfte der hier gezeigten Filme stammt aus Europa. Neben Premieren, Reihen und Themenschwerpunkten werden aktuelle deutsche Filme und Kinderfilme gezeigt.

Hinterhoftheater – **Monsun Theater** 4: Friedensallee 20 , Tel. 040 39 90 33 35, www.monsuntheater.de, S-Bahn Altona. Tanz- und Bewegungstheater, Lyrik-Performances, freie Theaterproduktionen aus Hamburg, Konzerte, Liederabende und kleinere Gastspiele aus der Off-Szene. Schönes Hinterhof-Theater mit Gastronomie.

Leichte Muse – **Altonaer Theater** 16: Museumstr. 17, Tel. 040 39 90 58 70, www.altonaer-theater.de, S-Bahn Altona. Moderne Stücke, auch mal mit Hang zur leichten Muse. Axel Schneider ist Intendant des im Stadtteil beliebten Theaters und leitet gleichzeitig die Hamburger Kammerspiele.

Faszination Elbe – auf dem Wasser ist immer etwas los

Von Övelgönne nach Blankenese

Highlights!

Övelgönne: Romantische alte Kapitänshäuschen säumen Hamburgs Flaniermeile an der Elbe. Auf dem Strand feiert man bei gutem Wetter Geburtstage, Familientreffen und Picknicks. S. 269

Blankenese: Obwohl meist viel Betrieb herrscht, lohnt ein Spaziergang durch die engen Gassen des Treppenviertels mit seinen angeblich 4864 Stufen. S. 279

Auf Entdeckungstour

Römischer Garten: Ein Stück Italien in Hamburg. Ein verstecktes Kleinod 30 m über der Elbe in Blankenese und nur über verschlungene Wege erreichbar. Selbst viele Hamburger haben den Römischen Garten noch nie gesehen. **12** S. 276

Radtour ins Alte Land: Der 7 km breite Marschengürtel am Südufer der Elbe ist das größte geschlossene Obstanbaugebiet Nordeuropas. Das angenehme Klima überrascht besonders Ende April/Anfang Mai, wenn die Kirsch- und Apfelbäume in voller Blüte stehen und ein weiß- und zartrosafarbenes Blütenmeer das Land verzaubert. S. 280

Kultur & Sehenswertes

Jenisch-Haus: Großbürgerliche Wohnkultur mit Möbeln, Gemälden und Kunsthandwerk aus dem 19. Jh. in herrlichem Parkambiente. **6** S. 274

Ernst-Barlach-Haus: Museum für den norddeutschen Künstler und Dichter Ernst Barlach. Auch interessante Sonderausstellungen. **7** S. 275

Aktiv & Kreativ

Elbuferwanderung: Von Övelgönne immer am Ufer entlang bis nach Blankenese – und sofern die Füße danach noch mitmachen, unbedingt eine Erkundung der Treppengassen von Blankenese anschließen! S. 268

Genießen & Atmosphäre

Witthüs: Nach einem genüsslichen Spaziergang durch den Hirschpark ist ein Besuch von Witthüs der obligatorische Abschluss. Im alten Bauernhaus unter dem Reetdach wird leckerer Kuchen serviert, bei gutem Wetter auch auf der Außenterrasse unter alten Bäumen. **4** S. 273

Abends & Nachts

Linde: Einst trafen sich hier die Fischer von Blankenese. Heute kehrt die Szene in die Linde ein und lässt es sich mit Tapas und Cocktails gut gehen, am Samstag bis morgens um vier. **1** S. 283

Elbufer mit schönen Aussichten

Vom ehemaligen Fischerdorf Övelgönne und dem Museumshafen in Neumühlen führt einer der landschaftlich schönsten Spaziergänge Hamburgs immer an der Elbe entlang. Man passiert großzügige Parks, idyllische Landhäuser, feudale Villen und die besten Restaurants der Stadt. Der Blick auf die Elbe ist dabei gratis.

Schon im Mittelalter galt das Fischerdorf Blankenese als wichtigste Fährstation zwischen Hamburg und Bremen. Bis ins 19. Jh. lebten die Blankeneser vom Fischfang und der Seefahrt. Erst Ende des 19. Jh. wurde das idyllische Treppenviertel zum beliebten Ausflugsziel der Hamburger. Heute ist es ein begehrtes Wohnviertel mit Villen und reetgedeckten, restaurierten Fischerhäusern. Der Name stammt aus dem Plattdeutschen: ›Blanke Ness‹ bedeutet ›weiße Landzunge‹, denn der Elbstrand ist in Blankenese am schönsten.

Und der Strand von Övelgönne, an dem die berühmte Strandperle liegt,

ist sozusagen der Hausstrand der Hamburger und eine der Lieblingsflaniermeilen Einheimischer wie der Besucher aus aller Welt.

Vom Rathaus Altona nach Övelgönne

Heinrich-Heine-Haus **1**
Folgt man hinter dem Rathaus Altona der Klopstockstraße, die Richtung Blankenese in die Elbchaussee übergeht, so kommt man linker Hand, auf Höhe des schmalen Neumühlener Kirchenwegs, zum ehemaligen Landsitz von Salomon Heine, dem Onkel von Heinrich Heine. Der Kaufmann und Bankier hatte nicht nur die Stadt nach dem großen Brand von 1842 mit großzügigen Krediten unterstützt, sondern auch das Deutsch-Israelitische Krankenhaus auf St. Pauli gestiftet. 1808 erwarb er einen Landsitz (Elbchaussee 31), von dem heute nur noch das Gartenhaus steht, in dem der Dichter wohnte. Das Grundstück von Heines Onkel gehörte einst zu Dänemark. Erst mit Ende des Deutsch-Dänischen Krieges 1864 endete die dänische Herrschaft über Altona. Noch heute hisst man im alten Zollhaus in der Klopstockstraße 27/29 gelegentlich die dänische Flagge. Das Heinrich-Heine-Haus steht unter Denkmalschutz und wird heute für Ausstellungen und Veranstaltungen genutzt.

Donnerspark
Unterhalb des Heinrich-Heine-Hauses und des Schopenhauerwegs erstreckt sich der Donnerspark, den seit 1820 der Kaufmann Conrad Hinrich Donner besaß. Das Anwesen reichte bis nach

Infobox

Reisekarte: ▶ C6 – L7 und Karte 2

Tour-Info
Hinter dem Rathaus Altona führt die Kaistraße hügelab zum Elbufer von Neumühlen, an das sich Övelgönne anschließt. Zum Bahnhof Altona kommt man mit der S-Bahn, die Rückfahrt von Blankenese erfolgt mit der S1/S11. Für die Wanderung an der Elbe entlang sollte man etwa 2 Std. rechnen. Für eine Besichtigung von Blankenese rechne man etwa zusätzlich 2 Std.

Neumühlen hinunter und war mit einem neugotischen Schloss bebaut, das im Zweiten Weltkrieg zerstört wurde.

Neumühlen

Vom ehemaligen Fischerdorf, das seit dem 15. Jh. wegen einer Wassermühle am Elbfluss als ›Nie Moel‹ geführt wurde, ist nur noch wenig zu erkennen. Markantes Wahrzeichen von Neumühlen war lange Zeit das ehemalige Kühlhaus aus dem Jahr 1926, das Anfang der 1990er-Jahre abgerissen und an dessen Stelle ein luxuriöses Altenheim errichtet wurde. Gegenüber, hinter dem Deich, kann man an einigen alten Häuschen, die aus der ersten Hälfte des 19. Jh. stammen, das ehemalige Fischerdorf so eben noch erahnen.

Museumshafen Övelgönne 2

Anleger Neumühlen, Tel. 040 41 91 27 61, Bus: 112, www.museumshafen-oevelgoenne.de

Am Anleger Neumühlen, wo die Dampfer in Richtung Landungsbrücken und Finkenwerder abfahren, befindet sich der Museumshafen Övelgönne. Er wurde Ende der 1970er-Jahre durch eine Privatinitiative gegründet. Neben dem Feuerschiff Elbe 3, einem Schwimmkran und einer ausgemusterten HADAG-Fähre, die heute ein Restaurant beherbergt, liegen hier zahlreiche historische Segelschiffe. Mitte des 18. Jh. löschten täglich rund 50 Großsegler ihre Ladung im Hafen. Heute ankern hier keine Großsegler mehr, aber die Schiffe sind ausnahmslos fahrtüchtig und liefern zum Hafengeburtstag einmal im Jahr eine wunderbare Parade. Wer einen Oldtimer chartern will, kann sich auf der Website informieren.

Wenn man an der **Bodega del Puerto (Café Elbterrassen)** 1 steht, sieht man den modernen Rundbau des **Restaurant Le Canard,** das zusammen mit

Unser Tipp

Schiffe gucken in Övelgönne

Auf der Höhe des Museumshafens Övelgönne (s. u.) kann man gegenüber anlegende oder wendende Riesenfrachter, bis oben mit Containerstapeln beladen, beobachten. Dazwischen gleiten Barkassen, Segelboote und Fährschiffe über die Elbe. Besonders abends, unter dem orangegelben Kunstlicht, ist die Szenerie des Containerterminals ein Erlebnis.

dem modernen Wohnhaus des Architekten Meinhard von Gerkan ein Ensemble bildet. Dort befand sich das eigentliche Café Elbterrassen. Vom immer noch existierenden Kastaniengarten auf der Terrasse des Le Canard hat man einen weiten Blick auf die Elbe.

Övelgönne !

Entlang des Elbstrands passiert man den Lüftungsschacht des Elbtunnels. Er wurde 1975 fertiggestellt und führt auf über 3 km in vier Röhren unter der Elbe hindurch. Alternativ kann man rechts ein paar Schritte bergan gehen, um dann durch das ›Dorf‹ Övelgönne zu spazieren und den Strand von oben zu betrachten. Gegenüber liegt der Containerhafen, der je nach Windrichtung beträchtlichen Lärm verursacht.

»… diesen Orts- und Flurnamen gäbe es in Norddeutschland öfter, und es meinte immer das übel Gegönnte, das Missgrundstückchen, die geneidete Liegenschaft; das leuchtet auch heute noch ein, denn wer sich zu den Elbrainern zählen darf, den trifft die volle Missgunst seiner Freunde und Bekannten, der muss sich in der Woche drei-

Elbufer

Sehenswert

1 Heinrich-Heine-Haus
2 Museumshafen
  Övelgönne
3 Strandperle

4 Findling ›Alter Schwede‹
5 Ringelnatztreppe
6 Jenisch-Haus
7 Ernst-Barlach-Haus
8 Anleger Teufelsbrück

9 Nienstedtener Dorfkirche
10 Landhaus der Familie
  Godeffroy
11 Süllberg
12 Römischer Garten

mal fragen lassen, ob er nicht bald ausziehen wolle«, schreibt der Dichter Peter Rühmkorf, der selbst in Övelgönne zu Hause ist.

Der Ort besteht aus einer einzigen, etwa 1 km langen romantischen Häuserreihe. Ursprünglich siedelten hier Fischer, und als sich der Walfang im 17. Jh. entwickelte, auch Leimsieder und Trankocher. Seit dem 18. Jh. bewohnten vor allem Lotsen und Kapitäne die kleinen Häuschen. Das Restaurant **Zum alten Lotsenhaus** (Övelgönne Nr. 13) mit einer schönen Terrasse war der Treffpunkt der 1745 gegründeten Lotsenbrüderschaft.

Rechter Hand zweigt nun der Schulberg zur Elbchaussee ab. Nach links geht es ein paar Stufen hinunter zum Elbstrand und zur **Strandperle** 3 (s. Lieblingsort S. 272).

Etwas weiter führt auch die Himmelsleiter der Hang hinauf zur Elbchaussee. Welche Komplikationen die sozialen Unterschiede zwischen der Elbchaussee-Noblesse und dem tiefer gelegenen Övelgönne verursachten, schildert Hans Leip 1934 in seinem Roman »Jan Himp und die Kleine Brise«. Ein Bootsjunge aus Övelgönne und eine Reederstochter von der Elbchaussee verlieben sich ineinander. Hans Leip, der in St. Georg aufwuchs und das berühmte Lied von »Lili Marleen« schrieb, lebte n den 1920er-Jahren in Övelgönne.

Essen & Trinken
1 Bodega del Puerto
2 Café Engel
3 Hotel-Restaurant
   Louis C. Jacob

4 Witthüs
5 Süllberg-Restaurant
6 Sagebiels Fährhaus

Abends & Nachts
1 Linde

Findling ›Alter Schwede‹ **4**

Vorerst führt der Weg weiter über das Hans-Leip-Ufer nach Teufelsbrück, vorbei am Schröders Elbpark und dem riesigen Findling ›Alter Schwede‹. Der 217 Tonnen schwere Stein wurde 1999 bei Baggerarbeiten in der Elbe gefunden. Er stammt aus Schweden, von wo aus er während der Eiszeit vor 400 000 Jahren nach Hamburg gelangte.

Ringelnatztreppe **5**

Etwas weiter stößt man auf die Ringelnatztreppe. Der sächsische Schriftsteller, Kabarettist und Maler Joachim Ringelnatz, der mit bürgerlichem Namen Hans Böttcher hieß, lebte zeitweilig in Hamburg und wurde ab 1919 mit sei-

nen Versen über den Seemann Kuttel Daddeldu bekannt.

Vom Jenischpark zum Hirschpark

Jenischpark

Instenhäuser Baron-Voght-Str./Jürgensallee, am Eingang zum Park
Kurz vor dem Anleger Teufelsbrück senkt sich die Elbchaussee zur Elbe hinab. Dahinter breitet sich der Jenischpark aus. Um 1800 gehörte der Park zum Anwesen des sozialpolitisch engagierten Barons Caspar Voght. Sein Landsitz sollte nicht nur dem Vergnü-

Lieblingsort

Strandperle 3

An der Elbe sitzen und sie in
Gedanken bis zum Meer begleiten.
Fernweh. Rund um die Othmar-
schener ›Strandperle‹, in Wirklichkeit nur ein kleiner Kiosk mit Terrasse, treffen sich die Hamburger
zu allen Jahreszeiten. Beine bau-
meln lassen oder Händchen halten,
grillen oder Musik machen – *cha-
cun à son goût.* Im Sommer ist die
Stimmung an diesem Teil des Övel-
gönner Strands besonders schön,
weil es abends höchst romantisch
ist, im Sand zu sitzen, jemandem
beim Gitarrenspiel zu lauschen und
die Schiffe vorbeiziehen zu sehen.
Und weil man in der Elbe wieder
baden kann.

Grüne Idylle im Jenischpark

gen dienen, sondern auch nützlich sein. So entstand ein Mustergut mit reformierter Landwirtschaft. Sein Landhaus steht noch in der Baron-Voght-Straße (Nr. 63) an der Westseite des Parks. Für die Landarbeiter des Gutes ließ er Instenhäuser (reetdachgedeckter Wohnraum mit kleinen Gartenparzellen) bauen. 76-jährig war der Baron finanziell am Ende und verkaufte sein Gut an den Senator Jenisch. Dieser ließ sich am höchsten Punkt des Parks eine repräsentative Villa mit tollem Elbblick erbauen, das Jenisch-Haus (s. u.). Hinter dem Jenisch-Haus duckt sich in einer Senke das Barlach-Haus.

Jenisch-Haus [6]

Baron-Voght-Str. 50, Tel. 040 82 87 90, www.jenisch-haus.de, S 1 Klein-Flottbek, Di–So 11–18, Führung jeden So um 12 Uhr

Das strenge weiße Gebäude mit den filigran wirkenden, vergoldeten gusseisernen Geländern wurde 1831–34 vom Berliner Architekten Karl Friedrich Schinkel erbaut. Es beherbergt heute das Museum großbürgerlicher Wohnkultur mit Möbeln, Gemälden und Kunsthandwerk aus dem 19. Jh. Außerdem finden in dem schönen Haus Wechselausstellungen und Konzerte statt.

Sie stammen aus der Kunstsammlung Reemtsmas und aus der Zeit persönlicher Begegnung der beiden Männer in den 1930er-Jahren. 1996 wurde das Museum um einen Bau für Sonderausstellungen erweitert. Angeschlossen ist eine Bibiothek mit Literatur über Ernst Barlach.

Teufelsbrück 8

Der am Südrand des Jenischparks an der Elbe gelegene **Bootsanleger** Teufelsbrück inspirierte nicht nur Brigitte Kronauer zum Titel ihres neoromantischen Romans. Auch Jean-Paul Sartre ließ in seinem Theaterstück »Die Eingeschlossenen von Altona« seinen Protagonisten, einen ehemaligen Nazi, hier mit seinem Sohn per Auto in den Tod fahren. Das **Café Engel** 2 auf dem Ponton ist ein beliebtes Ausflugsziel. Von hier blickt man auf die Elbinsel Finkenwerder mit dem zweitgrößten europäischen Luftfahrtzentrum nach Toulouse. Schon 1939 montierte man dort Flugboote. 2002 beschloss Airbus, auf der Insel das größte Passagierflugzeug der Welt, den Airbus A 380, zusammenzusetzen. Seitdem hat sich Airbus zum Gegner der Naturschützer und Segler gemacht, denn für den erforderlichen Ausbau wurde ein Teil des Mühlenberger Lochs, ein 150 ha großes Feuchtgebiet, zugeschüttet.

Ernst-Barlach-Haus 7

Jenischpark/Baron-Voght-Str. 50a, Tel. 040 82 60 85, www.barlach-haus.de, S 1 Klein-Flottbek, Di–So 11–18, Führungen jeden So 11 Uhr
Der Hamburger Industrielle und Mäzen Hermann F. Reemtsma stiftete Anfang der 1970er-Jahre den unaufdringlichen, hell geschlemmten Backsteinbau von Werner Kallmorgen. Die um einen Innenhof gruppierten Räume präsentieren Druckgrafiken und Skulpturen des norddeutschen Künstlers und Dichters Ernst Barlach (1870–1938), expressionistische Werke, die im Faschismus als entartet galten.

Hotel Louis C. Jacob 3

Vom Elbuferweg führt Jacobs Treppe nach oben zum frisch renovierten Hotel Jacob – fast 200-jährige Tradition mit Panoramablick an der Elbchaussee. Der Maler Max Liebermann verewigte 1902 die berühmte Lindenterrasse mit dem einmaligen Elbblick (zu sehen in der Kunsthalle, s. S. 55). Doch auch bei Regen ist das ausgezeichnete Restaurant mit Michelinstern ein angenehmer Ort. Hier speiste der Schriftsteller Arno Schmidt auf Einladung des Verle-

Auf Entdeckungstour

Der Römische Garten

Ein Stück Italien mitten in Hamburg. Ein verstecktes Kleinod 30 m über der Elbe in Blankenese und nur über versteckte, verschlungene Wege erreichbar. Selbst viele Hamburger haben den Römischen Garten 12 noch nie gesehen.

Planung: Bus 48 bis Falkentaler Weg, dann das Falkensteiner Ufer ein Stück elbabwärts gehen, bis kurz vor dem Wasserwerk eine steile Treppe den Hang hinauf in den Garten führt. Auch vom Falkenstein (Endhaltestelle Bus 286) erreicht man den Garten, wenn man den Elbhöhenweg rund 15–20 Min. Richtung Blankenese geht. Besichtigungszeit: ca. 1 Std.

Buchtipp: Oliver Breitfeld: Campagna am Elbhang – Der Römische Garten in Hamburg Blankenese, Hamburg 2003

Schon die Anfahrt mit dem Bus der Linie 48 verspricht Ungewöhnliches. Den Römischen Garten erreicht man nur über versteckte Wege. Eindrucksvoll ist die immergrüne Girlandenhecke, die den Park zur Elbe hin begrenzt. Und auch Zypressen, Buchsbaum, Thuja, kalifornische Flusszeder und Eiben sorgen dafür, dass wir dieses Naturparadies auch im Winter im grünen Kleid zu sehen bekommen.

Römische Terrasse
Im Zentrum befindet sich eine 2500 m^2 große Rasenfläche, die sich parallel zur Elbe erstreckt: die ›Römische Terrasse‹. In der Mittelachse hat man ein 50 m^2 großes Seerosenbecken angelegt, auf der Südseite zeigen sich die Relikte einer ehemals charakteristischen Thuja-Heckenpflanzung. Ein paar Stufen führen hinauf zu einer thronartigen Rundbank. Platz für einen Moment des Verweilens, des Schauens, des Verstehens der Anlage.

Ein Garten entsteht ...
und verfällt
1875 kaufte der Kaufmann Anton Julius Richter den Geesthang vom Elbstrand hinauf bis zur Kösterbergstraße. Er schüttete eine breite Terrasse auf, bepflanzte sie mit Zypressen und ließ eine akkurat gestutzte Girlandenhecke anlegen. Ein paar Jahre später erwarb der Hamburger Bankier Moritz M. Warburg die Terrasse und bezog den Park am Kösterberg in sein Grundstück mit ein. Zu Beginn des 20. Jh. entwarf die Gartengestalterin Else Hoffa für Max Warburg einen formalen Architekturgarten mit vielen Zitaten der italienischen und deutschen Gartenkunst: ›Rosengarten‹ und ›Naturtheater‹ ergänzten die angelegte Terrasse zum ›Römischen Garten‹ und wurden in den 1920er- und 1930er-Jahren die

sommerlichen Festsäle der Bankier-Familie Warburg. 1938 verließen die Warburgs und auch Else Hoffa das nationalsozialistische Deutschland. 1951 schenkte die Familie Warburg den Römischen Garten der Stadt Hamburg mit der Auflage, ihn zu restaurieren. Doch der Zustand des Gartens wurde bis in die 1980er-Jahre immer schlechter.

Neues Leben
Erst zu Beginn der 1990er-Jahre erwachte der Römische Garten aus seinem Dornröschenschlaf. Zuletzt ließ das Bezirksamt Altona 1994 das Gartentheater restaurieren. Der Blick von der Bank – 30 m über dem Fluss – schweift nun in die Ferne. Am anderen Elbufer ist das Alte Land zu sehen, Norddeutschlands größtes Obstanbaugebiet. Mitten in der Elbe liegt die Insel Neßsand.

Die Treppen hinunter in westlicher Richtung kommt man zum alten Rosengarten, der immer noch brachliegt. Sponsoren und Förderer werden gesucht, um die Restaurierung zu bewältigen. An seinem Ende findet sich erneut eine Rundbank, die einen herrlichen Blick gewährt.

Freilufttheater
Etwa in der Mitte führt eine Treppe vom Rosengarten hinab Richtung Fluss zum Freilufttheater. Sie ist der Anlage des Würzburger Residenzgartens nachempfunden. Die Warburgs inszenierten mit den Familien Mönckeberg, Liebermann und anderen Freunden auf der grasbedeckten Bühne abendliche Theateraufführungen. Danach begab man sich auf die von Fackeln beleuchtete Römische Terrasse, um zu tanzen. Diese Geschichte lebt wieder auf, wenn man mitten auf der schön restaurierten Bühne steht.

gers Ledig-Rowohlt mit seiner Frau Alice, die in ihr Tagebuch notierte: »Zu Jacob, ein ganz vornehmes Restaurant mit Garderobe und befrackten Kellnern, wurde Abendbrot essen gegangen. In die Glasveranda mit Ausblick auf die Elbe. Schön die Lichter am anderen Ufer.« Die Lichter am anderen Ufer gehören heutzutage zum Airbus-Werk.

Nienstedtener Dorfkirche 9

Nur ein paar Schritte vom Hotel entfernt lohnt ein Blick in die Nienstedtener Dorfkirche auf der gegenüberliegenden Straßenseite. Der heutige Bau stammt von 1750/51, als sich auch Nienstedten unter dänischer Herrschaft befand. So sieht man im Giebelturm der Fachwerkkirche das Königsmonogramm Frederiks V. Westlich der Kirche liegt der Prominenten-Friedhof der Elbvororte, auf dem neben wohlhabenden Kaufleuten und Reedern auch zwei Hamburger Schriftsteller beerdigt sind: Hans Henny Jahnn und Hubert Fichte.

Hirschpark

Auf der linken Seite der Elbchaussee erreicht man kurz darauf den Hirschpark. Der Kaufmann und Reeder Johann Cäsar Godeffroy ließ ihn Ende des 18. Jh. im englischen Stil anlegen. Sein Enkel, ein leidenschaftlicher Jäger, holte Hirsche, Rehe, Enten und Rebhühner in den Park. Seit 1927 ist der Park, in dem sich auch heute noch ein Hirschgehege befindet, öffentlich zugänglich. Das klassizistische **Landhaus der Familie Godeffroy** 10 errichtete Christian Frederik Hansen. Hier ist heute Hamburgs legendäre Ballettschule Lola Rogge untergebracht.

Im **Witthüs** 4, dem ehemaligen Kavaliershaus des Anwesens, lebte Hans Henny Jahnn bis zu seinem Tod im Jahr 1959. Obwohl die Stadt Hamburg ihm

zu dieser Wohnung verholfen hatte, war das Verhältnis des Schriftstellers und Dichters zu seiner Geburtsstadt zwiespältig: »Es ist ein für allemal bewiesen, dass ich ein Feind der redlichen Handelsstadt bin, ein Verlorener, ein Auszustoßender. Die gewaltigen Herren der Banken und Schiffe verachten die Künste, hassen sie, bekämpfen sie, indem sie über die Freiheit des Geistes herfallen«, lässt Jahnn in seinem Theaterstück »Thomas Chatterton« 1955 einen desillusionierten Dichter sagen. Ein Findling im Hirschpark erinnert an den Dichter. Im Witthüs, dem ›weißen Haus‹ mit Reetdach, steht noch der Kachelofen, an dem sich der Dichter Hans Henny Jahnn einst wärmte. Das Witt-

Blankenese – noble Residenzen, tolles Elbpanorama

hüs ist heute Café, Teehaus und Restaurant.

Blankenese!

Baurs Park

Nun kann man den Mühlenberg am westlichen Rand des Hirschparks zur Elbe hinuntergehen. Zwischen Mühlenberg und Blankeneser Jollenhafen erstreckt sich der Baurs Park, den der Kaufmann Georg Friedrich Baur zu Beginn des 19. Jh. als Landschaftsgarten mit Tempeln, Pagoden und einem gotischen Turm anlegen ließ. Davon ist jedoch nichts mehr erhalten. Vom Kanonenberg begrüßte Baur die ein-

laufenden Schiffe mit Böllerschüssen. Vorbei am ›Strandhotel‹, ist man im Strandweg in Blankenese angekommen.

Blankenese

Vom Wasser oder von der anderen Elbseite aus wirkt das auf einem Hügel liegende Blankenese sehr malerisch. Steht man mittendrin auf einer der zahllosen Treppen, scheint es wie ein Labyrinth aus schmalen Gassen mit angeblich 58 Treppen und 4864 Stufen. Die höchste Erhebung ist der **Süllberg** 11 mit seinen 74,7 Metern. Schon 1837 eröffnete hier ein Milchausschank, der später zum Ausflugslokal Süllberg erweitert wurde. Auf der anderen Elb-

Auf Entdeckungstour

Radtour ins Alte Land

Das Alte Land – ein 7 km breiter Marschengürtel am Südufer der Elbe – ist das größte geschlossene Obstanbaugebiet Nordeuropas. Das angenehme Klima überrascht, denn die raue Nordsee ist in greifbarer Nähe. Besonders Ende April/Anfang Mai, wenn die Kirsch- und Apfelbäume in voller Blüte stehen und ein weiß- und zartrosafarbenes Blütenmeer das Land verzaubert, ist diese Tour empfehlenswert.

Zeit: Tagesausflug

Start: Mit der Fähre geht es von Blankenese nach Cranz: Die HADAG-Fähre (www.hadag.de) quert die Elbe in 20 Min. Räder können transportiert werden.

Infos: Diese Tour ist am schönsten mit dem Fahrrad. Aber auch für Skater werden Ausflüge angeboten (www.tourismus-altesland.de). Am ersten Wochenende im Mai findet jedes Jahr in Jork das Altländer Blütenfest statt (www.jork.de).

Das Alte Land ist eine der traditionsreichsten Landschaften Norddeutschlands, geprägt von Obstkulturen, insbesondere von Apfel- und Kirschbäumen. Zur Blütezeit im April/Mai, wenn die Bäume ihre weiß-rosa Blüten treiben, ist es dort am schönsten. Aber auch zu jeder anderen Jahreszeit lohnt sich der Abstecher. Zum Beispiel im Sommer, wenn die Bauern überall an den Straßen Kirschen zum Verkauf anbieten. Oder im Herbst, wenn man sich hier mit köstlichen Äpfeln eindecken kann. Der Obstanbau im Alten Land wurde bereits im Jahr 1350 urkundlich erwähnt. Es waren Mönche aus Stade, die hier die ersten Obstbäume angepflanzt hatten.

Das Alte Land ist ein Elbmarschengebiet zwischen Finkenwerder und Stade an der Südseite der Elbe. Holländische Kolonisten besiedelten es im 12. und 13. Jh., sie zogen Deiche und Entwässerungskanäle, die bis heute das Alte Land prägen. Überhaupt mutet hier vieles holländisch an: Ortsnamen und Windmühlen, die Bilder einer kultivierten wasserreichen Landschaft oder die lang gezogenen Reihendörfer.

Fantastische Herrensitze und reetgedeckte Bauernhäuser, gepflegte Höfe mit Prunkpforten, den sogenannten Altländer Toren, oder prachtvoll geschnitztes weißes Fachwerk sind charakteristisch für die Region.

Mühle mit Restaurant
Von der Fähre geht es zum Elbdeich, auf dem man in Richtung der über 750 Jahre alten Gemeinden Jork und Borstel radelt.

Im Zentrum von Borstel, das recht idyllisch anmutet, steht die Holländerwindmühle Aurora, in der sich ein Restaurant befindet. 1984 wurde die Mühle restauriert und erhielt ihren heutigen Namen. Aurora von Königs-

marck verbrachte auf dem benachbarten Hof (heute: Wehrt) ihre Kindheit im 17. Jh. und wurde später Pröbstin eines Damenstiftes.

Auch die **St. Nikolai-Kirche,** die kurz vor 1400 entstand, ist mit ihren geschnitzten Bänken und einem sehr alten Bronzetaufbecken sehenswert, ebenso die beiden anderen Kirchen in den Ortsteilen Jork und Estebrügge.

Der Wehrt'sche Hof
Ebenfalls verdienen in Borstel der Alte Hafen und der Wehrt'sche Hof eine kurze Besichtigung. Letzterer wurde im 13. Jh. erbaut und gehörte im 17. Jh. dem Feldmarschall Königsmarck. Die prachtvolle Barock-Wendeltreppe, Türsturzschnitzereien und Holzdarstellungen vom Gekreuzigten und Auferstandenen sind heute noch erhalten und einmalig im gesamten Alten Land. Von Borstel folgt man dem Fleet nach Jork, dem historischen Zentrum des Alten Landes.

Holländische Siedler in Jork
Jork war ursprünglich ein Verdener Zehnthof und ist vermutlich eine bischöfliche Gründung. Der Einfluss, den holländische Siedler auf die Gestaltung

der Orte in der heutigen Gemeinde Jork hatten, ist in allen Ortsteilen noch deutlich zu erkennen. In der ›Hauptstadt‹ des Alten Landes gibt es noch besonders viele alte Bauernhäuser.

Neben der im 17. Jh. erneuerten St. Matthias-Kirche mit schönem Barockaltar und einer Orgel von Arp Schnitger lohnt besonders das Rathaus einen genaueren Blick: Der Gräfenhof war einst der Herrensitz des Grafen Matthäus von Haren. Er beherbergt ein im Altländer Stil eingerichtetes Trauzimmer. Übrigens heiratete ein berühmter Dichter in York: Am 8. Oktober 1779 gab hier Gotthold Ephraim Lessing der Hamburger Kaufmannswitwe Eva König das Jawort.

Ein kleiner Abstecher vom Jorker Zentrum Richtung Stade führt ins Museum Altes Land, natürlich ebenfalls ein Altländer Fachwerkhaus (Westerjork 49, April–Okt. tgl. außer Mo 11–17, Nov.–März Mi, Sa, So 13–16 Uhr). Hier erfährt man etwas über die Geschichte des Alten Landes. Außerdem gibt es alte Trachten, Filigranschmuck,

Bauernmöbel und vieles mehr zu besichtigen.

Königreich und Estebrügge

Von Jork geht es über die Straße Osterjork und auf dem Obstmarschenweg Richtung Königreich. Bis zur Este führt die Straße, vor der Brücke biegt man dann rechts ab und radelt weiter auf dem Deich bis in den Ortsteil Estebrügge. Hier ist die St. Martini-Kirche von 1640 eine Besichtigung wert. Ihr Turm ist mit 8000 Schindeln gedeckt. Altar, Kanzel und Taufbecken stammen vom Ende des 16. Jh.

In Estebrügge überquert man die Este und fährt dann nach links und immer an der Este entlang – entweder auf oder hinter dem Deich. Über Neuenfelde kann man nun zurück nach Cranz zum Elbanleger fahren. Eine wohlverdiente Pause legt man am besten im Restaurant Herbstprinz (Osterjork 76, Tel. 04162 90 89 71, www. herbstprinz.de) ein. Unterm Reetdach speist man gemütlich, im Sommer auch im Garten.

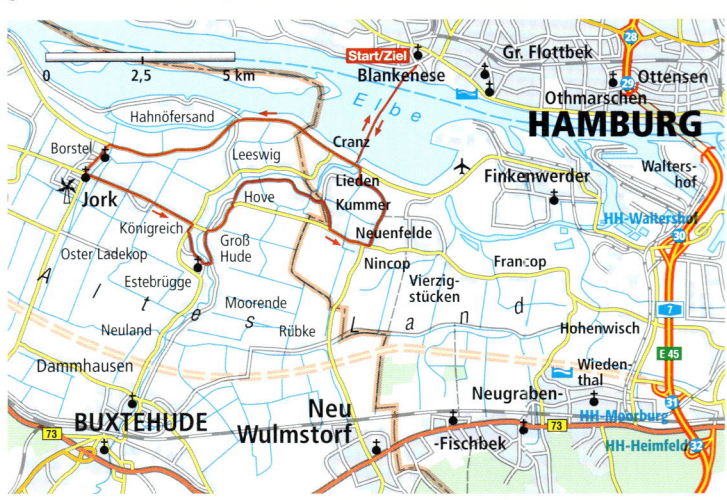

seite erstreckt sich das ›Alte Land‹, ein sieben Kilometer breiter Marschengürtel – das größte Obstanbaugebiet Norddeutschlands. Eine Fähre setzt über auf die andere Seite nach Cranz.

Der krönende Abschluss dieses Spaziergangs ist eine kulinarische Rast im **Süllberg-Restaurant 5** oder in **Sagebiels Fährhaus 6**, bevor man entweder mit der S-Bahn zurück in die City fährt oder den Dampfer in Richtung Landungsbrücken besteigt.

Andererseits ist der **Römische Garten 12** nun nicht mehr weit und ein Spaziergang dort besonders zu empfehlen (s. Entdeckungstour S. 276).

Essen & Trinken

Museumshafenblick – **Bodega del Puerto mit Café Elbterrassen 1**: Övelgönne 1, Tel. 040 390 34 43, Bus 112: Neumühlen, Mo–So 10–22.15 Uhr, Tapas-Teller für zwei Personen 14,90 €. Sand, Ausblick und ein 16 Meter langer Tresen, an dem über 150 Cocktails zur Auswahl stehen, lassen schnell Ferienstimmung aufkommen. Leckeres Frühstück, aber auch verschiedene kleine Speisen.

Schiffe nah – **Café Engel 2**: Tel. 040 82 41 87, Bus 36: Blankenese (Teufelsbrück), Mo–Sa 11–22.30, So 10–14 und 18–22 Uhr. Das Restaurant befindet sich auf dem Ponton des Anlegers Teufelsbrück. Man kann hier die Schiffe aus nächster Nähe vorbeifahren sehen und dabei die ausgezeichnete Küche auf der Außenterrasse genießen. Leichte Gerichte, mal mediterran, mal asiatisch. Nachmittags Kaffee und Kuchen!

Perfektion mit Charme – **Louis C. Jacob 3**: Nienstedten, Elbchaussee 401–403, Tel. 040 82 25 50, www.hotel-jacob.de, Bus 36 Sieberlingstraße, Mo–So 12.15–14.15, 18.30–24 Uhr, Menü ab 80 €.

Hanseatischer Prunk: Schwere Orientteppiche, Kronleuchter, Parkett und reichlich Personal. Und auch die Küche ist vom Feinsten. Der Loup de mer ist besonders knusprig.

Idyllisch – **Witthüs 4**: Elbchaussee 499a, Tel. 040 86 01 73, www.witthues.de, Bus 36 nach Blankenese (Mühlenberg), Mo–Sa 14–23, So 10–23 Uhr, Restaurant immer ab 18.30 Uhr, Hauptgerichte ab 17 €. Idyllisch liegt das alte Bauernhaus unter Reet im Hirschpark. Hier gibt es nicht nur ›Qualle auf Sand‹ (Sandkuchen mit Früchten und Sahne), sondern auch Antipasti, Salate und einige wenige Hauptgerichte. Im Sommer sitzt es sich angenehm unter alten Bäumen auf der Außenterrasse.

Überirdisch – **Süllberg-Restaurant 5**: s. S. 30.

Bürgerlich – **Sagebiels Fährhaus 6**: Blankeneser Hauptstr. 107, Tel. 040 86 15 14, www.sagebielsfaehrhaus.de, S 1, 11 Blankenese, tgl. 12–23 Uhr, Butterscholle (15 €). Lange Geschichte und toller Blick! Am schönsten sitzt man auf der Terrasse unter alten Bäumen bei einem leckeren Fischgericht. Aber auch chinesische Küche ist neben traditionellen Gerichten im Angebot.

Abends & Nachts

Szenebar – **Linde 1**: Dockenhudener Str. 12, Tel. 040 86 66 38 01, www.linde-blankenese.com, Mo–Do 17–2, Fr, Sa 17–4, So 10–2 Uhr, gemischte Tapas 9,50 €. In dem alten Wirtshaus für die Fischer lassen heute Tapas und Cocktails die Herzen höher schlagen. Sonntags großes Frühstücksbuffet.

Register

Register

Abbildungsnachweis

Bilderberg, Hamburg: S. 86/87, 217 li. 226

DuMont Bildarchiv, Ostfildern: S. 18, 38, 51, 54, 56/57, 75, 76/77, 81, 83, 89, 103 li., 113, 166/167, 209, 280 (Schröder)

Getty Images, München: S. 100/101 (Greuel)

laif, Köln: S. 250 re., 258 (Babovic); 172 (Brunner); 9 (Chavakis); 94 (Dreysse), 30/31, 98, 162 (Ebert); 37, 136 re., 150, 251 li., 262/263 (Eisermann); 23 (Fromman); 71 (Hartz); 17 (IML); 15, 173, 180 li., 183, 250 beide, 256/257, 265 (Modrow); 32, 43, 90, 92/93, 137 li., 153, 197, 212, 253, 274/275 (Multhaupt); 109, 157 re., 170, 231, (Jonkmanns); 82 (Sasse); 25, 234 re. (Selbach); 139 (Siemers); 72 (Tjaden); 12/13, 216 re., 225 (Vogel); 78 (Zinn)

Langer, Martin, Hamburg: S. 10 alle, 11 alle, 62/63, 97, 102 re., 110, 120 re., 130/131, 142/143, 154, 156 re., 168, 177, 180 re., 181 li, 186/187, 190, 196 beide, 199, 202/203, 204, 222/223, 232, 233, 234 li., 240/241, 260/261, 266 re., 272/273, 276

Look, München: S. 99 (Engel & Gielen); 74, 235 li., 246/247 (Pompe)

Mauritius Images, München: S. 64 (Kuchlbauer); 48/49, 281 (imagebroker);

Rübcke, Jonn, Hamburg: S. 121 re., 128

Rupprecht, Annette, Hamburg: S. 8

Visum, Hamburg: Titelbild (Aufwind-Luftbilder), S. 266 li., 278/279 (Hanke); 216 li., 219 (Müller); 136 li., 144 (Stecke)

Whitestar, Hamburg: S. 96, 156 li., 165, 242 (Pasdzior); 102 li., 105 (Friedrichsmeier);

Zegers, Michae , Frankfurt: S. 120 li., 123, 133

Kartografie

DuMont Reisekartografie, Fürstenfeldbruck

© DuMont Reiseverlag, Ostfildern

Umschlagfotos

Titelbild: Blick vom Turm der St.-Petri-Kirche auf das Hamburger Rathaus

Hinweis: Autorinnen und Verlag haben alle Informationen mit größtmöglicher Sorgfalt geprüft. Gleichwohl sind Fehler nicht vollständig auszuschließen. Alle Angaben erfolgen ohne Gewähr. Bitte, schreiben Sie uns! Über Ihre Rückmeldung zum Buch und über Verbesserungsvorschläge freuen sich Autorinnen und Verlag: **DuMont Reiseverlag,** Postfach 3151, 73751 Ostfildern info@dumontreise.de, www.dumontreise.de

2., aktualisierte Auflage 2010
© DuMont Reiseverlag, Ostfildern
Alle Rechte vorbehalten
Grafisches Konzept: Groschwitz/Blachnierek, Hamburg
Printed in Hungary